Innovation Economy 4.0

혁신경제 4.0

파이를 키우는 패러다임

김동열·김태일·김흥종·오태석·
이강호·정준호·최성일·한상범 지음

한울
아카데미

"이러한 창조적 파괴 과정은 자본주의에 대해서는 본질적인 사실이다."
_조지프 슘페터, 1950

"생산성이 모든 것은 아니지만, 길게 보면, 거의 모든 것이다."
_폴 크루그먼, 1994

"세계 10위권의 선진 혁신국가를 만듭시다."
_노무현, 2006

"혁신은 자유의 자식이자 번영의 부모다."
_맷 리들리, 2020

차례

서론 _8

제1장 왜 지금 다시 혁신경제인가? _김동열   12
  1. 지금 다시 혁신경제를 주장하는 이유   12
  2. 혁신주도형 경제란?   13
  3. 한국 경제의 조로화   16
  4. 미국 경제만 선전하는 이유   24
  5. 생산성 향상을 위한 정책과 제도   25
  6. 한국 경제, 무엇을 혁신할 것인가?   27
  7. 한국 경제, 어떻게 혁신할 것인가?   33

제2장 20세기의 종말과 통상·산업정책의 미래 _김흥종   36
  1. 트럼프 시대, 20세기를 끝장내고 19세기로 회귀   36
  2. 최근 국제통상질서의 주요 특징   38
  3. 트럼프 2기 대외통상정책과 국제통상질서의 변화   42
  4. 산업별 영향과 대책   52
  5. 우리나라 통상·산업정책의 도전 과제와 정책 방향   58

제3장 기술패권 경쟁: 과학기술과 혁신 _오태석   64
  1. 혁신 없이 미래 없다! 한국의 연구개발 기반 혁신 전략을 재설계하자   65
  2. 우수 인재가 떠난다! 한국 혁신 생태계의 경고음   68
  3. 원자력 기술혁신, 우리도 선진국이 되자   71
  4. 청정에너지, 우리가 만든 인공 태양에서 확보하자   72
  5. 우주산업 육성, 발상의 전환이 필요하다   75

제4장 혁신경제를 위한 규제개혁 과제 _김태일   77

   1. 규제개혁 현황을 평가한다면   81
   2. 규제샌드박스를 제대로, 적극적으로 운영하자   84
   3. 규제개혁에는 국회 협조가 절실하다   87
   4. 한시적이라도 강력한 규제개혁 조직이 필요하다   92
   5. 국회와 공조하여 큰 규제개혁 과제를 수행하자   94
   6. 규제 법규 체계를 정비하자   94
   7. '원칙 중심 규제' 도입을 적극 검토하자   95

제5장 혁신형 중소기업과 창업 생태계 _김동열   98

   1. 개헌과 중소기업: 대한민국헌법 제123조 3항의 '보호' 재검토   99
   2. 혁신형 중소기업, 그리고 정책의 혁신   101
   3. 너무 많은 중소기업정책   104
   4. 보조금과 대출금의 직접지원은 유효?   105
   5. 데이터 기반 정책, 투명성, 그리고 접근성   108
   6. '중기부' 개편은?   109
   7. 베테랑 연결 플랫폼   111
   8. 정부 주도 공급자 중심의 창업 생태계 탈피   113

제6장 금융혁신을 위한 규제 및 감독 _최성일   118

1. 지금 다시 금융혁신이 필요한 이유   118
2. 한국 금융산업의 성장과 자금중개 기능   121
3. 금융혁신을 위한 규제 및 감독   125
4. 소비자 보호와 금융혁신을 위한 원칙 중심의 규제 감독   132
5. 감독 당국과 금융회사의 지배구조 개선: 지배구조 연계   136
6. 자금중개 기능 미흡에 따른 금융 불안의 대응   143
7. 격변하는 환경 변화에 대응하는 금융혁신   151
8. 맺음말   157

제7장 자본시장 선진화와 국가전략투자기구의 설립 _한상범   159

1. 혁신경제와 자본시장의 역할   159
2. 자본시장의 저평가(디스카운트)와 기업 지배구조 문제   161
3. 고려아연 경영권 분쟁을 통해 본 기업 지배구조의 개선   162
4. 주주 자본주의에서 이해관계자 자본주의로   164
5. 자본시장 저평가와 인수합병의 활성화   165
6. 산업정책의 중요성이 재조명되는 시대: 미국의 국가투자청 구상   168
7. 한국형 국가전략투자기구의 설립 모색   171

제8장 인구위기: 축소사회의 대응 전략 _이강호   174

1. 피할 수 없는 인구 감소, 축소사회의 개막   174
2. 축소사회와 경제적 도전   176
3. 축소사회 대응 전략, 생존과 도약을 위한 해법 모색   182
4. 새로운 성장 동력 창출, 축소사회에서의 기회 발굴   195
5. 축소사회에서의 생존과 도약을 위한 대응   202

제9장	노후소득보장의 혁신: 연금을 연금답게 만들기 _김태일	203
	1. 왜 연금 개혁이 중요한가?	203
	2. 연금은 노후소득보장의 핵심이어야 한다	206
	3. 세대 간 화합 기금을 조성하라	209
	4. 국민연금 평균 가입 기간 35년 목표를 달성하라	214
	5. 국민연금공단의 퇴직연금 운용을 허하라	217
10장	혁신성장과 부동산 _정준호	223
	1. 갈림길에 선 한국 경제	223
	2. 일본의 전철을 밟아가는 한국 경제	224
	3. 언제나 만능 대책이 아닌 공급 확대론	229
	4. 종합적인 안목의 공급 대책 마련	232
	5. 심화하는 부동산 시장의 양극화	233
	6. 서울 강남과 다른 지역 간의 차별화된 정책 대응	237
	7. 부동산 가격 상승과 대출 증가 간 동조화 심화	238
	8. 소득 기반 대출 관리 기조의 정착	243
	9. 최근 갑작스러운 금리 상승에 따른 전세사기와 역전세난	246
	10. 임차인의 대항력 강화 및 금융시장과 연계된 전세시장 구조에 대한 면밀한 모니터링	249
	11. 자의적인 정책가격과 감세 수단으로서 공시가격	251
	12. 자의적 기준 적용을 배제한 공시가격 산정·평가	253
	13. 결론을 대신하며	254
제11장	'다시 혁신경제'를 위한 과제 _저자 일동	256

서론

2025년 현재 나라 안팎이 동시에 흔들리고 있다. 내우외환. 나라 안에서는 정치적 갈등과 불확실성이 경제를 흔들고, 나라 밖에서는 트럼프발 글로벌 관세전쟁의 태풍이 불어오고 있다. 글로벌 시장의 통합과 세계화, 무역·투자 자유화를 보장하는 국제질서가 그 주창자였던 미국에 의해 무너지는 걸 상상하기 어려웠다. 하지만, 현실이다. 무역의존도가 높은 한국 경제의 피해가 클 것으로 전망된다. 한국의 GDP 대비 수출입 비율은 2011년 105.6%에서 2023년 88.9%로 내려왔다. 그러나 다른 선진국에 비하면 여전히 높은 수준이다. 그런 만큼 글로벌 시장의 움직임에 민감히 반응할 수밖에 없다.

멕시코와 캐나다에 공장을 지은 기업들, 중국에 중간재를 수출하는 기업들, 포스코, 삼성, LG, 현대, SK 등 우리나라 대부분의 기업이 트럼프발 관세전쟁의 사정권에 들어갔다. 게다가, 중국이 개발한 저비용 인공지능(AI) '딥시크'가 미국을 비롯한 세계 각국의 AI 관련 기업들을 충격에 빠트렸다.

2025년 초에 시작된 대전환의 시대, 총성 없는 경제전쟁의 와중에 4개월 이상 지속된 정치적 불확실성이 나라 경제를 소리 없이 갉아먹었다. 그 여파로 2024년 4분기 소비와 경제성장률이 전망치를 크게 밑돌았고, 연간 성장률은 2.0%에 그쳤다. 내수와 수출이 동시에 부진하다. 원달러환율이 1,500선 언저리를 오르락내리락하며 여전히 불안하다. 체감경기는 코로나19 이후의 불경기보다 더 나쁘다. 관세전쟁 발발 이후 자동차, 전자, 반도체, 철강 등 한국 경제를 이끌어온 기간산업의 미래가 불투명해졌다. 여기에 국내 정치의 혼란이 더해져 대외정책의 발목을 붙잡는다. 더욱 강력해진 미국 우선주의(MAGA) 정책들을 제대로 막아낼 수 있을지 걱정이다. 자영업과 건설업의 부진, 그에 따른 구조조정이 지속되고 있다. 올해보다 내년이 더 걱정이다. 지금의 혼란과 불확실성을 **한국 경제 대전환의 계기로** 삼아야 한다. 소설『작별하지 않는다』는 한강 작가와 대한민국에 노벨문학상을 안겼다. 하지만, **한국 경제는 오래되고 익숙한 것들과 작별해야** 한다. 작별해야 한국 경제의 미래가 보인다.

가장 **먼저, 나쁜 정치와 작별해야 한다.** 정치 양극화와 작별해야 한다. 나라가 두 쪽으로 갈라졌다. 합리적 보수와 온건한 진보를 포함하는 중간지대가 넓어져야 한다. 광복 후 80년에 걸쳐 천신만고 끝에 쌓아 올린 공든 탑을 일거에 무너뜨릴 작정인가? 그렇지 않다면 시효가 끝난 5년 단임제, 1987년 체제와 작별해야 한다. 2030년에 대통령 선거와 지방선거를 동시에 치르면 어떨까? 2030년 초에 발효되는 제7공화국 헌법을 계기로 정치도 일류가 되고, 명실상부하게 진짜 선진국이 된 대한민국의 모습을 상상해 보자.

나쁜 제도와 작별해야 한다. 2024년 노벨경제학상은 제도와 번영의 관계를 오랫동안 분석해 온 제도경제학자 3인에게 돌아갔다. 다론 아제모을루, 사이먼 존슨, 제임스 로빈슨이다. 아제모을루와 로빈슨의 책『국가는 왜 실패하는가』(2012)를 보면 개인, 기업가, 정치인 모두에게 인센티브를 제공하는 포용적 제도의 형성 여부가 국가의 번영을 좌우한다. 개인과 기업을 포괄하는 경제주체들의 운동장은 어느 한쪽으로 기울지 않고 평평해야 한다. 게임의 룰은 공정하고 투명해야 한다. 거래비용을 최소화하고, 정보의 비대칭성을 완화하고, 시장의 불확실성을 줄여주는 제도가 필요하다. 아울러 **사회적 안전망이 촘촘하고 튼튼해야 실패의 두려움이 줄어들고 혁신과 도전, 기업가정신과 창업이 활발**해진다.

성공은 실패의 어머니다. 과거 한국 경제의 성공에 기여한 것들과 작별해야 한다. 100여 년 전에 슘페터가 갈파한 혁신과 창조적 파괴도 거기서부터 시작한다. 노동과 자본이라는 요소 투입이 주도하는 성장이 한계에 봉착했다. 그런 상황에서 한국 경제 전반의 혁신과 생산성 향상이 경제의 활력과 역동성을 지탱하는 유일한 버팀목이 될 것이다. 정부 주도의 경제발전 전략과 '잡은 물고기 던져주기'라는 **오래되고 익숙한 성공 신화와 작별해야** 한다. 이제는 시장이 앞서고 정부가 뒤따라야 한다.

한국 경제의 성장률이 2023년 1.4%, 2024년 2.0%, 2025년 1.5%로 낮아지는 추세를 전환해 다시 끌어올리기란 쉽지 않다. 정치는 편안해야 하고, 경제는 창조적이고 활력이 넘쳐야 하며, 사회는 통합적이고 포용적이어야 한다. **2014년에 발간된 "GEM 2013 Global Report"에 따르면, 한국 경제는 미국, 영국, 독일, 스웨덴, 일본, 싱가포르, 아일랜드 등과 함께 '혁신주도형 경제'**에 속했다. 혁신주도형 경제는 독창적 가치 창출을 위한 혁신 활동, 첨단 분야 혁신 제품의 생산 능력, 혁신을 지원하는 제도, 총요소생산성(TFP)의 향상 등을 동력(driving force)으로 삼아 발전하는 경제다. R&D 투자의 증가, 교육 지출의 증가도 필요하다. 더 중요한 것은 새로운 지식과 기술의 창조, 기존 기술의 융합과 확산, 지식 자본의 축적, 이를 위한 교육제도의 혁신, 제도의 공정성과 유연성이다. 대기업과 중소기업 사이의 생태계가 건강해야 산업 전체의 혁신 가능성도 증가한다. 혁신주도형 경제에서는 파이 키우기(성장)와 나누기(분배)가 공존할 수 있고, 고용의 유연성과 안정성도 같이 갈 수 있다. 그런데, 2025년 현재 한국 경제가 여전히 '혁신주도형 경제'에 속하는지 의문이다. **한국 경제의 조로화(早老化)** 현상이 눈에 띄기 때문이다. 한국 경제가 너무 일찍 성장을 멈춰 버리고, '혁신주도형 경제'의 단계를 훌쩍 건너뛰어 '부(富) 주도형 경제'로 진입해 버린 것은 아닌지 우려스럽다. 일본의 '잃어버린 30년'이 남 얘기처럼 들리지 않는다.

이 책의 집필은 **활력을 잃어버린 한국 경제, 조로화 현상을 보이는 한국 경제의 새로운 진로 모색이 시급하다는 문제의식에서 출발**했다. 한국 경제가 다시 혁

신주도형 경제로 돌아가기 위한 과제를 정리해 보자는 데에서 시작한 것이다. 경제 각 분야에서 오랫동안 연구하고 강의하며 현장에서 정책을 고민해 온 전문가들이 뜻을 모았다.

제1장은 총론의 성격을 띠고 있으며 혁신경제의 정의, 필요성, 비전과 과제 등을 정리했다. 정치, 경제, 사회, 복지 등 모든 분야에서 제대로 된 선진국이 되기 위한 과제들이 무엇인지 정리해 보았다. 제2장부터 제10장까지는 혁신경제를 구현하기 위한 분야별 과제를 정리했다. 20세기의 종말과 통상산업정책의 미래, 기술패권 경쟁: 과학기술과 혁신, 혁신경제를 위한 규제개혁 과제, 혁신형 중소기업과 창업 생태계, 금융혁신을 위한 규제와 감독, 자본시장 선진화와 한국형 국가전략투자기구의 설립, 인구위기와 축소사회 대응 전략, 노후소득보장의 혁신(연금을 연금답게 만들기), 혁신성장과 부동산 등 아홉 개 주제를 다뤘다. 제11장에서는 앞에서 논의한 내용을 토대로 다시 혁신경제를 구현하기 위한 과제를 요약하고 정리했다.

이러한 내용을 포괄하여 '혁신경제 4.0'이라 부르기로 했다. 2025년 이후 한국 경제가 저성장과 양극화, 잠재성장률의 하락 추세에서 벗어나 창의와 혁신, 독창적 가치의 창출을 통해 다시 활력있는 경제로 도약하기 위한 정책 방향과 과제를 담은 새 비전이라고 할 수 있다. 인공지능(AI)을 필두로 하는 네 번째 산업혁명의 큰 흐름을 선도함은 물론 혁신을 강조했던 여러 정부와 달라야 한다는 의미에서도 '혁신경제 4.0'이다.

어려운 출판 환경에도 불구하고 발간을 선뜻 결정해 준 한울엠플러스(주)의 김종수 대표님과 편집, 디자인을 맡아 수고해 주신 분들께 감사드린다.

_저자 일동

제1장

왜 지금 다시 혁신경제인가?

김동열 | 서울대학교 경제연구소

1. 지금 다시 혁신경제를 주장하는 이유

슘페터가 100여 년 전에 얘기했던 혁신, 한국에서도 20여 년 전에 널리 회자되었던 혁신을 지금 다시 소환하는 이유가 무엇인가? 한국 경제가 활력을 잃고 조로(早老) 현상을 보이고 있기 때문이다. 저성장의 고착화, 한국의 '잃어버린 30년' 시작 등 우려의 목소리가 커지고 있기 때문이다. 1962년 이후 지금까지 한국 경제는 수출드라이브, 모방과 따라잡기, 개방과 세계화, 정보화, 정부 주도 산업정책 등으로 압축성장에 성공했다. 1인당 국민소득이 3만 5,000달러를 넘어 선진국 문턱에 도달했다는 칭찬을 듣기도 했다. 그러나, 최근의 성적표는 실망스럽다. 한국은행의 2025년 올해 성장률 전망치는 1.5%다. 국민들이 체감하기 힘들 정도의 성장에 그칠 거라는 의미다.

한국 경제의 성장률이 1.4%(23년), 2.0%(24년), 1.5%(25년)로 하향곡선을 그리는 동안, 미국의 성장률은 2.9%(23년), 2.8%(24년), 2.7%(25년)로 우리보다 높은 수치를 3년 연속 기록했다. 석유위기나 외환위기 시기를 제외하고 한국의 성장률이 미국보다 3년 연속 낮았던 적은 없었다. 그만큼 한국 경제의 활력 저하가 심각한 지경이다.

이처럼 요즘 한국 경제를 보면, 제2차 세계대전 전후(前後) 자유시 단치히

(Freie Stadt Danzig)를 배경으로 한 영화 〈양철북〉이 연상된다. 주인공 오스카는 겨우 세 살에 탁자 아래의 세상까지 알아버렸고 성장을 포기한다. 한국 경제가 〈양철북〉의 오스카처럼 너무 일찍 성장을 포기해서는 안 된다. 어렵게 쌓아 올린 탑을 무너트린 후 다시 쌓기란 매우 힘들고 고통스럽기 때문이다.

다시 혁신하고 성장하기 위해 필요한 정치·경제·사회적 제도와 인프라를 바꿔주는 것이 2025년 정부의 핵심과제다. 가계, 기업, 정부 등 모든 경제주체가 신발 끈을 조여 매고 다시 뛰어야 한다. 정치, 경제, 사회 모두 혁신하지 않고서는 더 나은 미래를 만날 수 없다. 다시 혁신하고 성장하여 더 크게 나누는 경제를 만들어가야 한다.

2. 혁신주도형 경제란?

혁신이란 생산 자원의 새로운 결합, 새로운 생산방식의 도입, 신제품 개발, 신시장 개척, 새로운 원료-부품 공급원 확보, 기업 경영방식의 개선이다. 요컨대 혁신이란 창조적 파괴다. 창조적 파괴를 통해 도전하고 혁신하는 사람(혁신가, innovator)을 기업가(entrepreneur)라고 부른다. 이러한 슘페터의 논의는 기업, 기업가, 기업가정신 같은 미시적·정태적 차원에 그치지 않고, 기업가의 혁신을 토대로 나라 경제가 발전해 간다는 거시적·동태적 발전론으로 진화했다.

그렇다면 200개 이상인 세계 여러 나라의 경제발전 단계는 어떻게 구분할 수 있을까? 흔히, 국민소득이나 국내총생산(GDP)을 기준으로 후진국-중진국-선진국, 저개발국(under developed)-개발도상국(developing)-선진국(developed), 저소득국가-중소득국가-고소득국가 등으로 구분한다.

여기서는 경제발전의 동력(driving force)에 따라 단계를 구분했던 마이클 포터(Michael Porter)의 분류를 참고했다. 포터는 『국가경쟁우위』(1990)[1]라는 책에서 경제발전 단계를 요소주도형 경제, 투자주도형 경제, 혁신주도형 경제,

부 주도형 경제 등 크게 4단계로 구분한 바 있다.

첫째, '**요소주도형 경제**'란 요소의 투입비용이 국가경쟁력의 원천이다. 따라서 저임 노동력, 천연자원, 모방, 조립생산 등이 경제발전의 원동력이다. 둘째, '**투자주도형 경제**'란 효율성이 국가경쟁력의 원천이다. 따라서 대규모 투자와 규모의 경제, 선진 기술 도입, 기술제휴 등이 경제발전의 원동력이다. 이를 통해 효율성(생산성)을 높이는 것이 중요하다. 세 번째 단계인 '**혁신주도형 경제**'는 독창적 가치가 국가경쟁력의 원천이다. 따라서 독창적이고 고유한 가치를 창출하기 위한 혁신 활동, 첨단 분야의 혁신 제품과 서비스, 혁신 제품과 서비스를 생산할 수 있는 역량, 혁신을 지원하는 제도, 총요소생산성(TFP)의 향상 등이 경제발전의 원동력이다. 마지막으로, '**부(富) 주도형 경제**'는 20세기 초반의 영국처럼 S자 성장곡선이 정점을 지나 내려오기 시작한 단계를 말한다. 축적된 부(富, wealth)가 경쟁력의 원천이다. 과거와 현재의 축적된 부를 토대로 현상을 타파하고 개선하기보다 유지하는 데 역량을 집중하고, 그에 따라 경쟁이 느슨하고 투자 의욕도 강하지 않다. 그 결과 경제의 활력이 떨어지고 성장률도 하락하는 추세를 보인다.

이와 같은 포터의 분류에 따르면, **1980년대 말 한국 경제는 '투자주도형 경제'** 에 속했다. 그 이후 1990년대의 한국 경제는 고급 요소에 투자하기, 효율적 자본시장의 형성, 클러스터 심화, 산업구조 다각화, 경제력 분산(재벌 의존도 약화), 경쟁 활성화 등에 주력해야 한다는 충고(Porter, 1990: 제13장)에 따르지 않았다. 그 결과는 1998년의 국가부도 위기였다. 우리는 국가부도 위기를 고통스러운 구조조정과 개혁·개방 정책으로 극복했다. 진입규제와 독과점규제를 완화해 경쟁 친화적 구조로 전환하려 노력했다. 그런 노력 덕분에 중진국 함정에 빠지지 않았고, 한국은 2025년 현재 1인당 국민소득 3만 달러 이상의 고소득 국가에 도달했다.

---

1   Michael Porter, *The Competitive Advantage of Nations* (New York: Free Press, 1990).

표 1-1 경제발전 단계별 국가 분류

요소주도형 경제 (Factor-Driven Economies)	효율주도형 경제 (Efficiency-Driven Economies)	혁신주도형 경제 (Innovation-Driven Economies)
가나, 우간다, 베트남, 인도, 필리핀, 이란, 리비아 등	중국, 인도네시아, 콜롬비아, 멕시코, 루마니아, 헝가리 등	한국, 일본, 싱가포르, 독일, 스웨덴, 아일랜드, 미국, 영국, 덴마크 등

자료: Amoros and Bosma, "GEM 2013 global report"(2014).

한편, 기업가정신에 관한 글로벌 리포트[2]에 따르면, **2013년 현재 한국은 미국, 영국, 독일, 일본, 싱가포르, 아일랜드 등과 함께 '혁신주도형 경제'**에 속한다(〈표 1-1〉 참고).

앞서 언급한 '혁신주도형 경제'는 다음과 같은 몇 가지 특징이 있다. 첫째, 지식집약적 산업이다. 고급 기술과 높은 교육 수준의 인력에 의존하는 산업 및 분야에 중점을 둔다. 둘째, 기업가정신의 활성화다. 혁신적인 아이디어의 제품과 서비스를 시장에 내놓는 활성화된 창업 생태계와 높은 수준의 기업가정신을 보유하고 있다. 셋째, 높은 연구개발(R&D) 투자다. 기업, 대학, 연구소, 공공기관 간의 강력한 산학연(産學硏) 협력을 통해 첨단산업 분야의 연구개발(R&D)에 상당한 투자가 이루어진다. 넷째, 혁신 친화적 시장 및 비즈니스 관행이다. 혁신주도형 경제의 기업들은 혁신, 효율성, 품질을 기반으로 고부가가치를 창출하는 첨단산업 분야에서 경쟁한다. 다섯째, 규제하고 제약하기보다는 응원하고 도와주는 제도와 인프라다. 고도화된 인프라, 지적 재산 보호, 혁신 및 기업가정신을 장려하는 정책과 제도, 인센티브 시스템 등이 갖춰져 있다.

요컨대 '혁신주도형 경제'는 비용 기반 경쟁에서 가치 기반 경쟁으로의 전환을 의미하며, 창의성과 기술 발전 그리고 인적 자원과 지식자산의 효과적 활용이 중심을 이루는 경제 모델이다. 결국, 혁신주도 경제로의 전환은 차별화 역

---

[2] José Ernesto Amoros and Niels Bosma, "GEM 2013 global report"(Global entrepreneurship monitor report, 2014).

량, 독창적 가치의 창출, 지속적인 제도 개선 여부에 달려 있다.

3. 한국 경제의 조로화

한국 경제는 이와 같은 혁신주도형 경제의 특징들을 여전히 유지하고 있을까? 〈표 1-1〉처럼, 2013년에는 혁신주도형 경제에 속했다고 하더라도, 2025년 현재와 미래의 한국 경제는 혁신주도형 경제에 속한다고 자신할 수 있을까? 최근 한국 경제는 활력이 떨어지고, 투자 의욕이 저하되고, 개선보다는 유지에 급급하고, 각종 규제와 진입장벽으로 경쟁이 활발하지 않다. 인구 감소와 고령화가 예상보다 빠르게 진행되고 있다. 2023년 1.4%, 2024년 2.0%, 2025년 1.5%(전망치)와 같은 경제성장률의 하락 추이도 한국 경제에 관한 비관적 전망에 힘을 더한다. 반면, 2013년에 한국과 같이 혁신주도형 경제에 속했던 싱가포르(인구 580만 명, 1인당 국민소득 8만 달러 이상)와 아일랜드(인구 525만 명, 1인당 국민소득 10만 달러 이상)는 2025년 현재 인구는 비록 10분의 1 정도에 불과하지만 소득은 한국보다 훨씬 높아졌다.

그렇다면 〈그림 1-1〉처럼, 한국 경제가 벌써 '부 주도형 경제'의 단계에 들어선 것은 아닐까? 국민소득 3만 달러를 넘긴 시점에서 너무 일찍 성장을 멈춰버린 건 아닐까? 한국 경제의 조로화(早老化)를 우려하게 만드는 몇 가지 지표들을 짚어보기로 하자.

첫째, 2022년 이후 경제성장률의 급락 추세다. 게다가 2023년부터 3년 연속 한국의 경제성장률이 미국보다 낮은 수준을 기록하고 있다. 한국의 경제성장률은 1.4%(23년), 2.0%(24년), 1.5%(25년)로 하향곡선을 그린다. 반면, 미국의 성장률은 2.9%(23년), 2.8%(24년), 2.7%(25년)로 우리보다 높다. 정부 주도 경제개발이 본격화된 1962년 이래로 한국의 성장률이 미국보다 2년 이상 계속 낮았던 적은 없었다.

그림 1-1 한국 경제의 발전단계: 과거, 현재, 그리고 미래

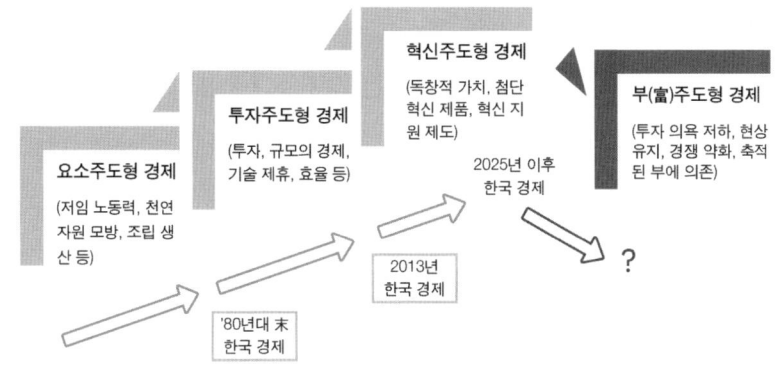

자료: Porter, *The Competitive Advantage of Nations*(1990); Amoros and Bosma, "GEM 2013 global report"(2014) 토대로 필자 작성.

한국의 경제성장률이 3년 연속 미국보다 낮다는 게 이렇게 호들갑을 떨 정도로 충격적인 사건인가? 그렇다. 미국이 한국보다 경제 규모와 인구 규모에서 엄청나게 큰 덩치를 자랑하는 강대국임에도 불구하고, 한국보다 성장률이 높다는 것은 이례적이기 때문이다. 미국의 명목 GDP는 약 27.7조 달러(세계 1위), 인구는 약 3억 4,000만 명(세계 3위)으로 한국(명목 GDP 1.8조 달러, 인구 5,100만 명)보다 경제 규모로는 15.4배, 인구로는 6.5배 더 크다. 이처럼 덩치 큰 미국의 경제성장률이 한국보다 3년 연속 높다는 것은 흔한 일이 아니다. 게다가, 〈그림 1-2〉에서 알 수 있듯이, 코로나19로 인한 경기침체 이후 미국의 성장률은 2% 이상으로 견조한 반면 한국의 성장률은 2%에도 못 미치고 있으며, 더 큰 문제는 한국의 성장률이 언제 반등할지 알 수 없다는 점이다.

둘째, 인구 감소와 인구구조의 악화다. 2024년 기준 한국의 합계출산율은 0.75다. OECD 회원국 가운데 가장 낮다. 합계출산율은 1970년 4.53명에서 2024년 0.75명으로 급락했으며, 기대수명은 1970년 62.3세에서 2022년 82.7세로 급등했다. 그 결과 생산연령인구(15~64세 인구) 비중은 2024년 70.2%에서 2050년 51.9%로 급락할 전망이고, 고령 인구(65세 이상) 비중은 2025년

그림 1-2 한국과 미국의 실질 GDP 증가율 비교(1961~2025)

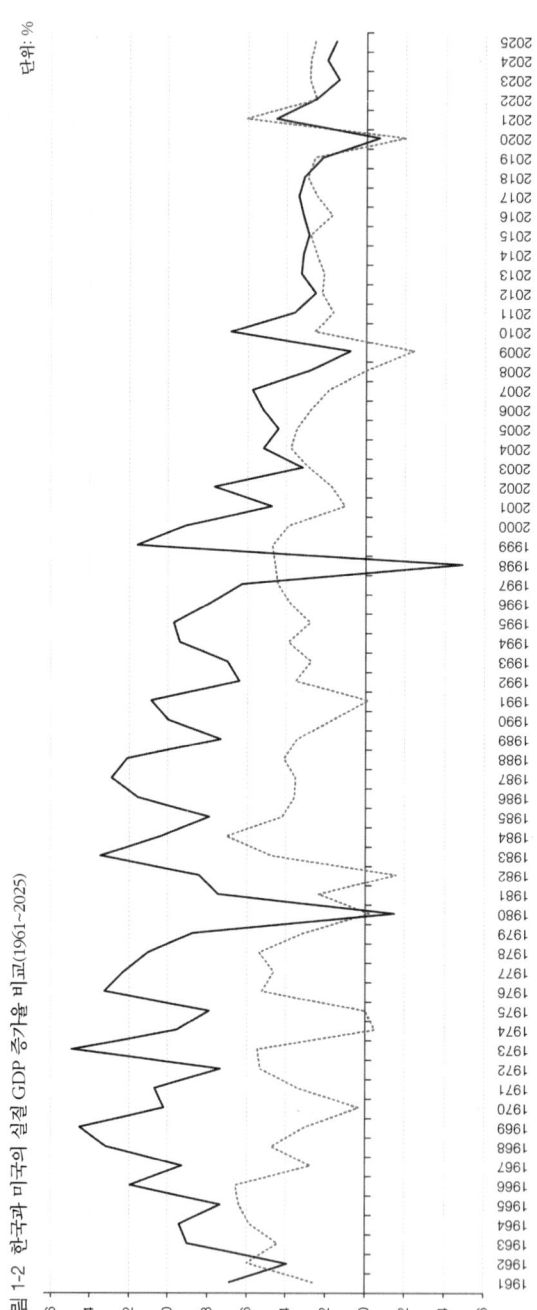

주: 2025년 수치는 KDI, IMF 등의 전망치.
자료: 한국은행, 미국 상무부 BEA(경제분석국) 자료를 토대로 필자 작성.

그림 1-3 한국의 생산연령인구(15~64세) 구성비 추이

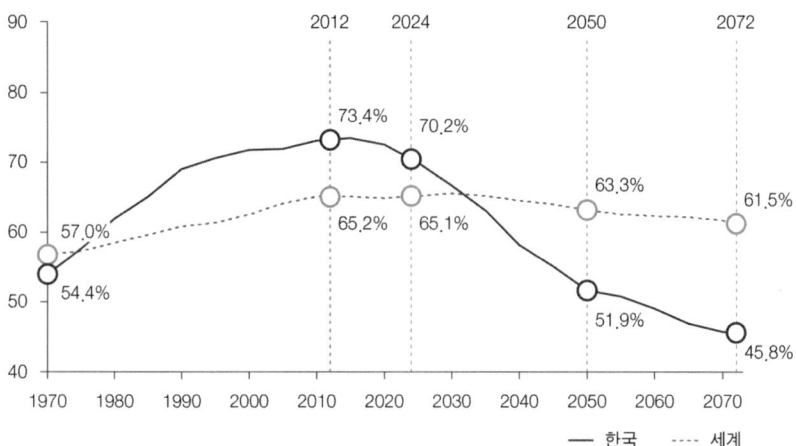

자료: 통계청, 「세계와 한국의 인구현황 및 전망」(통계청 보도자료, 2024.9.23).

그림 1-4 한국의 고령 인구(65세 이상) 구성비 추이

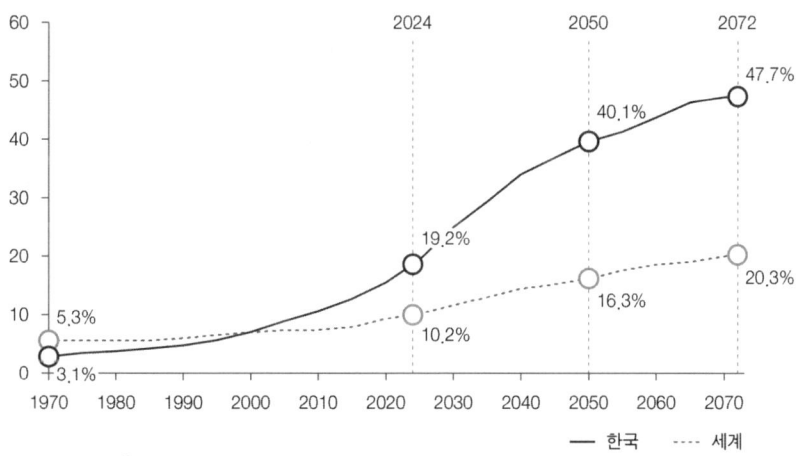

자료: 통계청, 「세계와 한국의 인구현황 및 전망」(통계청 보도자료, 2024.9.23).

20.3%로 초고령사회에서 2050년 40.1%로 급등할 전망이다. 합계출산율 급락, 인구 감소, 급격한 고령화 등 인구구조의 악화는 경제성장률의 하락, 경제 활력의 저하로 이어졌다.

제1장 | 왜 지금 다시 혁신경제인가? **19**

셋째, 수도권 주택 가격의 급등과 자산불평등의 심화. 코로나19 이후 경기 침체 대책으로 시행된 저금리와 유동성 완화, 수급 불균형 등의 여파로 2020년 3월부터 2022년 7월까지 부동산 시장이 달아올랐다. 2022년 여름까지 수도권 중심으로 주택 가격이 크게 올랐고, 수도권 쏠림현상에 따라 자산불평등 정도는 더 심해졌다. 이와 같은 수도권 중심 주택 가격의 급등과 자산불평등 심화는 '부(富, wealth) 주도형 경제'로의 이행을 부추기고 있다.

통계청 '주거실태조사'에 따르면 2022년 기준 서울의 연 소득 대비 주택 가격 비율(PIR)은 15.2배로 2021년보다 1.1배 더 높아졌다. 연봉을 모두 저축해서 15년 이상 모아야 서울에서 집을 살 수 있다는 얘기다. 서울, 인천, 경기를 더한 수도권의 2022년 PIR은 9.3배로서, 역대 최고치였던 2021년의 10.1배보다 다소 낮아졌다. 전국 평균 PIR도 2021년 6.7배에서 2022년 6.3배로 감소했다. 요컨대 소득 대비 주택 가격 비율(PIR)은 서울 > 수도권 > 전국의 순이며, 특히 서울의 PIR은 우려스러울 정도로 높다. 참고로, KB의 아파트담보대출 데이터를 토대로 계산한 PIR 추이도 통계청의 PIR 추이와 비슷하다. 그러니, 청년들은 주택과 결혼을 포기하고, 출산율은 하락하고, 경제는 활력을 잃어간다.

한국은행이 NUMBEO(2023)[3]를 인용한 자료에 따르면, 가계순가처분소득 대비 중위 사이즈(90m^2; 27.3평) 아파트 가격의 비율(PIR)은 우리(서울)가 26.0으로 일본(10.3), 이탈리아(9.7), 스페인(7.8)을 크게 상회했으며 대만(20.1), 싱가포르(15.5)보다 더 높았다.

이와 같은 주택 가격의 급등은 자산불평등도 관련 지표의 악화로 이어졌다. 자산 상위 20% 가구와 하위 20% 가구의 격차는 2022년 64.0배로서 2012년 62.4배 이후 가장 크게 격차가 벌어졌다. 아울러 순자산 지니계수도 2022년 0.606을 기록했다. 2012년의 0.617 이후 10년 만에 가장 큰 수치다. 순자산으로 본 불평등도 역시 2022년에 크게 나빠졌음을 의미한다.

---

3 한국은행, 「통화신용정책보고서(2023년 9월)」 (통화신용정책보고서, 2023.9.14), 69~70쪽.

그림 1-5 연소득 대비 주택 가격(PIR)   단위: 배

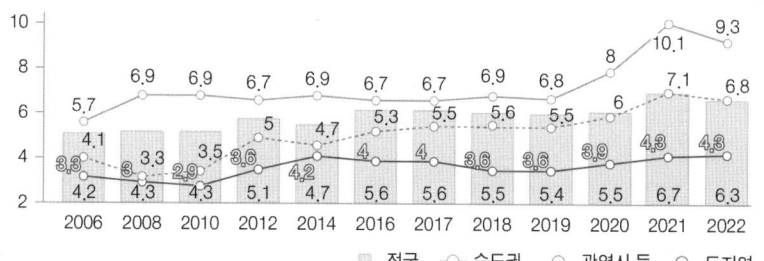

자료: 국토교통부.

인구의 50% 이상이 몰려 있는 수도권 그중에서도 서울의 주택 가격 급등과 높은 PIR 수준은 가계부채 증가, 전월세 증가, 소비 여력 감소, 임금과 임대료의 상승 압력으로 작용하고, 궁극적으로는 경제성장에도 악영향을 끼친다. 또한 금융시장의 불안정성을 키우며, 위기 시에는 경기변동 폭을 키우는 요인이 된다. 아울러 자산불평등의 확대를 통해 상대적 박탈감을 키우고 자원배분의 비효율성을 키운다.

요컨대 수도권을 중심으로 부동산 시장의 과열과 높은 PIR 수준은 '**조물주 위에 건물주**'라는 시니컬한 유행어를 만들었고, 영끌 투자와 지대 추구(rent seeking)를 부추기고 있다. 나아가 한국 경제의 활력 회복과 지속가능한 발전을 어렵게 하는 장애요인으로 작용 중이다.

넷째, 총요소생산성의 부진이다. 경제성장률 하락을 더 깊이 파고들어 가다 보면 한국 경제의 민낯이 드러난다. 국가 경제의 혁신 역량을 드러내는 총요소생산성(TFP)이 하락하고 있다는 점이다. 총요소생산성이란 노동, 자본 등 직접적인 투입 요소 이외에 창의성, 경영혁신, 경제자유도, 규제환경, 사회적 자본과 같은 눈에 보이지 않는 부문이 얼마나 많은 부가가치를 생산해 내는지를 보여주는 경제지표다.

먼저, 미국 대비 한국 총요소생산성(TFP)의 장기 추세를 살펴보자. 미국 PWT(Penn World Table) 자료에 따르면, 1957년 미국의 23.3%에 불과했던 우

표 1-2 경제성장률과 요소별 성장기여도 추이(1991~2019)

단위: %, %포인트

연도	경제성장률	노동	자본	총요소생산성(TFP)
1991~2000	7.2	1.0	3.8	2.3
2001~2010	4.7	0.8	2.0	1.9
2011~2019	2.9	0.9	1.4	0.7

자료: KDI, 「한국경제 생산성 제고를 위한 개혁방안」(2024.12.11).

리의 총요소생산성은 꾸준히 상승해 2002년에는 미국의 69%까지 격차를 좁혔다. 2002년부터 2010년까지 미국(100%) 대비 69% 선을 유지하던 한국의 총요소생산성(TFP)은 다시 하락하기 시작해, 2019년에는 미국의 61.4%로 내려왔다. 또한, 2019년 현재 G7 국가들의 총요소생산성(TFP) 수준을 비교해 보면, 미국(1.0)을 기준으로 독일(0.93), 프랑스(0.91), 캐나다(0.85), 영국(0.79), 이탈리아(0.73), 일본(0.66), 한국(0.61)의 순이다. 우리(0.61)와 일본(0.66)의 격차는 크지 않지만, 독일(0.93), 프랑스(0.91) 등과의 격차는 매우 큰 편이다.

〈표 1-2〉는 1991년부터 2019년까지 30여 년에 걸친 우리 경제의 성장률 추이와 요소별 성장기여도 추이를 보여준다. 표에 따르면 우리나라의 경제성장률이 큰 폭으로 하락했으며, 요소별 성장기여도 가운데 '자본'과 '총요소생산성'의 성장기여도가 큰 폭으로 하락했음을 알 수 있다.[4]

먼저, 1991년부터 2000년까지의 연평균 경제성장률은 1998년 외환위기의 여파에도 불구하고 7.2%에 달했다. 이 시기의 요소별 성장기여도를 분석해 보면, 자본(3.8%p) > 총요소생산성(2.3%p) > 노동(1.0%p)의 순이었다. 둘째, 2001년부터 2010년까지의 연평균 성장률은 4.7%로서 1990년대(7.2%)에 비해 큰 폭으로 하락했다. 이 기간의 요소별 성장기여도를 분석해 본 결과, 자본(2.0%p) > 총요소생산성(1.9%p) > 노동(0.8%p)의 순이었다. 여전히 '자본'이 가장 큰 기여를 했지만, 자본의 기여도가 10년 전에 비해 1.8%p나 하락했다. 결국, 2001~2010년

---

4 KDI, 「한국경제 생산성 제고를 위한 개혁방안」(KDI 컨퍼런스 보고서, 2024.12.11).

표 1-3 '지식재산투자' 관련 지표의 한미 비교(1991~2023)   단위: %

	미국	한국
지식재산투자 비중, 전체 투자 대비	30.8	**22.8**
지식재산투자 증가율, 33년간(1991~2023) 평균	6.7	7.4
지식재산투자 증가율, 14년간(2010~2023) 평균	7.2	**4.4**
지식재산투자 증가율, 전년(2022) 대비	7.2	**1.7**

주: '전체 투자'는 '총고정자본형성'(한국)과 'Fixed Investment'(미국) 활용.
자료: 미국 BEA(경제분석국), 한국은행 국민계정을 토대로 필자 작성.

동안 경제성장률 하락은 주로 '자본'의 성장기여도 하락에 기인했다. 셋째, **2011년부터 2019년까지의 연평균 성장률은 2.9%로 크게 낮아졌다.** 요소별 성장기여도를 보면, **총요소생산성의 기여도가 노동의 기여도보다 낮아져 꼴찌를 기록했다**는 점이 충격적이다. 오랜 경제발전의 역사를 지닌 **서구 선진국들의 최근 자료를 보면 총요소생산성의 성장기여도가 가장 큰 반면, 한국은 총요소생산성의 성장기여도가 가장 낮다.** 2025년 현재 경제 규모 세계 10위권의 한국 경제가 활력을 잃어버린 원인이 '총요소생산성'의 급락에 있음을 바로 알 수 있다.

다섯째, 지식재산투자 증가율의 부진이다. 미국과 한국의 지식재산생산물 투자를 비교해 보면, 최근 미국의 성장률이 호조를 보이는 이유와 한국의 성장률이 부진한 이유를 짐작할 수 있게 해준다. 미국과 한국의 경제 성적표 차이가 어디서 기인하는지, 그 원인을 조금이나마 알 수 있게 된다.

〈표 1-3〉은 미국과 한국의 지식재산투자의 비중과 증가율을 비교한 것이다. 전체 투자 가운데 지식재산투자의 비중을 보면, 미국이 30.8%로서 한국(22.8%)보다 8%p 더 높다. 또한, 지식재산투자의 증가율을 보면, 미국은 과거 33년 평균(6.7%)보다 최근 14년 평균(7.2%)이 더 높다. 반면, 한국은 과거 33년 평균(7.4%)보다 최근 14년 평균(4.4%)이 더 낮고, 2023년 지식재산투자의 전년 대비 증가율은 1.7%에 불과했다. 요컨대 21세기 지식정보화시대를 맞이하여, 인적자본과 지식자산(IP)이 중요해지는 흐름에 맞춰, 미국의 지식재산투자

증가율은 최근으로 올수록 점점 커지는 반면, 한국의 지식재산투자 증가율은 최근으로 올수록 점점 작아지고 있다.

요컨대 앞에서 살펴본 다섯 가지 지표들(미국보다 낮아진 성장률, 인구구조 악화, 주택 가격 급등과 자산불평등 확대, 총요소생산성 부진, 지식재산투자 부진)은 "한국 경제가 조로화 현상을 보이고 있으며, 혁신주도형 경제의 단계를 벗어나 부 주도형 경제로 진입하고 있다"는 필자의 추론을 가능하게 해준다.

결론적으로, 2025년 현재 한국 경제는 혁신주도형 경제로서의 특징을 보여주지 못한다. 혁신주도형 경제의 특징으로 언급한 바 있는 지식집약적 산업, 기업가정신 활성화, 높은 연구개발(R&D) 투자, 혁신 친화적 시장 및 비즈니스 관행, 응원하고 도와주는 제도 및 인프라에서부터 점점 멀어지는 중이다. 취업준비생이나 대학원생의 경우 불확실한 창업에 도전하기보다는 공무원이나 공공기관을 선호하며, 대입 수험생들은 공대보다는 의대로 쏠리고, 직장인들은 땀 흘려 일하기보다 주식 투자나 부동산 투자 등 지대추구(rent seeking)에 몰두하는 등 한국 경제는 혁신주도형 경제에서 점점 멀어지고 있다.

4. 미국 경제만 선전하는 이유

조로화 증세를 보이는 한국 경제와 달리 미국은 여전히 활력이 넘치고 경제성장률도 다른 경쟁국보다 높다. 그 이유는 무엇인가? 영국 ≪파이낸셜 타임스(Financial Times)≫는 2024년 말 "미국 경제가 경쟁국을 앞서가는 이유"[5]라는 분석 기사를 게재한 바 있다.

≪파이낸셜 타임스≫는 2024년 미국의 성장률이 다른 선진국들보다 높은 2.8%(유로존 0.8%)를 기록하는 등 우수한 성과를 보인 것은 기술 및 혁신 분야

---

5 *Financial Times*, "Why America's economy is soaring ahead of its rivals," December 3, 2024.

에서의 지속적이고 빠른 '생산성 증가' 때문이라고 했다. 미국의 노동생산성은 2008~2009 금융위기 이래로 30% 이상 증가했으며, 이는 유로존의 3배에 달한다. 이러한 미국의 지속적인 생산성 증가는 임금 상승과 소비자 지출 증가로 이어져 미국 경제를 더욱 활성화시켰다. 또한, 미국은 유연한 노동시장과 연구개발(R&D)에 대한 막대한 투자로 이익을 얻으며, 지속적인 경제발전에 유리한 환경을 조성하고 있다고 분석한 바 있다. 게다가 미국은 계속해서 혁신적인 기업과 제품이 쏟아져 나오고, 간판 기업의 얼굴도 계속 바뀌고 있다. 미국을 이끌어가는 산업과 기업이 철강, 철도, 석유, 자동차에서 전기, 통신, 컴퓨터로 바뀌었다. 정보통신 분야의 대표기업도 AT&T와 IBM에서 인텔, MicroSoft, 애플, 구글, 페이스북 등으로 계속 변하고 있다.

반면, 우리는 아직도 삼성, 현대 등 오래된 재벌기업들이 문어발을 늘린 채 건재하다. 1998년의 제1차 벤처 붐에서 살아남은 네이버(Naver)가 아직까지 벤처업계의 맏형 노릇을 계속하고 있다. 첨단기술로 무장한 혁신기업의 배출이 활발하지 않다는 얘기다. 미국과 달리 한국의 창업 생태계는 정부와 공급자 중심이라는 비판이 여전하다. 최근 '영끌 투자'[6] 논란에서 알 수 있듯이, 경제 전반의 인센티브 시스템(정책과 제도)을 걱정하는 목소리가 커지고 있다.

5. 생산성 향상을 위한 정책과 제도

한국 경제가 조로화 증세를 벗어나 다시 혁신하고 성장하기 위한 비전과 과제는 무엇인가? 1%대의 저성장에서 벗어나, 2%대, 3%대의 성장을 지속하기 위한 과제는 무엇인가? 부 주도형 경제로 진입하지 않고 혁신주도형 경제에 남아

---

6 '영끌 투자'는 영혼까지 끌어다 투자할 정도로 부동산과 주식 투자에 올인한다는 의미를 지닌 신조어다.

표 1-4 생산성(MFP) 향상에 필요한 세 가지 정책 카테고리

	카테고리	정책 예시
1	새로운 지식과 기술의 창출	연구개발(R&D), 디지털화, 무형자산 투자
2	기존 지식과 기술의 융합·확산	표준화, 공공인프라, 인적 자본
3	기업 내외부 자원의 효율적 배분	경쟁, 공정거래, 글로벌화, 자본시장 발달

자료: OECD, "The future of productivity"(2015.12.11); OECD, "Identifying the main drivers of productivity growth: A literature review"(2022.9.7).

있기 위한 과제는 무엇인가?

OECD는 생산성(MFP)을 향상시키는 정책 조합(카테고리)을 크게 3가지로 정리한 바 있다. **첫째, 새로운 지식과 기술을 창출하도록 지원하는 정책**이다. 예를 들면 연구개발(R&D), 디지털화, 무형자산(특히 아이디어 등 지식자산, 소프트웨어 등)에 대한 투자다. **둘째, 기존 지식과 기술의 융합과 확산을 지원하는 정책**이다. 예를 들면 표준화, 공공인프라(도로, 철도, 인터넷 등), 인적 자본 등이다. **셋째, 기업과 산업의 내외부 자원을 효율적으로 배분하는 정책과 제도**이다. 예를 들면 경쟁, 공정거래, 글로벌화, 자본시장의 발달 등이다. 이와 같이 3가지로 분류한 정책의 조합을 뒷받침하는 기본 바탕에는 **좋은 거버넌스(good governance)와 제도**가 있어야 한다.[7]

이와 같은 OECD의 지적이 아니더라도 지금까지 한국 경제가 걸어온 60여 년의 시행착오를 성찰하면, 한국 경제의 성공과 실패를 뒤돌아보면, 다시 활력을 되찾고 혁신하고 성장할 수 있는 방안을 찾을 수 있다.

예를 들어 지하경제와 불로소득(부동산투기 등 '렌트')을 최소화하고, 경제주체들이 최선을 다해 자신의 경제활동에 전념하도록 하는 것이다. 진입장벽을 낮추고, 고용의 유연성과 안정성을 함께 높이고, 인적자본과 사회자본을 확충하는 일이다. 미래를 위한 기술혁신과 연구개발(R&D)에 투자하고, 자원배분

---

7 OECD, "The future of productivity"(Publications Report, 2015.12.11); OECD, "Identifying the main drivers of productivity growth: A literature review"(Publications Report, 2022.9.7), pp. 10~13.

의 효율성과 사회적 포용성을 높이는 제도를 정비하면 된다. 그러면 한국 경제는 다시 활력 넘치는 경제로 돌아갈 수 있다. 한국 경제가 걸어온 60여 년의 경제발전 경험과 슘페터, 포터, OECD 등의 연구를 종합하여, 한국 경제가 조로화 현상을 극복하고 다시 혁신주도형 경제로 돌아가기 위한 비전과 과제를 정리할 필요가 있다.

2024년 12·3 비상계엄 선포 이후 한국은 다시 한번 정치와 경제 양면에서 취약점과 불안한 모습을 드러내고 있다. 하지만 우리는 1997년 말의 국가부도 위기, 2008년 9월의 글로벌 금융위기, 2020년 초의 코로나 위기를 모두 슬기롭게 극복해 냈다. 정치와 경제의 레벨을 한 단계 더 업그레이드하는 계기로 만들 필요가 있다.

6. 한국 경제, 무엇을 혁신할 것인가?

1993년 이후 역대 정부의 경제 비전과 평균 성장률 추이를 보면, 〈표 1-5〉와 같이 신경제, 민주주의와 시장경제의 병행 발전, 성장과 복지의 선순환, 활기찬 시장경제, 창조경제, 사람중심경제-소득주도성장, 역동적 경제 등으로 변해 왔다. 다수 유권자의 요구와 시대정신을 반영하고, 역대 정부의 비전과 국정운영 원리와 목표 등을 감안한 것이다. 정부별 평균 경제성장률의 추이를 보면, 상대적으로 박근혜 정부와 윤석열 정부의 부진이 눈에 띈다. 실증분석을 해 본 것은 아니지만, 정치 불안정이 경제 성적표에 영향을 미쳤을 것이다.

그렇다면, 2025년 이후의 비전과 과제는 무엇인가? **2025년 이후 정부의 최우선 과제는 조로화 증세를 보이며 활력을 잃고 있는 한국 경제를 다시 혁신주도형 경제로 전환하고 활력을 되살리는 일이다.** 공공 부문의 비대화와 낭비 요소를 정비하는 혁신정부를 구현하고, 독창적 가치와 첨단 혁신 제품, 혁신을 지원하는 제도가 경제발전을 이끌어가는 혁신주도형 경제로 복귀해야 한다.

표 1-5 1993년 이후 정부별 경제 비전과 성장률

대통령	김영삼	김대중	노무현	이명박	박근혜	문재인	윤석열
정부 호칭	문민정부	국민의정부	참여정부	이명박정부	박근혜정부	문재인정부	윤석열정부
경제 비전	신한국, 신경제	민주주의와 시장경제의 병행 발전	성장과 복지의 선순환	활기찬 시장경제	창조경제	사람중심 경제, 소득주도 성장	역동적 경제
경제성장률 (기간, 평균)	8.07% (1993~1997)	5.51% (1998~2002)	4.74% (2003~2007)	3.39% (2008~2012)	3.15% (2013~2016)	3.20% (2017~2021)	2.05% (2022~2024)
경제위기	-	외환위기	카드사태	금융위기	-	코로나19	-

자료: 한국은행 국민계정 등 활용해 필자 작성.

지금부터 20여 년이 흘러 2045년이 되면 광복 100주년이다. 광복 100주년에 어울리는 그랜드 비전과 목표, 분야별 로드맵과 실천 과제가 요구된다. **광복 100주년이 되는 2045년에는 정치-경제-사회 모든 측면에서 명실상부한 선진국으로 도약한다는 비전을 공유**할 필요가 있다.

이 책에서는 **혁신주도형 경제로의 전환과 지속에 필요한 과제들을 크게 아홉 가지 분야로 나누어 정리**했다. 즉, ① 20세기 세계경제 질서의 붕괴와 통상산업정책의 미래, ② 기술패권 경쟁: 과학기술과 혁신, ③ 혁신경제를 위한 규제개혁 과제, ④ 혁신형 중소기업정책과 창업 생태계, ⑤ 금융혁신을 위한 규제 및 감독, ⑥ 자본시장 선진화와 국가전략투자기구의 설립, ⑦ 인구위기와 축소사회 대응전략, ⑧ 노후소득보장의 혁신: 연금을 연금답게 만들기, ⑨ 혁신성장과 부동산 등의 내용을 제2장부터 제10장까지 다루었다.

이 책에서 본격적으로 다루지는 않았지만, 혁신주도형 경제의 구현에 필요한 **다섯 가지 분야(거버넌스, 교육, 국방, 노동시장, 국가균형발전)의 과제**들을 짧게 정리해 보았다.

첫째, 시장-정부 관계의 혁신이다. 국내외 전문가들로부터 한국 경제의 취약점으로 많이 지적받는 것이 시장-정부 관계, 즉 거버넌스다.

"우리나라의 정치나 정책은 여전히 과거의 패러다임에 머물러 있다. 시장에 맡겨두어야 할 경제를 정치인과 관료가 주도하겠다는 생각이 강하며, 소프트 파워가 중요해지는 시대가 되었는데도 우리들의 인식은 여전히 하드파워를 중시하는데 머물러 있다."[8] 즉, 물고기를 던져주는 방식에서 스스로 물고기 잡는 역량을 키우도록 간접 지원하는 방식으로 변해야 한다. 우리는 전통적으로 정부 중심의 큰 정부에 익숙해 있다. 현재 한국은 저성장 시대에다 국가부채의 급증을 걱정하는 나라다. 전자정부, AI(인공지능)를 활용한 행정, 민첩한(agile) 정부, 작지만 일 잘하는 정부로 나아가야 한다.

좋은 거버넌스를 구현한 사례로 데이터 기반 행정이 있다. 행정안전부는 매년 680여 개에 달하는 공공 부문의 기관을 대상으로 데이터 기반 행정 실태를 점검한다. 데이터 공유, 데이터 분석·활용, 관리 체계 등 3개 영역의 10개 세부 지표를 평가해 우수, 보통, 미흡 3개 등급 중 하나를 부여한다. 이런 노력에 더 많은 중점을 두면서 변화해 가면 된다.

'시장 먼저, 정부 나중'의 거버넌스를 구현한 정책 사례로 수출금융이 있다. 현재 작동되는 수출금융 지원제도는 수출기업이 수출계약을 맺고, 관련 서류를 은행(수출입은행 또는 민간은행)에 제출하면, 수입업자가 구매 대금을 수출기업에 지불하기 전에 미리 수출(공장 설립, 제품 생산, 운송, 판매 등)에 필요한 자금을 은행에서 장기 저리로 융자해 주는 방식이다. 요컨대 시장이 먼저 움직이고, 정부가 나중에 지원하는 방식이다. 기업으로 하여금 물고기 잡는 역량을 키울 수 있도록 지원한 방식이리고 할 수 있다.

둘째, 교육혁신이다. 혁신을 뒷받침하는 것은 인적자원과 지식재산이다. 교육과 직결되는데, 교육 관련 지표를 보면 심각하다. 게다가 학령인구 감소가 계속되고 있다. 우리는 공교육비의 지속적 증가에도 불구하고 초중고 학생의 기초학력 수준이 2010년대 이후 점차 저하되었다. 고등교육 이수율은 세계 최

---

8   이지순, 『국가경제의 흥망성쇠』(고양: 문우사, 2018), 519~520쪽.

상위권(63개국 중 5위, IMD 조사)인 반면, 대학교육 경쟁력은 하위권(63개국 중 50위권, IMD 조사)에 머물러 있다. OECD(2015.12.11)에 따르면, 수많은 청년이 전공과 관계없는 업무에 종사(24개국 중 1위)하고 있어, 경직적 교육 시스템의 부작용과 인적 자원 낭비가 심각하다.[9]

교육부 폐지에 버금가는 혁신이 필요하다. 초중고의 상대평가 폐지와 창의성 중심 교육, 대학에 학생 선발과 교육의 자율권 부여, 지원하지만 간섭하지 않는다는 원칙 등이다. 학령인구의 감소와 맞물려 발등에 떨어진 불이 된 대학의 통합과 구조조정도 더 쉽도록 예산과 제도가 뒷받침되어야 한다. 아울러 지역균형선발의 확대, 지역거점대학의 육성 등이 필요하다.

셋째, 국방혁신이다. 이번 12·3 비상계엄 사태를 통해 왜 대부분의 선진국에서 민간인 출신 국방부 장관을 임명하는지 알게 되었다. EU 회원국 중 독일, 프랑스, 이탈리아, 스페인 등 18개국에서는 여성 국방부 장관을 임명하기도 했다. 우리 군대는 **AI를 비롯한 최첨단기술 개발의 요람**이 되어야 하고, **AI를 활용한 최첨단 장비를 장착한 최정예 군대로 혁신해야 한다.**

미국이나 이스라엘처럼 우리도 국방예산이나 국방정책이 국가기술혁신을 선도할 수 있다. 인터넷의 원천기술이 1960년대 말 미 국방성의 아르파넷(ARPAnet) 프로젝트에서 출발했다는 것은 누구나 알고 있다. 이처럼 미국의 ICT 관련 스타트업들은 국방성의 첨단기술 개발 프로젝트에 참여해서 기술과 경험을 익히고 초기 사업에 필요한 자금(seed money)도 확보한다. 이스라엘의 청년들은 가장 앞서가는 기술을 군대에서 배운다. 최첨단 기술을 배우고 익힌 퇴역군인의 취업은 걱정할 필요가 없다. 우리도 미국과 이스라엘처럼 청년들이 최첨단 기술을 배우고 최고 기술력의 무기와 장비를 다루는 군대로 탈바꿈해야 한다. 최첨단 기술 군대로 바꾸면 군인 숫자를 줄일 수도 있고, 징병제를 모병제로 바꿀 수도 있고, 자부심 강한 최정예 군대로 거듭날 수 있다. 덤으로, 20대

---

9 KDI, 「한국경제 생산성 제고를 위한 개혁방안」(KDI 컨퍼런스 보고서, 2024.12.11), 5쪽.

남성의 박탈감과 역차별 인식도 완화할 수 있다.

넷째, 노동시장 혁신이다. 대기업과 중소기업, 소상공인, 소비자 모두 글로벌 시장과 경쟁에 노출되어 있고, 글로벌 공급망(GVC)에 연결된다. 노동시장과 노사관계에서 글로벌 관점이 필요한 이유다. 미국이나 유럽의 투자자들이 보기에, 한국은 글로벌 스탠더드에 비해 노동시장과 노사관계의 경직성이 강한 나라다. 해외투자(FDI)를 국내로 끌어들이고, 해외로 나간 기업이 유턴할 수 있는 여건을 마련하고, 국내에 생산라인을 증설하고, 국내 일자리가 늘어나는 데 기여하는 노동시장과 노사관계를 위해 노사 모두 머리를 맞대야 한다.

먼저, 연공급을 직무급으로 전환하고 확산하기 위한 노력이 시급하다. 고령화 시대에 장기근속자의 조기퇴직을 예방하고 고용을 유지하는 효과도 있다. 둘째, 나라 전체적으로 고용의 유연성과 안정성을 동시에 높여나갈 필요가 있다. 사회 전체적으로는 고용보험과 실업급여 확충을 통해 고용의 안정성을 점차 높여나가고, 기업에서는 고용의 유연성을 점차 높여가는 것이다. 덴마크의 성공 사례를 벤치마킹해 응용하는 것이다. 셋째, 늘어나는 배달-플랫폼-비정규직-파트타임 등 노조 가입이 어려운 '2차 노동시장' 종사자들에 대한 사회안전망 대책이다.

다섯째, 국가균형발전이다. 부처의 **공무원들은 세종시에 있는데 대통령과 대통령실은 서울에 있는 것이 정상인가?** 장관들과 고위 공무원들은 서울 세종로와 여의도에 사무실을 몇 개 더 두고, 세종시와 서울시를 오가는 KTX나 관용차 안에서 근무하는 것이 정상인가? **대통령실을 세종시로 이전하는 것은 비정상을 정상화하는 일**이다. 2004년에 헌법재판소가 '관습헌법 위반'이라며 신행정수도 건설의 뒷다리를 잡았지만, 관습도 시간이 지나면 변한다.

수도권이 아닌 지역의 **오래된 거점도시를 키워서 수도권과의 격차를 줄이는 것이 혁신**이다. 부산, 대구, 대전, 청주, 광주, 전주 등 오래된 거점도시를 더 키워야 한다. **지역거점대학을 육성하고, 지역의 혁신클러스터를 실리콘밸리처럼, 판교밸리처럼 키워야** 대기업의 지방 이전을 위한 토대가 마련된다. 해외에서

표 1-6 차등공동법인세의 배분과 감면(예시)

낙후도 심한 '지역'에 공동(법인)세 더 배분			낙후도 심한 곳 '이전기업'의 공동(법인)세 더 감면		
지역 1 (낙후 지역) 중앙4:6지방	지역 2 (중간 지역) 중앙7:3지방	지역 3 (발전 지역) 중앙9:1지방	중앙분(40%)의 90% 감면 ――――――― 지역 1(낙후 지역) 중앙4:6지방	70%의 30% 감면 ――――――― 지역 2(중간 지역) 중앙7:3지방	감면율 0% ――――――― 지역 3(발전 지역) 중앙9:1지방
중앙정부 귀속(40%)	중앙정부 귀속(70%)	중앙정부 귀속(90%)	법인세 감면(36%)	법인세 감면(21%)	굵은 테두리가 기업의 법인세 실제 부담
			중앙정부 귀속(4%)	중앙정부 귀속(49%)	중앙정부 귀속(90%)
지방정부 귀속(60%)	지방정부 귀속(30%)	지방정부 귀속(10%)	지방정부 귀속(60%)	지방정부 귀속(30%)	지방정부 귀속(10%)

자료: 박진, "지역 간 경쟁을 위한 균형발전과 분권의 조화"(2024.12.11).

유턴하는 기업이나 국내 대기업이 지방에 둥지를 틀고, 지역의 혁신클러스터를 근거지로 하는 스타트업이 많아져야 지역에 좋은 일자리가 늘어난다. 정부는 각 지자체가 국내외 기업과 인재와 자본의 유치를 두고 치열하게 경쟁할 수 있는 제도적·재정적 토대를 제공해야 한다.

문재인 정부 후반에 행정안전부에서 논의하다 중단된 **'차등공동법인세' 도입을 다시 추진**할 필요가 있다. 〈표 1-6〉과 같이, '낙후도'가 심한 지자체일수록 공동법인세의 세수를 더 배분하고, 낙후도 심한 지역으로 이전(移轉)하는 기업일수록 공동법인세의 세율을 더 감면해 주는 방식이다. 연방제가 정착된 독일은 오래전부터 소득세, 소비세, 법인세 등 3대 세금을 공동세로 걷어 주 정부별로 차등 배분하고 있다.[10]

---

10   박진, "지역 간 경쟁을 위한 균형발전과 분권의 조화", 「한국경제 생산성 제고를 위한 개혁방

지역균형발전이 이루어지고 지역에 거점대학과 좋은 일자리가 만들어져야 수도권의 집값도 안정되며, 저출산 문제도 완화될 수 있다. 2025년 이후 정부에서는 지역균형발전, 지역경제 활성화, 지방자치권 확대가 더 강조되어야 한다. 수도권 집중 문제는 주택과 부동산 문제로 연결되고, 일자리 집중, 대학입시 과열과 사교육비 문제, 저출산 문제와 연결되어 있기 때문이다.

오죽하면 한국은행 총재가 서울대학교 등 유명 대학들이 지역균형선발 쿼터를 더 늘려야 한다는 식으로 대학입시 문제를 거론했을까? 서울의 주요 대학이 지역균형선발 쿼터를 늘리고, 정부가 지역을 발전시키면 수도권 집값 문제도 완화되고, 저출산 문제도 완화되고, '통화정책의 어려움'도 줄어든다는 얘기다. 통화정책의 어려움이란 금리를 낮추면 서울 집값이 더 올라갈 수 있다는 걱정으로 통화정책을 주저하게 되는 어려움을 말한다.

7. 한국 경제, 어떻게 혁신할 것인가?

무엇(what)도 중요하지만, 어떻게(how)도 중요하다. 다시 혁신주도형 경제로 돌아가는 것이 쉽지 않지만, 정책의 혁신도 쉽지 않고 시간이 걸린다. 최근 의료개혁 정책의 실패에서 교훈을 얻어야 한다. 정책은 공익을 위해 정부가 천명한 기본 방침으로서, 선수들이 지켜야 할 게임의 규칙 같은 것이다. 따라서, 단기간의 급속한 정책 변동은 사회적 낭비와 혼란을 초래할 수 있다. 보건복지부와 교육부는 40여 년 지속된 3000명 안팎의 의대 정원을 1년 만에 1500명 더 늘리겠다고 일방적으로 발표했다. 그래서 얻은 게 무엇인가? 합의 없이 일방적으로 발표된 정책에 반발하여 의대생들은 휴학했고, 수련의들은 대학병원을 떠나, 급성이나 중증의 환자들은 이전보다 더 큰 고통을 감내해야 했다.

안」(KDI 컨퍼런스 보고서, 2024.12.11), 381~418쪽.

이처럼 정부가 권위적인 수단으로 밀어붙이는 갑작스러운 정책의 변동은 혼란과 부작용을 초래할 수밖에 없다. 정책의 혁신이나 개혁의 목표는 매력적일 수 있지만, 그 수단과 집행 등 세부 내용에까지 세심하게 살펴야 하는 이유다. "악마는 디테일에 있다"라는 말은 정책의 세부 사항을 잘 챙기지 않으면 마치 꼬리가 머리를 흔드는 것처럼, 좋은 취지와 목표에도 불구하고 결국 정책이 실패할 수 있다는 의미다.

혁신의 목표와 내용도 중요하지만, 혁신을 달성하기 위한 수단과 방법도 중요하다. 밀턴 프리드먼(Milton Friedman)이 얘기했듯이, 아무리 좋은 목표라고 해도 나쁜 수단에 의해 왜곡될 수 있다. 정책 하나하나에는 수많은 이익집단과 이해관계가 얽혀 있고, 정책 과정에 행정부, 입법부, 시민단체 등 공식·비공식 결정권자들이 참여하기 때문이다.

먼저, 기존 정책의 설계와 접근법을 바꿀 필요가 있다. 앞에서 '좋은 거버넌스'로의 전환, 정부-시장 관계의 혁신을 얘기하며 수출금융을 사례로 든 바 있다. 정책의 혁신도 정부-시장 관계의 혁신에 기초해야 한다. 예를 들어 설명해 본다면 중소벤처기업부의 '팁스(Tech Incubator Program for Startup, TIPS)', '민간투자 주도형 기술창업지원' 프로그램이다. 이 역시 '시장 먼저, 정부 나중'의 정책이다. 글로벌 시장에 진출하려는 기술력을 갖춘 창업기업에 도전의 기회를 제공하기 위해 성공한 벤처인 중심의 엔젤투자자, 초기기업 전문 벤처캐피털, 기술 대기업 등 민간 투자기관을 팁스 운영사로 선정한다. 이들(팁스 운영사, 민간 투자기관)이 먼저 투자·보육·멘토링을 제공하면, 정부가 나중에 R&D 자금을 매칭 방식으로 지원한다. 즉, 팁스 운영사의 투자 자금(2억 원 내외)에 정부가 연구개발 자금(최대 5억 원)을 매칭 지원하고, 사업화·해외마케팅 자금 등을 연계 지원한다. 요컨대 팁스 역시 '시장 먼저, 정부 나중'의 정책 사례에 속한다.

혁신적인 아이디어와 기술을 선도적으로 창출해 내는 것은 시장(기업)의 몫이다. 따라서 시장(기업)이 앞서고 정부가 뒤에서 지원하는 방식으로 현재의 정책과 제도를 혁신할 필요가 있다. 복잡다기하고 백화점식으로 나열된 중소기업정책들은 대부분 정부(공급자) 중심적이다. 직접적이고 권위적인 수단과 접근법으로 설계되어 있다. 중소기업정책뿐만 아니라, 산업정책, 교육정책, 노동정책 등 우리 정부에서 추진하는 정책의 다수가 그렇다고 할 수 있다.

아울러 사회적 영향력이 강한 이익집단의 활동에 유의해야 한다. 영향력 강한 이익집단의 경우, 어떤 중요한 이해관계가 걸린 정책이나 규제에 직면했을 때 다음과 같이 활동한다. 그 정책이나 규제가 이익집단 멤버들의 문제가 아니라 다수 유권자와 관련된 사회적 이슈라고 포장(프레이밍)한다. 국회의원 선거나 대통령 선거의 시기를 활용해, 다수당이나 여당의 공약에 정책 대안이 포함될 수 있도록 노력한다. 이를 통해 반대 여론을 최소화하고, 자연스럽게 자신들이 원하는 방향으로 정책이나 규제를 변화(법령 제·개정)시킨다. 이런 강력한 이익집단의 반응을 고려하면서 정책의 혁신을 추진해야 한다. 그래서 개혁이 혁명보다 어렵다.

2025년 이후 정부의 국정과제에 포함될 여러 개혁 정책, 혁신주도형 경제를 구현하기 위한 과제들은 그 추진 과정에서 수많은 이익집단의 반대와 장애물에 직면할 것이다. 대통령 권한이 막강한 독재 정부나 권위주의 정부가 아니고, 여당과 야당이 서로를 견제하는 정부, 삼권이 분립된 민주화된 정부에서는 개혁이 어렵고 시간도 많이 걸린다. 개혁이 성공하려면 다수 여론의 지지를 얻는 것이 중요하며, 이를 위해서는 보수층이나 진보층의 유권자가 아니라 중도층의 유권자를 먼저 우군으로 확보해야 한다.[11] 요컨대 개혁의 청사진과 비전을 보다 구체적으로 보여주고, 중립적 입장을 지닌 유권자를 먼저 공략하고 이를 통해 다수의 우호 세력(여론 지지)을 확보해야 개혁의 첫걸음을 내딛게 된다. 여론의 지지가 없다면, 다음 선거를 의식하는 정부·여당에서 개혁 정책의 추진을 꺼려할 것이기 때문이다.

---

11   전주성, 『개혁의 정석』(매경출판사, 2024).

20세기의 종말과 통상·산업정책의 미래

김흥종 | 고려대학교 국제대학원

1. 트럼프 시대, 20세기를 끝장내고 19세기로 회귀[1]

"유럽의 가장 큰 위협은 러시아나 중국이 아니라 내부로부터의 위협입니다. 유럽 스스로 미국과 공유하던 근본 가치에서 후퇴하고 있습니다." 2025년 2월 14일 뮌헨안보회의에서 JD 밴스 미국 부통령은 이렇게 말했다. 그는 놀라운 주장을 계속 이어나갔다. "유럽 전역에서 언론의 자유가 후퇴하고 있습니다", 더 나아가, "현재 유럽에서 일어나는 일에 대해 우리 미국은 매우 충격적으로 받아들입니다". 그의 말을 들은 유럽 '친구'들은 침묵 속에서 놀라움을 감추지 못했다. 나치즘과 파시즘 옹호 발언에 대한 방화벽은 그동안 유럽의 합의 사항이었다. 발언 자체가 허용되지 않는 금기의 영역이다. 밴스 부통령은 극우 파시즘이나 소위 극단적 주장에 대한 금기가 언론 자유에 위배되며, 이는 미국 트럼프 정부가 옹호하는 가치와 맞지 않다고 밝혔다.

유럽과 미국이 전통적으로 공유해 왔던 가치가 완전히 무너졌음을 확인하는 순간이다. 더 나아가 전간기 대공황기에 형성되고 제2차 세계대전 후 확립

---

[1] 이 절의 도입부는 김흥종, "JD 밴스와 20세기의 종말"(국민일보 오피니언, 2025.3.13)의 일부를 수정한 것이다.

되어 100년 가까이 지속되던 20세기 전후 질서가 이제는 완전히 무너졌음을 전 세계에 알리는 순간이었다.[2] 밴스 부통령은 대공황과 제2차 세계대전의 참화를 딛고서 미국과 서유럽이 합의한 민주주의, 인권, 법치에 기반한 전후 질서 그리고 IMF와 WTO로 대표되는 미국 주도의 규칙 기반 자유주의 경제질서가 더 이상은 존속할 수 없다고 천명했다. 당사자인 미국이 해체를 주도하고 있는 것도 매우 중요한 지점이다. 그는 총선이 열흘도 남지 않은 독일에서 극우를 대표하는 독일대안당(AfD) 당수를 만나 트럼프 정부의 지향을 분명히 했다.

20세기의 종말은 당연히 대외통상정책과 산업정책에도 영향을 미친다. 20세기를 관통했던 자유무역주의와 규칙 기반의 통상질서는 이제 더 이상 당연히 보장되는 가치가 아니다. 통상정책의 지향점은 무역투자자유화를 통한 상호 번영의 공간 창출이 아니라, 안보 우선과 국익의 단기적 극대화로 바뀌었다. 새로운 통상질서가 도래했다.

20세기의 질서와 주도적 가치를 부정한 트럼프 정부가 공격적인 관세정책과 제국주의적 행태로 유명했던 윌리엄 매킨리 대통령(1897~1901)의 19세기말 세계질서를 소환하는 것은 흥미로운 지점이다. 데날리봉을 매킨리봉으로 다시 이름을 바꾼 것은 시작에 불과했다. 콜롬비아, 캐나다, 멕시코, 중국에 대한 고율 관세 부과 위협과 실행은, 전통적 통상 의제가 아닌 불법이민과 펜타닐 마약 유통이라는 비통상 분야의 의제를 관세정책으로 해결하겠다는 하드파워 구사의 전형적인 사례라고 할 것이다.

---

2 에릭 홉스봄(Eric Hobsbawm)은 1789년 프랑스혁명 이후 공산권이 붕괴한 1991년까지의 시기를 네 개 시대로 나누었다. 혁명의 시대(1789~1848), 자본의 시대(1848~1875), 제국의 시대(1875~1914), 극단의 시대(1914~1991)가 그것이다. 이 글에서는 전간기 대공황기부터 시작하여 제2차 세계대전이 끝나고 전후질서가 완성된 때까지를 20세기의 틀이 형성되는 시기로 본다. 20세기의 특징은 미국 주도의 자유민주정과 자유무역 체제의 확립이다. 물론 이에 대한 안티테제로서 소비에트공산권이 존재했으나 1991년 이후 공산권의 몰락으로 서방의 체제가 전 세계적으로 확산, 전후 서방의 질서를 20세기의 지배적인 질서로 평가할 수 있다. 2008년 글로벌 경제위기에서 이 체제의 와해가 가시화되었으며 트럼프 2기의 등장으로 20세기 체제는 완전히 무너진 것으로 파악한다.

통상 의제에 관한 미국의 통상 전쟁은 무역수지 적자를 보고 있는 국가들을 대상으로 4월 즈음에 본격화될 것이다. 이때 미국이 구사할 가장 중요한 압박 수단은 두말할 것도 없이 해당국으로부터의 수입품에 대한 고율 관세의 부과이다. 통상법 301조를 활용한 특정 국가에 대한 관세부과뿐만 아니라, 국가안보를 이유로 철강과 알루미늄, 자동차, 반도체, 일부 의약품 등 특정 품목에 대해 무역확장법 232조를 적용하고자 하는 것은 트럼프 1기 정책의 확장판이자 공격적 관세정책의 백미라고 할 것이다. 이제 세계는 완전히 새로운 세상을 맞이하고 있다.

2. 최근 국제통상질서의 주요 특징[3]

최근 관찰되는 국제통상질서의 지각변동은 사실 트럼프 2기에 처음 시작된 것은 아니다. 2008년 글로벌 경제위기에서 촉발된 거대한 변화의 흐름이 트럼프 2기에 의해 완성되었다고 보는 것이 옳다. 짧게는 1990년 공산권의 몰락으로 글로벌 시장이 통합되면서 이 시장의 성격을 규정했던 전면적 세계화의 시대가 끝나가고 있으며, 더 길게 보자면 제2차 세계대전 후 형성된 전후 질서, 즉 무역투자자유화를 보장하는 국제질서가 그것을 주창했던 미국에 의해 주도적으로 소멸되고 있다.

국제통상질서의 변화는 전면적 세계화에 대한 저항과 부정에서 시작되었다. 1999년 세계무역기구(World Trade Organization, WTO) 통상장관회담 당시 반세계화 항의시위를 시작으로 2000년대 10여 년 동안 다양한 형태의 세계화에 반하는 항의시위가 세계 곳곳에서 이어졌다. 이어서 미국과 유럽 등 주요 선진국에서 정치 지형을 바꾸는 선거 혁명이 나타났다. 브렉시트와 트럼프 대

---

[3] 이 절은 김흥종, 「신통상질서에 대응하는 새로운 통상정책이 필요하다」, 서정희 외, 『잘사니즘, 포용적 혁신성장』(다반, 2025)의 7장 1절과 2절을 통합하고 수정·보완한 것이다.

통령의 당선으로 가시화된 새로운 경향은 그 전에 명맥만을 유지하면서 이민과 세계화를 반대해 온 극좌·극우 정당들을 역사의 주역으로 소환했다.

반세계화 움직임의 증가는 WTO 협정들과 지역무역협정(Regional Trade Agreements, RTAs)의 퇴조에서도 확인된다. WTO에 보고되는 지역무역협정의 숫자는 글로벌 경제위기 이후 뚜렷하게 감소세를 보여 왔다.[4] 특혜무역협정 체결은 국내에서 더 이상 인기 있는 정책이 아니다. 통상정책의 주요 관심사도 특혜무역협정을 맺는 것보다는 공급망의 안정화나 경제안보 등 국내 산업의 보호와 육성에 직접 연결되는 분야로 옮겨 갔다.

최근 체결되는 RTA에서 서비스협정이 점점 더 중요한 위상을 갖는 것도 주목할 현상이다. 서비스무역량이 커지고 종류가 다양해짐에 따라 서비스무역을 규율하는 것이 점점 더 중요해졌기 때문이다. 경제의 디지털화와 함께 서비스 무역의 중요성은 시간이 지날수록 더 커질 것이다.

세계화와 다자주의의 쇠퇴는 통상 분야에서 새로운 흐름으로 나타났다. 지정학적 긴장과 무역의 분절 양상에서 미중 간 무역전쟁으로 무역 분절화가 가속화되고 있다. 양국은 관세, 수출입 및 투자 통제, 기업단위 제재를 통해 전략적 우위를 점하려 한다. 이에 각국은 글로벌 시장보다 전략적 동맹이나 유사입장국(like-minded economies)과의 무역에 점점 더 초점을 맞추고 있다. 경제블록 간 무역이 쇠퇴하는 가운데 경제블록 내 무역이 늘어나고 공급망 안정을 우선시하는 흐름이 이어지고 있다. 이 경향은 우크라이나 전쟁 이후 더 뚜렷해졌다. 공급망이 다변화하고 있지만, 무역 흐름의 비효율성이 증가했다.

보호무역주의가 득세함에 따라 이를 회피하고자 공급망을 재구조화하려는 움직임도 가시화되었다. 예컨대 미중 갈등이 격화되자 베트남을 비롯한 동남아시아, 인도, 멕시코 등이 무역의 새로운 거점으로 부상했다. 중국이 이 지역

---

4   2021년을 전후해 RTA의 숫자가 갑자기 크게 늘어났는데, 그 이유는 브렉시트 이후 영국이 기존에 EU의 회원국으로 체결된 RTA를 새롭게 영국의 이름으로 다시 체결했기 때문이다. 그 숫자는 무려 41개에 달한다.

을 우회무역의 전략지로 활용하고 있기 때문이다. 미국은 우회무역지로 감시의 시선을 옮기고 있다.

다자간 협상이 교착상태에 빠지면서 지역협정(Regional Agreement)이나 복수국간 협정(Plurilateral Agreement)이 성행하고 있다. 이 협정들은 WTO 회원국 일부만 참여해 디지털 무역, 환경 상품, 공급망 회복력 같은 특정 이슈에 대해 협력하는 방식이다. 이 방식은 전체 회원국의 합의를 거치지 않아도 되어 다자간 협정보다 합의가 쉽고 빠르게 진행된다는 장점이 있으나, 파급력이 상대적으로 약하고 개발도상국을 체계적으로 배제할 위험이 있다. 더 큰 문제는 근래 체결된 협정들, 예컨대 인도태평양경제프레임워크(Indo-Pacific Economic Framework, IPEF)는 무역투자자유화를 이끌어내는 RTA가 아니라 시장개방을 포함하지 않는 공급망 협력 중심 산업협력협정이라는 점이다. 무역투자자유화는 퇴조하고 있다.

한편, 개별국가 단위로 자국의 경제안보를 중시하는 방향으로 통상정책의 중심이 옮겨가고 있다. 공급망 안정을 중시하는 것 외에도 해외투자에 대한 시각도 바뀌었다. M&A 등 포트폴리오투자는 자국의 기술안보를 위협하는 기술탈취의 일환으로 종종 의심받고 있으며, 미국과 EU에서 중국 투자에 대한 경각심이 높아졌다. 한편, 세계화 과정에서 상품무역 자유화를 보완하는 노동력의 장단기 국제적 이동에 대해서도 미국과 EU 등 선진국에서 거부감이 높다.

무역정책을 우선하는 산업정책이 다시 국가의 주요 어젠다로 돌아왔으며 각국은 이를 무차별적으로 사용하고 있다. 미국, EU, 중국 등 일부 국가들은 녹색 기술과 반도체 부문에서 핵심 산업을 보호하기 위해 산업정책을 강화했다. 미국 인플레이션 감축법(Inflation Reduction Act, IRA)과 EU의 그린딜(Green Deal) 계획은 자국 산업을 지원하면서 녹색 전환을 가속화하는 정책으로 전기차, 재생에너지, 배터리 생산과 같은 신흥 산업에서 국제 경쟁을 재편 중이고, 2023년 10월에 발효된 EU의 탄소국경조정제도(Carbon Border Adjustment Mechanism, CBAM)와 같은 새로운 무역장벽으로 발전했다. 이제 통상정책과 산업정책은 한 몸과도 같이 긴밀하게 협력하고 조율된다.

한편, 최근 가속화하고 있는 폭발적인 기술 발전은 산업구조에 영향을 주어 국제통상질서에 불확실성을 더한다. 인공지능(Artificial Intelligence, AI)혁명으로 대표되는 디지털 전환은 경제 환경에 포괄적이고 강력한 영향을 미쳤다. AI가 산업구조와 노동시장, 더 나아가 자본시장에 미치는 영향, AI혁명의 하드웨어로서 AI반도체산업의 재편에 따른 국제 공급망의 헤게모니 변화, 그리고 AI 기술력을 담보할 수 있는 기술 인력의 분포와 이동에 이르기까지 다양한 분야에서 AI는 파급력을 더해갔다. 이에 더해서 디지털 무역과 데이터 흐름이 전통적인 무역을 재편하고, 데이터 보호, 보안 및 디지털 과세에 대해 미국, EU, 중국 간에 상이한 규제 접근 방식이 등장하며 서로 경쟁하고 있다. AI에 의해 촉발된 데이터 확보 전쟁은 새로운 데이터 규범의 등장을 예고한다.

기후변화에 대한 대응에서 시작했으나 통상정책적 함의를 담으면서 새롭게 해석되는 그린 전환은 통상과 산업 분야에서 중요성을 더했다. 국제사회에 약속한 탄소중립 달성 시한은 다가오고 있으나, 국가별로 완화(mitigation)와 적응(adaptation)에 투입되는 탄소중립 기술과 투하자본량에서는 큰 차이가 존재한다. 이렇게 국가별로 차별화되는 기후변화에 대한 대응 양상은 통상 분야에서 녹색장벽을 세우는 현상으로 나타나고 있다.

즉, 기후변화에 더 앞서 나가거나 많은 노력을 기울이는 EU 등 일부 국가들은 자국에 수입되는 탄소과다배출 상품에 대해서 CBAM과 같이 진입세를 부과함으로써 사국 소재 기업들에게 공평한 경쟁(Leveling Playing Field)의 장을 제공하려고 한다. 그러나 이러한 조치는 상품 수출국에는 녹색관세로 여겨질 수 있으며, 내국민대우나 최혜국대우와 같은 WTO 무역자유화의 기본원칙과 양립하지 않을 수도 있다. 녹색정책은 점점 더 무역투자자유화정책과 긴장 관계를 만들어가고 있다.

한편, 기후변화 대응에 필수적인 2차전지와 전기차, 태양광 및 풍력발전 기술, 그리고 장비와 같은 녹색상품과 녹색기술의 확산으로 글로벌 공급망 구조가 새롭게 형성되고 있다. 오늘날 전 세계에서 가장 앞선 기술과 가격 경쟁력을 자랑하는 중국에서 생산되는 상당수의 태양광 및 풍력 발전설비 그리고 2차전지와 전기차는 미국과 EU 등 많은 나라에서 세이프가드와 반덤핑 등 무역구제 조치의 대상이 되었다. 중국은 이런 무역구제 조치가 사실상의 무역제한 조치이므로 WTO 협정 위반이라고 항변하고 있어 매우 논쟁적인 통상분쟁의 장이 되었다.

이런 흐름에 따라 WTO의 기능 약화가 두드러졌다. 2024년 2~3월 WTO는 제13차 통상장관회담(13th Ministerial Conference, MC13)을 개최, 분쟁해결절차, 수산 보조금, 농업 등 핵심 분야에서 합의를 시도했으나 실패했다. 특히 분쟁해결기구 기능이 마비된 상황에서, EU가 주도하고 일본, 중국, 호주, 캐나다 등 53개국이 가입한 '복수국 간 임시상소중재약정(Multi-Party Interim Appeal Arbitration Arrangement, MPIA)'이 가동되었으나, 미국이 가입하지 않아 명백한 한계를 보이고 있다.

3. 트럼프 2기 대외통상정책과 국제통상질서의 변화

미국 트럼프 대통령의 취임이후 단행된 그의 통상정책을 좀 더 자세히 살펴보자. 트럼프식 통상정책은 콜롬비아, 캐나다, 멕시코, 중국에 대한 고율 관세부과 선언으로 시작되었다. 불법이민자 송환 또는 차단, 펜타닐 등 마약류의 불법 반입에 대한 응징으로 이 국가들에 일방적인 고율 수입관세를 부과한다는 트럼프 행정부의 발상은 관세를 통상의 수단에 국한하지 않고 대외정책의 핵심적 수단으로 삼겠다는 선언이나 마찬가지다. 경제력이라는 하드파워를 앞세운 무력시위, 전형적인 초강대국의 힘의 투사다.

3월 12일에 단행된 철강과 알루미늄에 대한 25% 관세 부과, 그리고 향후 단행될 자동차와 반도체 등에 대한 관세 부과 예고는 본격적인 관세전쟁이 시작되었음을 뜻한다. EU를 비롯해 한국과 중국, 일본, 베트남, 그리고 다시 캐나다와 멕시코 등 미국에 대해 크게 무역흑자를 보고 있는 나라들은 매우 긴장하고 있다. 해당 산업 분야의 대미수출에 상당한 영향을 줄 것이기 때문이다.

미 국제무역위원회(United States International Trade Commission, USITC)에 따르면, 2023년 대미 교역에서 무역수지 흑자를 본 10대 국가는 중국(2,794억 달러), 멕시코(1,524억 달러), 베트남(1,046억 달러), 독일(830억 달러), 일본(712억 달러), 캐나다(683억 달러), 아일랜드(653억 달러), 한국(514억 달러), 대만(480억 달러), 이탈리아(440억 달러)다. 인도는 437억 달러 흑자로 바로 뒤를 잇고 있다. 이렇게 본다면, 이 국가들에 대해 앞으로 통상 압력이 뒤따를 것이다. 한국 입장에서는 철강, 자동차와 반도체 등 품목별 관세 조치도 주요 관심사로 떠오르고 있다.

관세전쟁이 앞으로 어떻게 진행될지는 불확실하다. 하지만 분명한 것은 실제로 관세전쟁이 예정대로 진행된다면, 즉 트럼프 행정부가 상호관세(Reciprocal Tariff)를 부과하고 품목별, 국가별 관세와 무역구제 조치를 별도의 수단으로 상대국을 압박한다면, 상대국에 의한 보복관세가 잇따를 것이다. 그 결과 세계 교역은 줄어들 것이며 세계 경제의 안정적 성장은 보장될 수 없다. 지금까지 합리적 가격에 전 세계에서 수입되는 양질의 상품을 소비해 오던 미국 소비자들의 후생에도 심각한 타격을 입힐 것이다. 어느 누구도 승자가 되지 못하는 상호 패배로 치달을 것이 확실하다.

트럼프 정부의 경제 및 무역 분야의 정책 방향은 감세, 대(對)중국 압박 강화, 극단적 관세정책을 포함한 보호무역주의 강화, 화석연료산업으로의 복귀, 그리고 탄소중립징책 후퇴로 대별된다.[5] 다자주의나 복수국 간 협징보다 양자주의를 선호하고 리쇼어링(reshoring) 정책은 환영하나 보조금 지급에는 회의적이라는 특징도 있다. 이에 대한 대응으로 전 세계 각국은 트럼프 2기 행정부와 양자 소통

---

[5] 이 단락 이하는 김흥종, 「신통상질서에 대응하는 새로운 통상정책이 필요하다」의 3절, 김흥종, 「트럼프2기 경제·산업 영향 및 양국 간 협력 분야. 미국신행정부의 한반도 핵정책 전망과 한미동맹의 새로운 과제」(국회세미나, 2024.11.11); 「일련의 충격에 따른 혁신적 국제무역체계 변화 가능성」(2025년 ASAN 국제정세전망 언론간담회, 2024.12.23)를 엮어 수정·보완한 것이다.

표 2-1 주요 상대국과의 상품무역수지 현황(2019~2023) 단위: 백만 달러

교역 상대국	2019년	2020년	2021년	2022년	2023년
중국	-342,629	-307,967	-352,854	-382,295	-279,424
멕시코	-99,417	-110,964	-105,511	-130,465	-152,379
베트남	-55,615	-69,667	-90,896	-116,125	-104,627
독일	-67,051	-56,895	-69,539	-74,077	-83,021
일본	-69,111	-55,476	-60,097	-67,884	-71,175
캐나다	-25,769	-13,813	-47,675	-80,109	-68,253
아일랜드	-52,088	-55,385	-60,127	-66,558	-65,342
대한민국	-20,972	-25,033	-29,233	-43,278	-51,398
대만	-23,027	-30,216	-40,199	-47,483	-47,975
이탈리아	-33,571	-29,499	-39,316	-41,362	-44,012
인도	-23,656	-24,173	-33,319	-38,377	-43,651
태국	-20,162	-26,289	-34,714	-42,836	-40,720
말레이시아	-27,317	-31,802	-40,903	-36,006	-26,705
스위스	-26,665	-56,865	-39,895	-22,677	-24,319
인도네시아	-12,373	-12,815	-17,666	-24,743	-16,863
기타	53,665	5,376	-9,108	36,900	54,914
총계	-845,759	-901,482	-1,071,053	-1,177,373	-1,064,950

자료: USITC, "Table US.6-U.S. merchandise trade balance by selected trading partners," https://www.usitc.gov/research_and_analysis/tradeshifts/2023/us_trade_industry_sectors_and_selected_trading(검색일: 2025.3.3).

을 활성화할 뿐 아니라 기존의 G7, G20, BRICS 등 협의체를 통해 관련 국가끼리 보다 활발한 협의를 진행 중이다. 기업들은 정부와 대미 정책의 공조 강화, 공급망 다변화 및 회복탄력성(resilience) 강화, 지역화된 생산 체계를 중시하고 있다.

1) 대중국 압박과 미중 갈등의 관리

최근 트럼프 2기 행정부는 우크라이나 전쟁 종결, 유럽과의 통상 및 방위비 문제해결에 우선순위를 두고 중국에 대한 대응을 미루고 있다. 그러나 중국과

의 대결을 없던 일로 하거나 디커플링(de-coupling)한다는 목표를 수정한 적은 없다. 중국에 대해서 ① 고율 관세를 추가적으로 부과하고, ② 공급망의 탈중국화를 포함해 경제 관계를 더 단절하는 방향으로 추진하며, ③ 기술 우위를 유지 및 강화하겠다는 입장을 갖고 있다. 향후 미중 대결구도가 격화될 것으로 보이고, 경제안보를 최우선시하며 궁극적으로는 압박과 단절을 통해 자국의 경제적 이익을 확보하겠다는 입장이다.

트럼프 대통령 측은 선거운동 기간 중에 중국 수입품에 대해 60% 관세를 부과하며 자동차 등 일부 품목에 대해서는 100% 이상의 특별 관세를 부과하겠다고 했다. 트럼프 1기 행정부 시기 국가안보상 중대 이익의 침해라는 이유로 대중국 고율 관세를 부과했던 트럼프 대통령은 2기에도 더 강한 관세정책을 구사할 것이다. 이는 중국의 최혜국(Most Favored Nation, MFN) 대우를 무시, 사실상 중국의 WTO 회원국 지위를 인정하지 않는 셈이다. 미국이 시작한 관세전쟁으로 양국 간에는 보복관세가 교환될 것이며, 관세전쟁은 전 세계 GDP 성장률을 0.5~1.0%p 감소시키고, 미국도 0.3~0.5%p, 한국의 경우 최대 448억 달러 수출이 줄어들 것으로 추정된다.[6]

한편 트럼프 1기부터 중국에 대해 이미 적용되고 있는 수출입통제, 투자 스크리닝, 금융 제재뿐만 아니라, 바이든 행정부가 추가로 부가한 첨단반도체 관련 중국 봉쇄 전략, 예컨대 세컨더리 보이콧(secondary boycott)을 통해 제3국의 대중국 협력관계에 대한 '정당한' 개입 강화를 그대로 유지할 것으로 보인다. 미국의 대중국 견제는 기존의 반도체, 배터리 등을 넘어서 바이오 분야로 확대될 가능성이 높다.

이에 대한 대응으로 중국은 대미수출 물량을 줄이고, 동남아(특히 베트남) 및 미국–멕시코–캐나다 협정(United States-Mexico-Canada Agreement, USMCA)을 통해서 우회 수출을 하고 있는바, 트럼프 2기는 이러한 우회 수출을 차단하

---

6 현대경제연구원, 「트럼프 노믹스 2.0"과 한국 경제」, ≪경제주평≫, 24-18(2024.11.07).

기 위해 USMCA 재협상을 통해 멕시코로부터 중국 투자기업의 우회 수출을 막고, 미-베트남 양자 협의를 통한 중국투자기업의 수출도 제한할 가능성이 높다.

온라인상에서 중국 직구 플랫폼에 대한 규제도 강화될 것이다. 쉬인(Shein), 테무(Temu)와 같은 중국 직구 업체에서는 800달러 이하 수입품 패키지에 대한 무관세 제도를 활용해 초저가 전략으로 시장점유율을 빠르게 확대해 왔다. 트럼프 정부는 무관세 한도를 더 낮추든가 상품의 유해성 검사 등을 강화하는 방향으로 규제를 강화할 것이다.

공급망의 탈중국화를 추구하며 기술 우위를 유지 및 강화하려는 정책을 비록 시도는 하겠지만, 여러 측면에서 효과적이지는 않을 것으로 판단된다. 현재 생활필수품뿐만 아니라 재생에너지 관련 품목, 배터리 상류 부문의 소재 및 공정 등에서 전 세계의 중국에 대한 의존도가 절대적이며, 원천기술에서도 중국이 빠른 시일 내에 추격하거나 추월할 것으로 예상되기 때문이다. 미중 간에 협력과 타협이 필요한 부분이다.

대만에 대해서는 반도체 생산기지로서의 중요성은 인정하겠지만, 안전보장의 반대급부로서 안보 비용을 추가 요구할 것으로 예상되며, 대만 기업의 대미 투자를 더 가속화해 반도체 공급망의 안정화를 꾀할 것으로 전망된다.

한편, 미국과 중국 간 무역 및 기술 분리가 계속 진행되면서 이러한 디커플링이 글로벌 공급망에 더 많은 영향을 미칠 것이다. 양국은 자국 내 반도체 및 기술 생태계에 대규모 투자를 지속할 것이며, 이는 글로벌 기업들이 특정 진영이 부과하는 규제에 발맞춰 조정해야 한다는 것을 의미한다. 한국 기업들의 중국 사업에서 선택적 딜레마가 더 가중될 것이다.

미국의 공급망 탈중국화는 한국 기업에 단기적으로 도움이 될 수 있으나, 중국에 상류 부문 공급망을 의존하는 2차전지를 포함한 상당수 산업에서는 도전으로 다가올 것이며, 대미 시장을 상실한 중국 상품의 제3국 밀어내기 수출로 글로벌 과잉생산 문제가 더욱 심각해질 것이다.

2) 관세장벽과 녹색장벽을 이용한 보호무역주의 강화

트럼프 대통령은 국가에 상관없이 보편관세(blanket tariff) 10~20%를 부과해, 국내 산업을 보호하고, 특히 수입차에 일률적으로 100% 이상의 수입관세를 부과하겠다고 발표한 바 있다. 최근에 와서 보편관세 얘기는 더 이상 하지 않고 있으나, 미국이 무역수지 적자를 보고 있다면 한국처럼 특혜무역협정을 맺고 있더라도 예외 없이 상호관세(reciprocal tariff)를 부과하겠다고 주장한다. 이 주장은 미국이 마치 WTO 회원국 지위를 스스로 탈퇴하겠다는 선언과 같다. 트럼프의 공약이 현실화될 경우 세계 경제는 관세전쟁으로 큰 난관에 봉착할 것이다. 한국 등 무역특혜 관계에 있는 국가의 경우에도 국내 규제나 비관세장벽을 환산한 무역장벽을 적용해, 기존의 무역특혜 관계를 덮어쓰는 상호관세를 적용할 것으로 예상된다.

한편, EU가 2023년 10월부터 CBAM을 잠정 시행 중인바, 미국도 유사한 탄소국경세를 도입할 가능성도 있다. 미국 118대 의회(2023.1~2025.1) 회기를 통해 탄소관세와 관련된 무역장벽 관련 법안들이 초당적 의제로 제기된 적이 있다.[7] 이 법안들은 공화, 민주를 막론하고 해외에서 생산되어 미국으로 수입되는 상품, 주로 에너지 집약적 상품에 대해 탄소배출이 미국 내 생산제품보다 더 많을 경우 미국 내로 들어올 때 추가 관세를 부과하도록 했다. 이 법안들은 비록 탄소중립정책의 형태를 띠고 있지만, 입법 취지는 미국 내외에 소재한 기업에 공평한 경쟁의 장을 만드는 것이다. 이는 트럼프 대통령의 철학과 배치되는 것이 아니기 때문에 트럼프 2기에서 추진될 가능성이 있다.

---

[7] 공화당 의원들이 발의한 '해외오염세법'(S.3198)을 비롯해, 민주당 의원이 발의한 '청정경쟁법'(S.3422, H.R.6622)과 '에너지 혁신 및 탄소배당법'(H.R.5744), 그리고 공화당 및 민주당 의원들이 공동발의한 '배출강도 증명법'(S.1863), '시장선택법'(H.R.6665) 등이다.

3) 화석연료 및 에너지산업 규제 철폐와 탄소중립정책의 후퇴

트럼프 대통령 측은 바이든 행정부의 친환경정책이 인플레이션의 주범이라고 주장했다. 화석연료와 에너지 생산에 관한 규제를 철폐하고 생산을 획기적으로 확대해 에너지 가격을 전 세계 최저가로 낮추는 것을 목표로 하고 있다. 또한 화석연료 채굴을 에너지 독립의 수단이라고 본다. 저렴한 에너지원의 활용도를 높이고, 산업 활성화를 적극 지원하기 위해 친환경 정책을 폐기하고 환경규제를 완화하고 있다.

트럼프 대통령은 파리협정(Paris Agreement)에서 다시 탈퇴했다. 또 바이든 행정부의 친환경정책인 그린뉴딜(Green New Deal)을 폐지하고, 재생에너지를 지원하는 각종 친환경 규제를 철폐하며, IRA 및 인프라법(Infrastructure Investment and Jobs Act, IIJA)의 일부 내용을 폐지하거나 축소해 청정에너지에 대한 보조금을 줄이고자 한다. 내연기관차 배기가스 규제 철폐, 화석연료 산업에 대해 세제 혜택, 시추 허가 절차 및 규제 완화, 파이프라인 등 화석연료 관련 인프라 건설을 재개하고 있다.

바이든 행정부는 친환경 경제로의 전환과 인플레이션 감축을 목적으로 2022년 8월부터 IRA를 시행, 우리나라를 포함한 2차전지 생산업체에는 파격적 세액공제 혜택을 주었는데, 트럼프 2기에는 IRA가 전면 폐지되거나 적어도 부분적으로 무력화될 가능성이 있다. 다만, 이미 IRA에 맞춰 프로그램을 개발 중인 미국 거대 석유기업들이 IRA 폐지를 반대 중이며, 공화당 강세 지역에서 IRA의 혜택을 받고 있어 전면 폐지는 어려울 가능성이 높다. IRA 발효 후 미국에서 발표된 투자액 3,460억 달러(약 460조 원) 중 78%가 공화당 지역구에 배정되었다. 그러므로 친환경차 구매보조금이 먼저 철폐될 것이다.

4) WTO와의 갈등 가속 및 다자무역질서의 붕괴

트럼프 1기 행정부에서 미국과 WTO는 긴장 관계가 고조됐다. 미국은 과거부터 자신의 이해관계를 충분히 관철하기 어려운 다자무역협상에 대해 불만이 많았으며, 특히 분쟁해결절차가 자국의 이해관계를 충분히 반영하지 못한다고 생각했다. 그런데 트럼프 1기 행정부에서는 과거보다 더 적극적인 행동에 돌입, 2017년 12월부터 상소기구 판사의 임명을 막은 결과 2019년 12월부터 상소기구의 기능이 정지됐다. 현재 WTO의 사법 기능은 거의 마비된 상황이며, 합의 규정을 생산하는 입법 기능도 성과를 내지 못하는 가운데, 회원국의 통상정책을 점검하는 일부 행정 기능만 남아 있는 상태다.

2024년 2~3월 개최된 MC13에서 중요한 합의에 실패한 WTO는 2026년 초에 예정된 14차 통상장관회담에서 가시적 성과를 내기 위해 2025년 한 해를 준비할 것이다. 가장 중요한 이슈인 상소기구 복원은 트럼프 2기 행정부 출범으로 요원해졌다. 아울러 수산 보조금을 비롯한 각종 보조금 이슈나 추가적인 무역자유화 협상의 미래도 불투명해졌다. 그럼에도 WTO는 글로벌 무역 규칙을 만들어내려는 노력을 계속할 것이다. 특히 산업정책과 디지털 서비스 등에서의 현안을 해결하기 위해 WTO 규칙을 개정하고자 시도할 것이다.

미국은 WTO의 각종 협상에서 전혀 성의를 보이지 않을 것이며, 최악의 경우 WTO 탈퇴도 충분히 가능한 영역으로 염두에 둘 것이다. 이 경우 1995년에 출범한 WTO와 다자무역주의는 가장 큰 위기를 맞이한다.

5) 복수국 간 또는 지역 내 무역협정의 약화

트럼프 대통령 측은 선거 전부터 바이든 행정부가 추진해 협상이 타결된 산업협정인 IPEF를 탈퇴하겠다고 주장했다. 이럴 경우 IPEF의 전면 발효 가능성은 지극히 낮아진다. 여타 회원국은 2025년 미국이 없는 상황에서 IPEF를 운용할 수 있을지를 판단해야 하는 도전에 직면할 것이다. 한편, 미국이 없는 역내포괄적경제동반자협정(Regional Comprehensive Economic Partnership, RCEP)은 낮은 개방 수준에도 불구하고 그 중요성을 인정받아, 향후 RCEP의 발전 가능성에 관한 진전된 논의가 중국과 동남아 국가들에 의해 진행될 것이다. 현재 홍콩, 스리랑카, 칠레가 RCEP 가입을 신청한 상태다.

EU와 협상 중인 '미국-EU 무역기술위원회(Trade and Technology Council, TTC)'도 사실상 중단된 가운데 양측에 전운이 감돌고 있다. 이 외에도 '쿼드(Quadrilateral Security Dialogue, QUAD)', '오커스(AUKUS)'도 비록 경제통상협의체의 성격은 약하지만 상당한 영향을 받을 것이고, 여기에 동참하는 나라들은 상응하는 비용을 부담하라는 요구에 직면할 것이다.

6) 양자협정 재협상

트럼프 2기 행정부에서는 2025년 베트남 등 동남아시아 국가, 그리고 멕시코와 기존의 무역특혜협정이나 경제관계를 전면적으로 재점검하고 주요 전략목표에 따라 새로운 관계를 설정하려 한다. 이에 따라 양자관계에서 상대 국가에 대한 통상 압력이 크게 증가할 것으로 전망된다.

특히, 트럼프 2기 행정부에서는 동남아시아 국가들에 대해 중국의 대미 우회 수출에 따른 반사이익을 문제 삼을 것이다. 결국 현지 투자한 중국기업의 대미수출에 대해서 어떠한 형태로든 제한할 가능성이 높다. 아울러 우회 투자국에 대한 환율조작국 검토를 보다 활성화할 가능성이 있다. 베트남은 최우선 대상이다.

멕시코와는 중국의 우회 수출뿐 아니라 불법이민 문제와 마약 문제 등 협의해야 할 내용이 아주 많다. USMCA 재개정 또는 미국-멕시코 간 대화를 통해서 멕시코 노동자의 임금을 포함한 노동조건 문제에 대한 적극 개입, 중국 또는 위장 중국 기업에 의한 멕시코 현지 생산 활동을 제약하거나 투자 스크리닝을 강화해 압박할 가능성이 높다. 현재 멕시코는 중국을 넘어서 미국의 최대 수출국가로 올라섰다.

한국은 2024년 대미무역 흑자가 세계 8위 규모로 나타났다. 트럼프 2기 행정부는 한국에 대해서도 무역수지와 관련해 문제를 제기할 것이다. 그에 대한 협의를 한미 FTA를 통해 할지 다른 대화 형태를 통해 할지는 아직 불확실하다. 다만, 2025년 한국과의 통상관계에서 한미 FTA의 재개정이 수면 위로 올라올 가능성이 있으며, 다른 한편으로는 상호관세, 가전 반덤핑, 철강 쿼터, 전기차 및 2차전지의 현지생산 보조금 및 관세장벽과 같은 다양한 이슈에 대해 문제를 제기하고 시정을 요구할 가능성이 높다.

7) 기후 중심 무역 규정과 ESG 관련 규범의 표류

트럼프 2기 행정부 출범으로 미국이 다시 파리협정에서 탈퇴하면서 전 세계적 차원의 다자적 기후변화 대응은 추진력을 상실하고 있다. 다만 환경보호주의의 확산은 점진적이지만 꾸준히 진행될 것으로 예상되며, 미국에서는 자국의 이해관계와 갈등을 일으키지 않는 선에서 탄소관세를 포함한 무역제한 조치에 반대하지는 않을 것이다. 이런 조치들은 개도국들과 긴장을 불러일으킬 것이며, 환경 문제는 무역 협상에 더욱 통합되고 녹색 기술 및 저탄소 공급망에 중점을 둔 협상이 늘어날 것이다.

트럼프 2기 행정부는 무역협정에 ESG 기준이 포함되는 등 환경 기준이 무역 협상에서 다뤄지는 움직임에 제동을 걸면서, ESG 기준의 국제규범화는 일단 속도가 저하될 것으로 보인다. 다만 공급망상 환경기준 충족, 노동조건 충족 등 경제안보 및 대중국 압박 관련 분야에서는 공급망 실사 제도가 더 확산될 가능성도 있어 EU가 추진하고 있는 ESG 및 지속가능성 이슈가 완전히 추진력을 상실하지는 않을 전망이다.

8) '글로벌 사우스' 협력 강화 및 G7 확대 가능성

이미 10개국으로 확대된 BRICS는 2024년 10월 카잔회의에서 달러 체제 극복을 분명한 지향점으로 제시한 바 있다. 러시아에 의해 주도되고 중국이 지원하는 이 시도는 비록 당장은 가시적 성과를 내기는 어려울 것이나, 무역 결제에서 위안화 사용이 확대되고, 일반 무역관계와 공급망 상류 부문에서 '글로벌 사우스(Global South)' 국가의 영향력이 더 증가할 것이다. 2025년 남아프리카공화국에서 개최될 G20에서도 개발 이슈와 함께 BRICS를 포함한 글로벌 사우스의 관심 의제가 중점적으로 논의될 것으로 예상되는바, 글로벌 사우스의 목소리 확대와 이에 대항하는 G7의 확대가 본격적으로 논의될 전망이다. 미국은 2025년 현재 남아공 G20 외무장관 및 재무장관 회담을 보이콧하고 있다. G20 남아공 회의의 '연대, 평등, 지속가능성'이라는 회의 모토가 트럼프행정부의 지향점과 맞지 않다는 것이 이유다.

4. 산업별 영향과 대책[8]

1) 원자력 발전 분야

원전 확대는 바이든 행정부에서도 추진되었던 정책인바, 트럼프 2기에도 계속 확대될 전망이다. 데이터센터에서 소비되는 엄청난 전력 수요로 인해 향후 수

---

[8] 산업의 영향과 대책은 김흥종, 「트럼프2기 경제·산업 영향 및 양국 간 협력 분야, 미국신행정부의 한반도 핵정책 전망과 한미동맹의 새로운 과제」(국회세미나 자료, 2024.11.11); 율촌, 「트럼프 행정부 2기의 정책과 국내 통상·산업 영향」(2024.11.6); 삼정KPMG, 「도널드 트럼프 대통령 당선과 국내 산업 영향」(Business Focus, 2024.11); 김혁중, 「미국 新정부 출범 후 공급망 변화 전망과 우리 기업의 대응전략」(대외경제정책연구원 보고서, 2024.11)를 종합 정리해 수정·보완한 것이다.

년 내 미국 전력소비량이 크게 증가할 것으로 전망된다. 증가하는 수요를 충족하기 위해 원자력의 중요성이 재부상하고 있다. 이런 상황에서 한·미 간 원전 협력이 확대될 여지가 커지고 한국형 원전의 제3국 수출 전망도 밝아질 것으로 예상된다. 미국은 드리마일 핵발전소 사건 이후 원전에 대한 부정적 인식이 확산되어 현재 원전의 모든 공정을 합리적인 가격에 건설할 수 있는 노하우가 상실되었기 때문이다.

이와 함께 소형모듈원전(Small Modular Reactor, SMR)으로의 신속한 전환을 촉진하기 위한 산업정책적 지원을 강화해야 한다. 2024년 초 세계원자력협회는 글로벌 SMR 시장 규모가 2035년까지 400조 원에서 600조 원으로 성장할 것으로 전망된다. SMR의 경우에도 설계 공정 등에서는 상당한 진전이 있으나 실제 생산까지는 많은 시간이 소요될 전망이어서 미국은 시공에 강점이 있는 한국 등과 협력이 필요하다. 특히, 미국은 중국과 러시아의 글로벌 원전 시장 점유에 대응하기 위해 SMR 도입 희망국을 대상으로 초기 기반 구축을 지원하는 FIRST(Foundational Infrastructure for Responsible Use of SMR Technology) 프로그램을 시행 중인바, 여기에 강점이 있는 한국과 협력할 가능성이 높다.

2) 태양광 및 풍력 발전 분야

태양광은 지난 10여 년 동안 기술혁신으로 가장 빠른 생산단가 하락의 혜택을 받은 분야이다. 균등화발전단가(LCOE)로 볼 때 2010년 태양광은 해상풍력의 2.5배, 육상풍력의 4.4배, 수력의 9~10배에 달했으나, 2022년 단가는 해상풍력-수력-태양광-육상풍력의 순으로 바뀌었고, 단가는 12년 동안 거의 90% 감소했다. 풍력 단가도 60% 내외로 하락했다.

중국은 2019년 태양광 발전에서 최초로 "그리드 패리티(Grid Parity)"[9]를 달

---

9 '그리드 패리티'란 태양광이나 풍력 같은 재생에너지가 정부 보조금 없이도 전통적인 화석연

성해 글로벌 태양광산업에서 압도적인 우위를 점하고 있다. 2023년 유럽의 전체 태양광 모듈전지 수입액 중 중국산 제품이 97%를 차지하는 등 미국을 제외한 전 세계시장을 장악해 나가고 있다. 따라서 트럼프 2기에 중국에 대한 제재가 강화되면 그 틈새를 한국 기업이 공략할 여지가 생긴다. 중국의 우회 수출도 막을 것으로 예상된다. 트럼프 정부에 의해 IRA 세액공제 프로그램이 축소되면 미국 내 태양광과 풍력 관련 업계에 부정적인 영향이 나타날 것이다. 우리나라의 경우에도 태양광 패널을 생산 중인 국내 기업의 보조금 수령 규모가 축소될 것이다.[10]

이와 같이 트럼프 행정부의 IRA 법안 축소 가능성에 따라 태양광과 풍력발전 업계에 부정적인 영향이 예상되고 국내의 관련 업계에도 타격이 예상된다. 다만 중국 봉쇄에 따라 단기적으로는 미국 시장에서 반사이익을 얻을 수도 있다. 유의할 점은 미국의 대중국 제재 강화로 인해 제3국에서 중국산 제품의 더욱 강한 공세가 예상되어 한국 기업에 어려움이 가중될 수 있다는 점이다. 원전과 함께 2차전지, 탄소포집(Carbon Capture, Utilization and Storage, CCUS), 신재생에너지 등 친환경에너지 기술을 지속적으로 개발해 나갈 필요가 있다.

3) 반도체와 2차전지

반도체의 경우 대중국 포위 및 관련국과의 긴밀한 공조 체제를 구축한 바이든 행정부의 정책이 단기적으로 크게 변할 가능성은 크지 않다. 미국도 현재 상황에서 변경할 역량이 없기도 하다. 다만, HBM 등 AI 반도체의 경우 아직 시장 상황이 유동적이어서 향후 변화 가능성을 지켜볼 필요가 있으며, 'CHIPS법'과 관련해서는 가드레일 조항 준수를 까다롭게 만들어서 중국에 사업장이 있는

료 기반 전력과 동일한 비용 또는 더 저렴한 비용으로 전기를 생산할 수 있는 시점을 의미한다.
10 예컨대 한화솔루션은 미국 내 태양광 모듈 사업으로 2024년 1분기에 AMPC 보조금 966억 원을 수령한 바 있다.

삼성전자, SK하이닉스, TSMC에 불리한 조건을 부과할 수 있다.

트럼프 2기 정부의 정책에 따라 2차전지 업계는 상당한 영향을 받을 수 있다. 한국의 2차전지 3사는 IRA의 효과에 힘입어 미국 현지생산시설을 경쟁적으로 확장해 왔다. 한국은 IRA의 최대 수혜국으로 한국 기업은 IRA 전체 보조금 중 32%인 약 349억 달러(약 48조 원)를 수주했다. 이 보조금 규모는 국내 기업 3사의 투자금액인 약 302억 달러(42조 원)보다 더 크다. 보조금으로 이 기업들은 적자를 면하고 있다. 게다가 지금은 전기차의 일시적 수요 정체를 거치는 과정이므로 보조금 지급 여부는 2차전지 3사의 경영활동에 핵심적 관심 사항이다.

아울러 배터리의 3/4이 전기자동차용 배터리로 납품되고 있는 현실에서 IRA 보조금 중 전기차 구매에 대한 세액공제 축소는 결과적으로 전기차 수요를 위축시켜 배터리에 대한 수요도 줄어들게 하여 2차 타격을 줄 것으로 예상된다.

한편, 2차전지의 소재 채굴 및 처리 및 가공 분야 등 상류 부문에서 절대적으로 중국에 의존 중인 한국 및 3국의 배터리 기업들은 공급망 다각화의 필요성을 함께 절감하고 있으나, 단기간에 변화가 어렵다는 난점이 있다. 한미 간에 긴밀한 공조가 필요한 부분이다.

4) 자동차와 철강

트럼프의 내연기관차로의 회귀 정책은 최근 대미 전기차 수출이 급증했던 한국 자동차기업에는 악재가 될 수 있다. IRA의 축소에 따라 전기차에 대한 보조금 삭감이 이루어지면 전기차 수출에는 부정적이다. 반면, 내연기관차의 수출 증가 가능성은 더 높아져 긍정과 부정적 영향이 교차한다. 다만, 중국산 부품이 사용될 경우 불이익이 있을 수 있다. 참고로 2023년 우리나라의 대미 자동차 수출액은 내연기관차의 경우 223억 달러, 전기차의 경우 순수 전기차, 하이브리드, 플러그인하이브리드 포함하여 99억 달러에 달한다. 전년 대비 각각 39.4%와 62.3% 증가했다. 트럼프 2기 자동차 정책은 미국 현지 투자를 더욱 부추기는 효과를 나타낼 것이다.

  트럼프 1기에 시작된 '개정 무역확장법 232조'에 따라 철강 수입 규제가 시행되어, 25%의 수입관세가 부과되고 있다. 한국의 경우에는 관세부과가 아닌 쿼터를 배정받아서 수출하고 있으나, 쿼터가 조만간 철폐되면 철강 수출은 타격을 받을 것이다. 멕시코를 통한 우회 수출에 대해서도 232조가 적용된다.

  중국산 철강에 대한 추가적인 관세 인상이나 제재가 한국 철강의 대미수출에 직접적인 영향을 미칠 것이다. 지금도 중국은 철강재의 과잉생산 문제로 계속 논란이 되는 상황에서 대미 철강 수출이 막히게 되면 제3국으로의 밀어내기 수출이 더욱 커질 수 있다. 이는 국내 철강산업에 매우 부정적인 영향을 미칠 것이다. 최근 중국산 철강재에 대한 한국무역위원회의 연이은 잠정 덤핑관세 적용은 이러한 문제점에 대한 최소한의 조치로 평가된다.

5) 정유 및 석유화학

유가의 급격한 하락은 정유업계의 마진율을 줄이는 경향이 있다. 따라서 트럼프 2기 화석연료 회귀정책에 따라 유가가 하락하면 정유업계는 단기적으로 부정적인 영향을 받을 수 있다. 중장기적으로 정유업계는 단가 하락으로 원가 절감이 가능하고, 미국을 포함한 전 세계 정유에 대한 수요가 증가해 긍정적일 수 있다. 탄소중립정책의 지체는 플라스틱 등 유화제품의 대미수출에 긍정적인 영향을 줄 것이다.

  한편 탄소포집, 블루수소 생산 등으로 사업 영역을 다각화하는 분야는 사업 전망이 밝기 때문에 이 방향으로 적극적인 사업 전환을 모색할 필요가 있으며, 양국 간 협력 가능성이 높다. 아울러 브리지에너지로서 LNG 분야에서 협력 가능성이 많기 때문에 이 분야에 대한 관심이 필요하다.

6) 방산, 건설 및 조선

최근 우리나라는 방산 수출에서 큰 도약을 이루었다. 이는 기술 발전에 기인하지만, 이와 아울러 우크라이나 전쟁 상황에서 충분한 공급 능력을 지닌 국가가 한국 외에 많지 않았다는 준비된 행운에도 기인한다. 트럼프 2기의 방산 정책에 따라 한국과 미국이 제3국, 특히 중동에서 방산 관련 경쟁이 더 치열해질 가능성이 있다. 다만, 미국의 NATO 군비증강 요구, 두 개의 전쟁에 따른 각국의 국방비 증대 움직임에 따라 전 세계적으로 방산 수요가 증가하고 있는 것은 산업에 유리한 상황으로 보인다. 한·미 양국 간 방산협력의 가능성이 더 줄어들 수 있으나, 협력의 기제를 유지하고 확대하기 위한 노력이 필요하다.

우크라이나 전쟁 후 재건 사업 관련 건설 및 건설기계 분야는 상당히 긍정적인 미래를 그려볼 수 있다. 재건 사업과 관련해서는 한·미 양국 간 협력의 기제를 확보하고 더욱 강화할 필요가 있다.

트럼프 대통령이 직접 요구해 화제가 되었던 한미 간 조선 협력은 현재 미국이 가장 시급하게 해결해야 할 과제 중의 하나다. 왜냐하면 미국 조선업이 사양화되면서 미 해군력에 영향을 줄 우려가 커지고 있기 때문이다. 현재 미 해군은 전 세계적인 작전 능력과 항공모함 및 잠수함 능력 등에서 다른 나라들에 비해 압도적인 우위를 유지하고 있다. 특히 중국과 비교해 봐도 여전히 앞서나가고 있다. 다만 중국 해군이 빠른 속도로 양적·질적 발전을 이루고 있어, 2030년대 이후에는 미국과의 격차가 더욱 줄어들 것으로 전망된다.

한미 간 조선 협력을 미국이 필요로 하는 이유는 한국의 고품질 조선 능력에서 나온다. 특히 노후 군함과 해군 시설의 소모성 및 운영 자재 보급과 정비를 뜻하는 유지·보수·운영(Maintenance, Repair, Operation, MRO)은 현재 미 해군이 시급히 보완해야 할 분야다. 미국 국내에서 이 분야를 모두 담당할 수 없는 상황에까지 이르렀기 때문이다. 한국은 현재 세계 선박 수주량에서 중국에 이어 2위를 유지 중인데, 예컨대 2024년의 경우 전 세계 신규 선박 발주량 약

4,168만 CGT 중 중국은 2,493만 CGT(60%)를, 한국은 1,008만 CGT(24%)를 차지했다. 고기술 선박인 LNG 선박, 초대형 원유운반선(VLCC), 고사양 컨테이너선에서는 한국이 큰 우위에 있다. 이런 상황에서 미국이 자국의 해군 시설을 증강하기 위해서는 한국 조선업의 도움이 절대적이다.

5. 우리나라 통상·산업정책의 도전 과제와 정책 방향[11]

한국의 통상정책은 그동안 대외개방을 기조로 우리나라가 세계 주요 경제 지역과 경제 관계를 확대·강화하기 위한 수단으로 설계되고 집행되어 왔다. WTO로 대표되는 다자간 무역질서에 적극 참여하고, FTA로 대표되는 양자 또는 지역협정을 타국과 체결함으로써 이른바 '경제영토'를 확대하는 데 주력했다. 한국은 국제무역질서에 적극 동참하는 통상정책 기조를 유지함으로써 대외통상이 경제성장에 기여하는 데 중요한 역할을 해온 것으로 평가할 수 있다.

  1998년 말부터 정부에 의해서 시작된 FTA 정책은 당시 EU와 NAFTA의 형성으로 촉발된 세계경제 블록화에 적극 대응하고 우리의 수출시장을 넓히기 위한 대응 조치였다. 2004년부터 시작된 2기 FTA 정책 시기 때는 거대 선진국과의 공격적인 FTA를 통해 수출시장 확대와 더불어 개방을 통한 국내 경제의 구조개혁과 경쟁력 향상도 꾀했다. 미국과 EU 등 거대 선진 경제권과의 FTA를 통한 국내 취약 산업의 개방 조치는 당초 우려한 것보다는 피해가 적었다. 하지만 개방의 혜택은 전 국민에게 광범위하게 배분되고 우리의 수출기업들이 해외로 진출하는 데 크게 도움이 된 반면, 개방으로 인한 피해는 일부 산업과 지역, 일부 국민에게 집중되는 것이 불가피했다.

---

11 이 절은 김흥종, 「신통상질서에 대응하는 새로운 통상정책이 필요하다」의 4절을 수정·보완한 것이다.

정부와 통상 전문가들은 통상정책이 국부의 전체 파이를 크게 하는 데 역할해야 하며 생성된 부를 배분하는 문제는 보상지원정책을 통해 해결해야 한다고 판단했다. 따라서 개방에 따른 피해를 보상하는 기금을 조성하고 집행하는 국내 대책의 일환으로 FTA 피해보전기금을 마련했다. 이 기금은 자유무역협정의 체결로 인해 피해를 입을 수 있는 산업이나 지역에 대한 보전과 지원을 목표로 한다.[12]

이 프로그램의 집행 상황을 보면, 특정 산업이나 지역에 따라 차이가 있으나, FTA 피해보전기금은 농업, 제조업, 일부 서비스업 등을 대상으로 피해를 줄이기 위해 다양한 지원 사업을 해왔다.[13] 최근에는 더욱 체계적인 관리와 집행이 이루어지고 있지만, 일부에서는 아직도 피해보전이 충분하지 않다고 평가하는 의견도 있다.

지금까지의 지원제도에서 가장 큰 문제점은 개방에 따른 피해 관리를 사후적 조치로만 파악했다는 점이다. 통상정책은 필연적으로 집행하는 과정에서 국내 여러 계층과 분야에 비대칭적인 영향을 미치기 때문에 통상정책을 입안하는 단계에서부터 이러한 면을 고려해 설계하고 대책을 마련할 필요가 있다. 또한 중산층과 서민의 복리를 증진시키고자 보다 적극적인 중소기업 수출품의 해외시장 진출을 목표로 양자협정 체결에 주력해야 하며, 지역 주력 산업의 진흥과 해외 진출을 위한 통상정책을 고안할 필요도 있다.

이러한 측면에서 볼 때 이제 우리나라의 통상정책은 포용적 통상정책의 일환으로, 중산층과 서민을 위한 통상정책을 명시적인 정책 목표 중의 하나로 삼

---

[12] FTA 피해보전기금의 집행은 주요하게 두 가지 방면에서 이루어지는데 첫째는 주로 산업구조 조정, 인력 재배치, 생산성 향상 등을 위한 산업 피해 지원이며, 둘째는 특정 지역이 FTA로 인해 큰 영향을 받을 경우 해당 지역의 경제 회복을 위한 지역 피해 지원이다.

[13] 예컨대 2021년에는 귀리가 FTA 피해보전 직접지불금 지원 대상 품목으로 선정되어 귀리 재배 농가에 총 6.1억 원을 지급해, 농가당 약 300만 원의 지원금을 받았다. 2024년 7월 해양수산부는 전복과 가리비를 FTA 피해보전 직접지불금 지원 대상 품목으로 선정하여 해당 어업인들에게 최대 3,500만 원을 지급했다.

아야 한다. 앞서 살펴본 바와 같이 국제통상질서가 자국 중심의 경제안보를 강화하는 방향으로 진화하는 상황에서, 이제 통상정책을 국내 정책적 고려 사항과 무관하게 추진하는 것은 정책 추진의 동력을 상실하게 할 뿐만 아니라 정책 효과성을 고려해 볼 때 더 이상 추진 자체가 불가능하기 때문이다.

이제 통상정책을 국내 이민정책과 긴밀히 조율해 수립하고 집행할 필요가 있다. 왜냐하면, 국제통상질서에서 인력 이동 분야는 시간이 갈수록 핵심적이고 예민한 이슈로 부각되고 있기 때문이다. 그러므로 Mode 4 분야의 인력 이동 챕터를 보다 적극적이고 세밀하게 설계할 필요가 있으며, 지속가능발전 챕터를 통해 국내 환경 및 노동조건의 개선을 도모할 필요가 있다. 국내 이민청 설립을 통해 체계적인 장단기 이민과 해외 인력 활용 계획이 체계적으로 추진되어야 하는데, 통상정책은 외국과의 협상 시 국내 이민 및 해외 인력 활용에 관한 정책적 고려를 반드시 반영해야 한다.

다음으로 통상정책은 한국의 경제안보를 강화하는 방향으로 설계되어야 한다. 신통상질서에서 경제안보는 가장 핵심적인 정책 목표로 평가되고 있다. 경제안보는 보통 국가와 국민의 생존과 안위를 위태롭게 하는 외부의 유·무형 충격에 대한 선제적 방어라고 정의된다.[14] 경제안보는 산업안보, 무역안보, 기술안보 분야로 대별되며, 첨단기술, 공급망 그리고 규범과 제도는 이 세 영역이 중첩되는 핵심 분야로 인식된다.

통상정책이 경제안보적 고려를 한다는 것은 통상정책이 종래의 무역안보뿐만 아니라 첨단기술산업의 경쟁력을 유지·강화하는 데 기여해야 하며, 동 산업의 공급망 안정화에 기여해야 하며, 기술안보를 강화하기 위한 정책적 뒷받침을 해야 함을 뜻한다. 이를 위해 첨단기술산업계와의 긴밀한 소통을 통하여 통상 의제를 선별하고 이를 관철해 나갈 수 있는 정책적 수단을 확보하는 것이 중요하다. 통상정책은 산업정책과 불가분의 관계를 갖게 된다.

14　김흥종, 「경제안보(Economic Security)」(경제안보 TF, 2021.11).

산업정책의 시대가 다시 소환되는 이 때, 산업정책은 종래의 수평적 산업정책뿐만 아니라 수직적 산업정책에도 더욱 관심을 가질 필요가 있다. 향후 통상정책은 산업정책과 긴밀한 연계 속에서 통합적으로 수립되고 추진되어야 한다. 반도체, 전기차, AI, 태양광 및 풍력 등 다양한 미래 산업을 국내에서 진흥시키기 위한 산업정책과 연계해 관련 산업의 핵심공정을 국내에 유지하면서도 해외 기술과 효과적으로 접목시키기 위한 통상·산업정책의 개발이 필요하다. 통상·산업정책은 탄소중립정책과도 연계해 우리가 녹색정책을 협력하기 가장 좋은 이상적인 파트너와 관계를 강화하는 입체적인 통상정책을 구사할 필요도 있다.

한편 한국 기업의 공급망 참여를 볼 때 대선진국 기술 공급망 참여 정도, 그리고 대개도국 생산 공급망 참여 수준에 대한 면밀한 검토를 바탕으로 다양한 형태와 수준의 통상협정의 안(template)을 준비해 놓고 있어야 한다. 시장 접근을 담보하는 FTA뿐 아니라 포괄적 이슈를 다루고 있지만 개방 수준이 높지 않는 경제동반자협정(EPA), 한정된 분야에서 무역과 투자의 활성화를 촉진하는 무역투자 촉진 프레임워크(TIPF), 그리고 기술통상협정(TTA), 디지털경제동반자협정(DEPA), 핵심 광물을 포함한 특정 분야 공급 협정 등 전문 분야만을 다루는 통상산업협정을 활용해 상대국의 특성과 우리가 협력할 분야의 특성에 따라 적절히 제시할 필요가 있다.

또한 한국의 통상정책은 환율, 금융 등 거시경제의 주요 변수와 함께 다룰 필요가 있다. 드럼프 2기 행정부는 관세와 환율을 매개로 하여 미국의 이익을 관철하고자 타국에 압박을 가할 것이다. 미국은 대미 무역수지 흑자국에 대해서 무역확장법이나 여타 행정명령에 기반한 고율 관세로 압박하는 동시에, 환율조작국 지정 여부를 또 다른 가능성으로 열어두고 협상을 진행할 것이다. 이에 대비하여 한국의 통상 당국도 거시금융 상황을 긴밀히 모니터링하고 관계 당국과 협의를 통해 통상정책을 구사해야 한다.

새로운 국제통상질서에 대응하기 위해서 한국의 통상 당국은 지역과 국가별로도 대책을 마련해 국별·지역별 맞춤형 통상전략을 준비해야 한다. 미중 경쟁 상황에서 국익을 극대화하기 위한 전략적 균형에 주력해야 한다. 한미동맹이 안보동맹에서 첨단기술협력으로 확대된 것은 양국의 필요성 때문이므로 이를 기반으로 다양한 분야에서 산업협력을 확대할 필요가 있다. 중국과도 선별적 협력을 지속하고, 무역관계가 유지될 수 있도록 관리할 필요가 있다. 필요하다면 한중 FTA 2차 협상을 통해 양국 간 경제협력의 수준을 높일 수 있다. 다만, 미국이 한국 기업들에 중국과의 협력을 제한하도록 할 가능성이 높기 때문에, 반도체 소재·부품·장비의 국산화에 노력해야 하며 생산기지 다변화 전략도 필요하다.

유럽과는 친환경·디지털 무역 협력을 강화해야 한다. 이를 위해 통상 당국은 환경규제 부서와의 적극적인 협력이 필요하다. 또한 계속 진화하는 EU의 디지털 규범에 대응하기 위해 데이터 보호, AI 규제 등 디지털 통상 협정을 적극 활용하여 유럽 시장에서 경쟁력을 확보해야 할 것이다. 일본과는 기술·소재·부품 협력을 유지·확대하는 가운데 해당 분야 한국 산업의 경쟁력을 확보하기 위한 정책적 지원이 필요하다.

한·중·일 및 아세안과의 협력 강화를 위해 RCEP를 한 단계 더 업그레이드하는 통상 이니셔티브의 추진을 고려해야 한다. 특히 동남아 국가들과는 한·아세안 RCEP를 기반으로, 개별 분야별 의제로 한·아세안 디지털 무역협정을 체결하도록 노력할 필요가 있다. CPTPP 가입도 추진해, IPEF외에 시장개방을 전제한 아시아·태평양 내 경제 네트워크에 참여하는 것을 신중히 검토해 보아야 한다.

한편, 통상·산업 당국은 첨단산업의 경쟁력을 강화하고 공급망을 안정화하기 위한 노력을 기울여야 한다. 우선 국내 반도체산업의 자립도를 강화하기 위해 반도체 소부장 부문 국산화율을 제고하고 국가 차원의 K-칩스법을 발효해야 한다. 또한 전기차 및 배터리 생산기지를 미국뿐만 아니라 유럽과 동남아, 그리고 중동에 이르기까지 거점을 확대할 필요가 있다. 이러한 노력을 통해 신통상질서하에서 한국은 첨단기술, 친환경, 디지털 무역의 글로벌 허브로 자리 잡는 전략이 필요하다.

트럼프 시대 통상산업정책은 대외정책의 중심으로 올라서고 있다. 이에 대한 대응으로 한국의 통상정책은 과거보다 통상의 범위를 넓게 잡아야 하고, 다양한 정책 분야와의 협업이 필수적이며, 20세기 질서를 끝장내고 19세기를 소환하는 트럼프 2기 행정부의 신통상질서에 적극 대응해야 한다. 트럼프 시대 통상정책이 대외경제정책의 중심으로 올라섰기 때문에 우리의 통상조직도 이러한 대외적 도전에 기민하게 대응할 수 있는 개혁이 필요하다.

기민(agile)하고 범부처를 아우르는 통상조직을 만드는 것이 하나의 개혁 방향이다. 예컨대 트럼프 2기 행정부하에서 여러 사안에 대한 특혜조치 유지는 양자협상을 통한 주고받기식으로 확보할 수밖에 없는데, 이러한 정책 목표를 달성하기 위해서는 기민하게 대응하고 포괄적인 시야를 갖춘 통상 능력을 구축해야 한다. 통상조직이 안정적으로 운용되고 통상 전문가들이 경험과 노하우를 축적할 수 있는 유인을 갖춘 조직의 구성도 시급히 필요하다.

이러한 도전 과제를 해결하기 위해 통상교섭본부를 독립시켜 장관급 부처로 격상하는 것을 고려해 보아야 한다. 이것이야말로 트럼프 시대 한국의 통상조직이 제 기능을 발휘할 수 있는 길이다.

제3장

기술패권 경쟁: 과학기술과 혁신

오태석 | 서강대학교 기술경영전문대학원

반도체, 인공지능, 바이오, 우주, 양자컴퓨팅 등 파괴적 혁신 기술을 둘러싸고 심화되는 미국과 중국간 기술패권 경쟁 속에서 경제발전의 핵심 요소인 과학기술력은 더더욱 중요해졌다. 첨단기술을 확보하고 이를 자국 산업 경쟁력 강화, 일자리 창출 등 새로운 성장 동력으로 활용하기 위해 각국은 막대한 연구개발 투자, 보조금 지원, 인재 양성 등 다양한 혁신 전략을 추진하고 있다. 자유무역 질서의 변화와 글로벌 공급망 불안이 심화되면서 경제안보 차원에서 기술 주권 확보의 필요성도 커지고 있다.

대외 무역 환경 악화로 흔들리는 주력 산업의 경쟁력을 지속적으로 강화해 미래 먹거리를 안정적으로 창출하기 위해서는 우리나라 과학기술 기반의 혁신 시스템을 강화하고 지속적으로 개선해야 한다. 연구개발 투자는 그 성과가 나타나기까지 시간도 많이 걸리고 불확실성도 크기 때문에 기업에서도 정부에서도 필요한 자원이 적정 수준으로 투입되기 어려운 측면이 있다. 정부와 민간이 긴밀하게 협력해서 한정된 자원과 인력을 효율적으로 활용하고 우수 연구개발 성과가 산업 혁신으로 결실을 맺도록 국가혁신 생태계를 재정비할 필요가 있다.

1. 혁신 없이 미래 없다! 한국의 연구개발 기반 혁신 전략을 재설계하자

첨단기술과 산업 분야에서 중국의 빠른 부상은 전 세계에 큰 충격을 주었다. 태양광 패널, 전기차, 배터리 등 클린테크 부문에서 압도적으로 세계시장을 점유하고 있다. 미국이 수출 통제 등을 통해 전방위적으로 기술 발전을 견제하는 상황에서도 반도체, 인공지능(AI), 로봇 등 미래 신산업 분야에서 중국은 기술혁신 역량을 축적하고 자국의 거대 시장을 활용해 독자적 생태계를 구축해 간다. 2015년부터 최근 10여 년간 중국의 연구개발 투자가 매년 평균 11%씩 지속적으로 증가한 것을 보면 그리 놀라운 일은 아니다.

국가의 혁신 역량을 평가하는 데 여러 지표들이 있지만 총연구개발 투자 규모는 매우 중요한 척도로 활용된다. 2022년 기준, 세계 최강의 기술 선도국인 미국은 9,232억 달러로 세계 1위를 차지했으며, 중국은 8,118억 달러로 미국을 바짝 추격했다. 우리나라는 독일, 일본에 이어 1,389억 달러로 5위를 기록했다. 국내총생산(GDP) 대비 연구개발 투자 비중으로 보면, 우리나라는 5.21%로 이스라엘에 이어 세계에서 두 번째로 연구개발에 많이 투자하지만, 절대적인 투자 규모는 미국, 중국과는 큰 차이가 난다. 우리나라가 연구개발에서도 전략적 분야를 중심으로 선택과 집중을 강화해야 하는 이유다.

우리나라 정부와 민간기업 등의 총연구개발비는 2023년 기준 약 119조 원이다. 이를 세부적으로 살펴보면 우리나라 혁신 생태계의 발전 방향이나 전략을 알 수 있다. 재원별로 보면 민간 재원은 전체의 76.4%인 91조 원이고, 정부 및 공공 재원은 전체의 23.6%인 28조 원이다. 정부가 연구개발 투자 전략을 수립할 때 정부와 기업의 역할 분담을 명확히 하면서 필요한 분야에서는 긴밀하게 상호 협업을 통해 시너지를 창출해야 하는 이유다. 실제 진행된 연구개발 내역을 보면 대기업 60.6조 원, 중견기업 13.8조 원, 중소기업 7.9조 원, 벤처기업 12.6조 원 등 기업이 94.2조 원, 공공연구기관 13.8조 원, 대학은 10.8조 원을 사용했고, 개발연구에 77.8조 원, 응용연구에 23.4조 원, 기초연구에 17.7조

원이 지출되었다.

23년 하반기, 국내 과학기술계가 큰 혼란을 겪었다. 2024년 정부 연구개발 예산이 대폭 삭감되었기 때문이다. 연구개발 카르텔, 나눠먹기, 관행적 지원사업 등 연구개발 투자의 비효율이 지적되었고, 연구개발 투자의 급증에도 불구하고 1980년대 말 4메가 DRAM 반도체 개발 같은 구체적인 성과가 보이지 않는다는 비판도 있었다. 이러한 혼란 속에서 2024년에 26.5조 원으로 줄었던 정부 연구개발 예산은 다양한 제도 개선과 함께 2025년에 29.6조 원으로 다시 증가했다. SOC 투자와는 달리 연구개발 활동의 특성상 특정 분야 예산을 갑자기 대폭 증액하는 것도, 갑자기 대폭 감액하는 것도 현장에서 제때 대응하기 어렵게 한다. 인력 현황 등 여러 가지 여건 등을 충분한 시간을 갖고 검토한 후에 추진할 필요가 있다.

1) 중장기 투자전략에 따른 예측 가능하고 지속가능한 예산 배분이 필요하다

역대 정부마다 새로운 성장 동력을 발굴·육성하기 위한 정책들을 추진해 왔다. 노무현 정부의 차세대성장동력, 이명박 정부의 신성장동력, 박근혜 정부의 미래성장동력, 문재인 정부의 혁신성장동력 전략이 수립되었으나 새로운 정부로 바뀔 때마다 기존의 정책들은 추진 동력을 얻지 못했고, 관련 예산도 계획한 대로 확보하지 못해 용두사미가 되어 목표한 성과를 달성하지 못한 경우가 많았다. 최근에 인공지능, 양자과학기술, 바이오 등 3대 게임체인저 기술에 대한 국가 전략이 발표되었는데, 새로운 정부를 이어가며 5~10년 지속적인 투자가 이뤄져야 국내 혁신 생태계가 단단해지고 미래 성장 동력으로 역할을 할 것이다.

정부 연구개발 투자의 예측 가능성, 전략성, 적시성, 효과성을 제고하기 위해서는 중장기 투자전략을 수립하고, 그 계획에 근거해서 매 연도 예산 사업을 검토하고 관련 예산을 편성함으로써 정부 지원의 예측 가능성을 높일 필요가

있다. 과학기술기본법에 따라 수립되는 국가연구개발 중장기 투자전략은 5년간의 국가연구개발 예산의 전략적 투자 목표와 방향을 제시하는데, 계획으로만 그치지 않고 실제 예산 편성의 기준으로 활용해야 한다. 또한 연구개발을 넘어 성과 확산을 위한 혁신정책의 큰 틀 안에서 연구개발 투자전략을 추진해야 한다. 부처 간에 분산되어 있는 정책 수단을 연계·조율해서 성과 지향적으로 추진해 나갈 과학기술 혁신정책 거버넌스의 강화도 필요하다.

민간의 연구개발비가 국가 전체의 76.4%를 차지하는 상황에서 새로운 성장력을 확보하기 위해 정부는 어떤 역할을 해야 할까? 빠르게 변화하는 기술 환경 속에서 정부는 어느 분야에 지원해야 할까? 정부는 실패 위험이 있지만 성공할 경우 국가적 기술혁신을 이끌 수 있는 선도·도전적 연구개발을 아낌없이 지원하고, 민간이 선뜻 나서기 어려운 분야에 모험자본으로서 정부 연구개발 투자의 책무성도 강화할 필요가 있다.

2) 단순한 연구비 지원을 넘어 정부의 모험자본가적 역할이 필요하다

우수한 연구개발 성과들이 실제 상용화까지 연결되지 못하는 경우가 많다. 정부가 연구개발 예산을 지원하면 이후 단계는 시장 기능에 맡겨야 하지만, 초기 투자의 리스크 때문에 시장 실패가 일어나는 경우에는 정부가 공공 벤처펀드, 직접 투자, 지분 투자 등의 다양한 방식으로 개입해야 한다. 정부와 민간이 공동으로 투자하여 초기 리스크를 분담하고, 혁신 기술의 상용화를 촉진할 수 있도록 혼합금융(Blended Finance) 방식을 우리나라 혁신 시스템에 적극적으로 도입할 필요가 있다. 참여정부 시절 과학기술 국채를 발행해 자기부상열차, 위그선 등 대형 연구개발 성과의 실용화 사업을 추진한 적이 있는데, 현재의 금융 생태계 여건을 감안해 출연금 위주의 연구개발비 지원 방식도 다양화하고, 연구 성과 실용화를 위한 새로운 혁신금융 지원 방안도 모색해야 한다.

우리 혁신 생태계 전반에 도전 정신이 충만하도록 바꿔야 한다. 연구자들이

기업가들이 실패에 대한 두려움 없이, 실패로 인한 불이익에 대한 걱정 없이 과감하게 도전할 수 있는 풍토를 조성해야 한다. 선도형 연구개발 추진에 있어서 중요한 것은 실패로부터의 자유로움과 유연한 프로젝트 관리다. 정부 연구개발 투자의 관리에서 법적으로 이런 부분들이 보장될 수 있도록 관계 부처들과 함께 시스템을 재정비할 필요가 있다. 미국 국방고등연구계획국(DARPA)의 프로젝트 추진 방식이 획기적인 성과들을 거둠에 따라 영국, 독일 등 많은 나라들이 비슷한 기관을 신설하는 등 벤치마킹하고 있다. DARPA 시스템도 하루아침에 만들어지지 않았을 것이다. 한국형 DARPA가 아닌 제대로된 DARPA 시스템이 작동할 수 있도록 제도를 개선할 필요가 있다.

미국 스페이스X사가 개발하는 우주 발사체인 스타쉽의 수차례 발사 과정에서 인상적이었던 것은 폭발 등 여러 이유로 최종 목표를 달성하지 못한 경우에도 실패라 하지 않고 일론 머스크를 포함한 전 직원들이 시험 발사 과정에서 달성한 성과에 환호하면서 기뻐하는 모습이다. 정부 예산을 집행하는 공공 부문에서는 상상할 수 없는 일이다. 스타트업에서 출발한 빅테크 기업들의 기술혁신 속도가 엄청나게 빠른 이유다.

2. 우수 인재가 떠난다! 한국 혁신 생태계의 경고음

전 세계가 핵심 인재 확보를 위해 치열하게 혁신 생태계 경쟁을 하고 있다. 미국 빅테크 기업들은 AI, 반도체, 양자컴퓨팅 등 첨단기술 분야 우수 인력을 블랙홀처럼 빨아들이고 있고, 중국도 금전적·비금전적인 다양한 지원 방안으로 해외 우수 인력들을 유치하고 있다. 우수한 인적 자본으로 개발도상국에서 선진국 그룹으로 진입에 성공했던 우리나라의 미래도 창의적인 우수 인재를 어떻게 양성하고 확보하느냐에 달려 있는데 현재 우리 상황은 녹록지 않다.

의대 정원 확대로 2025학년도 대학 입시에서 우수 학생들의 의대 쏠림현상도 더욱 두드러졌다. 국내 고용 시장의 불안정성, 상대적으로 열악한 처우 등으로 해외 기업의 수요가 많은 AI, 반도체 분야 핵심 인재들의 해외 유출도 계속되고 있다. 저출생으로 생산가능 인구의 급감도 예상되어 향후 우리나라 혁신 생태계를 이끌고 새로운 성장 동력을 창출해 나갈 과학기술 인력을 적정 수준으로 확보·유지하는 것도 쉽지 않아 보인다. 주력 산업뿐만 아니라 양자컴퓨팅, 첨단바이오, 우주 등 미래 신산업 분야 인력 확보를 위해 글로벌 인재순환 시스템을 감안한 인재 정책을 추진하고, 기존에 배출된 우수 인력을 우대하고 전방위적으로 활용하는 선순환적인 생태계 구축이 이뤄져야 한다.

우수한 청년들을 이공계 분야로 유도하려면 생애 전 주기적 관점에서 경력 발전 경로를 구축해야 한다. 예나 지금이나 청년들은 진로를 결정할 때 산업 구조의 변화, 취업 전망, 직업의 안정성, 경제적 보상 규모 등 다양한 측면을 고려할 것이다. 부모들도 대체로 이런 기준에서 자녀들의 진로 선택을 도울 것이다. 대학의 선호 학과는 시대 변화에 따라 변화해 왔고 앞으로도 계속 바뀔 것이다. 지금은 의학 계열이 타 분야에 비해 생애 전 주기적 관점에서 가장 경제 사회적 보상이 크다고 확신하기 때문에 의대 쏠림현상이 지속되는 것이다. 정부와 기업이 협력해서 이공계 인재의 자긍심을 고취하고 경제적 보상 구조를 포함한 직업 안정성 확보, 재교육, 정년 연장 등을 통해 이공계 분야의 직업 매력도를 높여야 한다. 현재 의학계열로 진학하는 우수 인재들을 바이오, 공학 등 타 분야와 융합하여 적극적으로 활용할 방법도 필요하다.

스위스 국제경영개발대학원(IMD)의 두뇌유출지수평가 가운데 우리나라는 2021년 24위에서 2023년 36위로 하락했다. 매년 3~4만 명이 이공계 인재가 우리나라를 떠나고 있다. 국내에서 해외로 유출된 우수 인재의 국내 복귀 또는 국내 혁신 생태계로 연결시키는 두뇌 순환(Brain circulation) 정책을 통해 글로벌 인재순환 시스템을 구축해야 한다. 과거 인재 유치 정책의 실패 요인을 분석하고 우리의 혁신 생태계를 글로벌 표준에 맞게 변화시켜야 한다. 한국과학기술기획평가원(KISTEP) 발표에 따르면 국내 대학에서 배출되는 공학 계열

외국인 박사 졸업자도 2023년 813명이나 된다. 이들을 국내 연구 생태계로 적극적으로 유입·활용하기 위해 비자 등 근무 및 정주 환경을 전향적으로 개선할 필요가 있다. 우리나라에 대한 해외 인지도가 높아지면서 해외 연구자 중에 한국에서 근무해 보고 싶어하는 인력도 증가 중인데, 이들을 대학, 정부 연구소, 기업 등에서 적극적으로 흡수할 수 있도록 글로벌한 근무 환경도 조성해 나가야 한다.

인재 양성 시스템에서 최종 관문인 대학의 역할이 매우 중요한데, 국내 대학의 경쟁력은 계속 하락하고 있다. 정권이 바뀔 때마다 대학 개혁에 대한 목소리가 높아지고 여러 정책이 시행되어 왔지만 크게 변화하는 것은 없다. 근원적인 대학 교육 혁신이 이뤄지도록 해야 한다. 대학 스스로 혁신과 변화를 실행할 수 있도록 대학에 대한 정부 규제는 대폭 완화해야 한다. 지역마다 대학이 처한 어려움이 다르고 해결 방법도 다를 수밖에 없기 때문이다. 현재 시스템으로는 AI 등 신기술의 출현에 따른 사회의 인력 수요에 발 빠르게 대응할 수도 없다. 지역균형발전을 위해 정부, 지자체, 기업, 대학 등의 협의를 통해 지역별로 특성화된 연구중심대학을 육성하기 위한 특단의 대책도 필요하다.

현재 활동 중인 우수 연구개발 인력을 적극적으로 활용해야 한다. 대학교수들은 65세, 정부출연연구소 연구원들은 61세가 되면 정년 퇴직해야 한다. 세계적인 연구 업적을 내고 있고, 현역처럼 더 연구를 할 수 있어도 예외가 없다. 100세 시대를 대비하여 궁극적으로 정년 제도는 철폐하되 단계적으로 추진해서 사회적 수용성을 높여갈 필요가 있다. 우선 IMF 당시에 61세로 단축되었던 정부출연연구소 연구원의 정년을 다시 65세로 연장해야 한다. 정년에 도달한 우수 연구자들도 그동안의 업적과 향후 성과에 대한 기대 등을 평가해 필요시 현역처럼 계속 일할 수 있는 여건을 조성해야 한다. 한국과학기술원(KAIST)은 2023년부터 '정년후 교수' 제도를 실험적으로 도입해서 운영하고 있다.

3. 원자력 기술혁신, 우리도 선진국이 되자

AI 기술의 발달과 데이터 센터 확산으로 전력 수요가 급증하면서 빅테크 기업들의 소형 원자로(SMR)에 대한 관심도 높아졌다. 미국의 SMR 프로젝트에 국내 기업들이 투자하거나 건설 과정에 참여한다는 소식에 주식시장도 빠르게 반응한다. 한국수력원자력과 미국 웨스팅하우스 간 지식재산권 분쟁을 통해서 원천기술 확보의 중요성도 우리 모두 느낄 수 있었다.

안정적 에너지 확보와 함께 무탄소 에너지원을 확보하려는 많은 국가들에서 원자력 발전에 대한 관심이 높아졌는데, 특히 소형 원자로에 대한 관심이 뜨겁다. 소형 원자로는 대형 원전과 뭐가 다를까? 소형 원자로는 대형 원자로에 비해 다양한 장점이 있다. 우리나라가 UAE에 공급했던 최신 모델인 APR1400은 발전용량이 1,400MWe인 반면, SMR은 300MWe 이하의 다양한 발전 용량을 제공한다. 모듈로 제작하기 때문에 반도체 공장, 데이터 센터, 수소 생산, 해수 담수화 등 수요처에서 필요한 전기 용량에 맞춰 탄력적으로 건설할 수 있다. 또 SMR은 원자로와 증기발생기 등 주요 기기를 하나의 용기에 담은 일체형 구조로, 전력 공급이 중단되더라도 2011년 일본 후쿠시마 원자력 발전소와 같은 재난이 발생하지 않도록 설계되어 대형 원전에 비해 안전성이 크게 향상된 것으로 평가된다.

국제원자력기구(IAEA)에 의하면 현재 세계적으로 80여 개 이상의 SMR 모델이 개발되고 있다. 원사로를 어떻게 냉각하느냐에 물을 사용하는 경수로, 액체 상태의 용융염을 사용하는 원자로(MSR), 소듐냉각고속로(SFR), 고온가스로 등으로 구분된다. 아직 상용화되어 운영되는 모델은 없지만 일부는 상용화를 진행하고 있다. 미국의 빌게이츠가 설립한 테라파워(TerraPower)사는 미국 와이오밍 주에서 첫 소형 원자로 건설을 시작했다. 이 원자로는 2030년 가동을 목표로 하는데 출력은 345MWe이며, 냉각재로 물 대신에 액체금속인 나트륨을 사용해서 원전 사고 발생 시 안전성을 높였다. 미국 뉴스케일(NuScale)사도

SMR 건설을 추진했으나 건설 비용 증가와 높은 발전 단가 등으로 프로젝트가 중단된 것으로 알려졌다. SMR이 무탄소 전원으로 확산되기 위해서는 기존 발전소에 비해 경제성을 확보하는 것도 매우 중요할 것이다.

우리나라는 일찍부터 소형 원자로 기술을 선도해 왔다. 1997년부터 소형 원자로 'SMART'를 개발했고, 2012년에는 세계 최초로 표준설계인가를 획득했으나 국내에서 기술을 실증할 장소를 찾지 못해 상용화까지 이르지는 못했다. 우수한 연구개발 성과가 성공적으로 혁신으로 이어지려면 연구개발 단계부터 성공 이후 단계에 대한 사전 전략이 필요함을 알 수 있다. 세계적인 SMR 건설 붐에 올라타기 위해 우리나라도 SMART의 경험을 토대로 새롭게 혁신형 SMR을 개발하고 있다. 경수로 방식의 새 원자로의 발전 용량은 170MWe로 안전성의 대폭 향상은 물론이고 경쟁 모델 대비 경제성 확보를 목표로 한다. 2023년부터 6년간 약 4,000억 원을 투입할 계획이며, 기술력을 보유한 공기업 및 민간기업 30여 곳과 함께 민관이 협력해 개발에 나섰다.

우리나라 SMR 기술이 상용화되는 시기는 2030년 이후로 예상되는데, 우리 모델로 글로벌 시장을 진출하기 위해서는 최초 호기를 국내에 건설해서 경제성과 안전성을 입증하는 것이 가장 중요하다. 국가전력수급기본계획에 SMR 건설 계획도 포함되어야 하고, 기술 개발과 동시에 원자력 안전 규제 등도 정비해 나가야 한다. 그래야 관련 기업들도 안심하고 장기간에 걸쳐 SMR 관련 기술 개발 등 실용화를 위한 부문에 투자할 수 있을 것이다.

4. 청정에너지, 우리가 만든 인공 태양에서 확보하자

화석에너지에 대한 의존을 낮춰야 하는 기후위기 시대, 인공지능과 데이터 센터 등으로 인해 에너지 수요가 급증할 미래에 우리나라는 앞으로 청정에너지를 어디에서 얻을 것인가? 지리적 여건상 우리나라는 태양광, 풍력 등 신재생에너지원에 크게 의존하기 어렵다.

물질을 구성하는 요소인 전자, 원자핵, 양성자, 중성자 등에 대한 지식이 축적되면서 인류는 원자의 분열 또는 원자들의 융합을 통해 많은 에너지를 창출할 수 있음을 알게 되었다. 우라늄 원자의 분열을 이용한 것이 원자력 발전이며, 태양처럼 수소와 헬륨 등의 융합을 이용한 것이 이른바 '인공태양'으로 불리는 핵융합 발전이다. 1950년대부터 상업적으로 활용되어 온 원자력 발전과 달리, 핵융합 발전은 지금까지 기술적 어려움으로 인해 상용화되지 못했다.

그러나 탄소중립과 에너지 안보를 해결하기 위한 논의가 치열하게 이루어지는 가운데, 탄소 배출이 없는 청정에너지인 핵융합 발전에 대한 관심이 다시 높아지고 있다. 핵융합 발전은 연료로 사용되는 중수소와 리튬을 바닷물에서 쉽게 얻을 수 있어 인류의 궁극적인 에너지 해결책으로 여겨진다. 2040년대로 예상되는 핵융합 발전 가능 시기를 앞당기고자 각국 정부 및 기업 간에 또는 초전도 토카막, 레이저 핵융합 등 다양한 기술 방식 간에 뜨거운 혁신 경쟁이 벌어지고 있다.

핵융합 실용화 가능성을 빠르게 검증하기 위해 우리나라를 포함해 EU, 미국, 중국, 일본, 러시아, 인도 등 7개 국가가 공동으로 국제핵융합실험로(ITER)를 프랑스에 건설 중이다. 그러나 당초 계획보다 10년 정도 건설이 지연되어 2035년에나 핵융합 에너지 대량 생산 실험을 할 예정이다. 이로 인해 핵융합 상용화를 목표로 설립된 민간 기업이 오히려 ITER보다 먼저 핵융합 상용화에 성공하겠다고 선언했다. 가장 빠른 움직임을 보이는 기업은 미국의 '커먼웰스 퓨전 시스템'과 'TAE테크놀로지', 영국의 '토카막에너지' 등 스타트업들이다. 이 기업들은 빅테크 기업들로부터 막대한 투자를 받아서 2030년대 상용화를 목표로 자체 핵융합로를 직접 개발 중이다. 우주 분야에서처럼 민간 주도로 기존과는 다른 과감한 혁신을 시도하고 있다. 중국도 국가 주도로 핵융합 에너지 상용화 연구에 막대한 투자를 하고 있다.

핵융합 분야에서 우리나라는 기술 선진국 그룹에 속한다. 우리나라가 자체 건설한 핵융합 장치 'K-STAR'를 통해 핵융합의 핵심 기술 중 하나인 이온 상태의 플라즈마를 1억 도로 가열하고 유지하는 기술을 연구해 왔다. 2024년에는 플라즈마를 48초간 연속 유지하는 기록을 달성했으며, 2026년까지 300초 유지하는 목표에 도전할 계획이다. 세계적 수준의 연구 성과다.

핵융합으로 실제 전력을 생산하기 위해서는 미리 준비해야 할 것이 많고 시간도 많이 걸린다. 우선 실증로를 통해 경제성과 안전성 등을 검증해야 상용 발전소를 건설할 수 있다. 우리나라는 2023년 핵융합 실증로 기본 개념을 확정했다. 구체적으로, 최신 원전 모델인 APR1400의 약 35% 수준인 500MWe의 전력을 생산하고, 핵융합의 주요 연료인 삼중수소를 자급해 상시 운전이 가능한 핵융합로를 개발하는 것이 목표다. 핵융합 기본 개념에 따라 실증로 설계를 시작해 2035년까지 공학 설계를 완료할 계획으로 있다. 실증로 개발에 필요한 핵심 기술 확보를 위해서 국내 자체 개발뿐만 아니라 ITER 건설에 참여한 국가 등과 긴밀한 협력도 필요하다. 실증로의 핵심 기술인 핵융합로 내에서 삼중수소를 증식하는 기술을 유럽연합(EU)과 공동 개발을 추진 중이다. 실증로를 개발하는 모든 과정에는 국내 산업체의 참여를 활성화해 향후 우리나라 주요 산업으로 성장할 수 있도록 차근차근 준비할 필요가 있다.

핵융합 에너지 상용화는 아직 누구도 가보지 않은 새로운 길이다. 연구개발에 성공한다고 하더라도 실제 상용화로 이어지기 위해 넘어야 할 장애물은 아주 많다. 막대한 연구개발비를 투자해 온 핵융합 연구가 우리의 미래 먹거리로 발전하기 위해서는 지금부터 기술 개발뿐만 아니라 규제 체계 정립, 소부장 생태계 육성, 상용화 주체 등 다양한 이슈 등을 미리 논의하고 준비할 필요가 있다. 우리나라에도 '인에이블퓨전(EnableFusion)' 같은 핵융합 스타트업이 만들어져 민간 주도의 핵융합 생태계 구축을 위해 활동을 시작한 것도 매우 고무적인 일이다. 우리가 핵융합 분야에서 '퍼스트 무버' 위치를 유지하려면 핵융합 발전에 대한 확실한 비전 제시와 함께 정부의 지속적인 투자가 이뤄져야 하고, 기술적 변화에 발 빠르게 대응하며 경쟁력 있는 기술 개발 경로를 찾아나가야 한다.

5. 우주산업 육성, 발상의 전환이 필요하다

하루하루 바쁘게 일상을 살아가는 우리들에게 우주는 어떤 의미일까? 구름없는 날 밤 하늘을 올려다보면 교과서에서 배웠던 금성, 목성, 화성을 선명하게 볼 수 있는데, 이 행성들을 알아보는 사람도 많지 않을 것 같다. 우주 크기가 약 903억 광년이라고 하는데 실제 얼마나 광활하고 얼마나 큰지를 우리 머리로 이해하기는 힘들지만, SF 영화들을 보면서 막연한 상상 속 공간이었던 우주가 어느 날 갑자기 우리 실생활과 밀접하게 연결된 공간이 되었다.

러시아와 우크라이나 간 전쟁에서 스타링크(Starlink)의 활약으로 위성통신의 중요성이 강조되면서, 위성 기술이 생활 속으로 성큼 다가왔다. 아폴로의 달 착륙 이후 50여 년이 넘은 지금 갑자기 많은 나라들이 달에 우주선을 보내고 있다. 우주는 국가 간 경쟁의 장이자, 기업들의 치열한 비즈니스 무대가 되고 있다. 지구를 둘러싼 우주 공간이 인류가 그동안 발사한 위성과 발사체 등 인공 물체로 빽빽해져 우주 쓰레기 처리가 시급한 문제로 대두되었다. 2002년 스페이스X사가 설립될 당시만 해도 우주 발사체의 혁신이 이렇게 빠르게 진행될 것이라 예상한 사람은 없었을 것이다. 다양한 우주 스타트업 기업의 활약으로 우주산업의 판도가 바뀌었고 뉴스페이스 시대가 열렸다. 우주 개발에서도 가성비 등의 경제적 개념이 당연해졌다.

누리호 2차 발사(2022)와 3차 발사(2023) 당시 수 킬로까지 울려퍼진 굉음과 함께 힘차게 솟구쳤던 발사체를 숨죽이며 시켜봤던 우리들은 그날의 가슴 붕클했던 기억을 잊을 수 없을 것이다. 누리호 발사 성공으로 대한민국은 세계에서 일곱 번째로 독자적인 우주 발사체를 개발한 국가가 되었고 2022년 달 궤도선 '다누리'의 성공으로 우주개발 선진국 대열에 당당히 합류했다. 2030년까지 70여 개의 우리 위성이 한반도 상공을 채울 전망이다. 국방용 정찰 위성 수십 기가 발사될 예정이며, 한국형 위성항법 시스템 구축을 위해 8기의 위성도 계획되어 있다. 위성 관제, 데이터 수신 등 폭발적으로 증가하는 수요를 감당하기 위해 제주도에 국가위성운영센터가 개소했고, 민간 우주지상국도 활발하게 운영 중이다.

빠르게 성장하는 우주항공산업을 우리의 미래 먹거리 산업 중 하나로 육성하기 위해서는 정부와 기업 간의 역할 분담을 통한 긴밀한 협력 체계 구축이 중요하다. 우선 정부는 우주 시대를 이끌고 민간 기업을 지원해 나갈 정부 조직으로 '우주항공청'을 2024년 5월 신설했다. 우주청은 우주항공 5대 강국을 목표로 2030년대 달 착륙에 도전할 수 있는 차세대 발사체 개발에 착수했고, 경남, 전남, 대전의 지역별 강점을 살려 특화된 우주산업 클러스터로 지원해 나갔다. 대기업들도 우주 발사체 제작, 위성 개발 등 우주 비즈니스 육성을 위해 본격적인 투자를 시작했고, 초소형 발사체, 초소형 위성, 우주 소재·부품, 우주 탐사, 우주 관광 관련 스타트업도 속속 설립되어 우주 시대에 도전하고 있다.

우리는 여섯 번째로 우주 발사체 개발에 성공했던 인도에 비해서도 30여 년 뒤처져 출발했지만 발사체, 위성 등은 최첨단 기술의 집약체로 연관 분야 기술 발전이 산업 전반에 미치는 파급효과가 크기 때문에 우주산업은 우리가 반드시 육성해야 할 분야다. 선진국 기업들이 한참 앞서고 있으며 첨단 부품 등에 대한 수출 통제도 엄격한 상황에서 우리 기업이 경쟁력을 확보할 수 있는 분야는 어디일까? 차세대 발사체 개발에만 약 2조 원의 예산이 투입되고, 태양권 L4 탐사선 발사 등 우주 탐사 프로젝트에도 수천 억 원이 투입된다. 불확실성이 높고 막대한 자금이 투여되는 분야인 만큼 정부와 기업은 우주 탐사와 우주산업 육성이라는 두 마리 토끼를 잡을 수 있도록 전략적인 분야를 선정하고 그 과정에서 산업 생태계를 육성하는 방안을 함께 고려해야 한다. 프로젝트 기획과 선정에서 가성비, 경제성 등 경제산업적 관점을 적극 도입하고 목표를 명확하게 해야 한다. 참신한 아이디어와 기술력을 가진 민간 스타트업의 성장을 위해 정부가 앞장서서 규제를 완화하고 정부 조달 등을 활용해 성장 사다리를 만들어야 한다.

혁신경제를 위한 규제개혁 과제

김태일 | 고려대학교 행정학과

혁신경제를 위한 정부 정책의 핵심은 무엇이 되어야 할까? 반도체산업을 지원하고 AI 인재를 양성하는 것도 중요하겠다. 하지만 핵심은 규제개혁이 되어야 한다. '혁신(innovation)'이란 예전에 없던 새로운 것을 구상하고 이를 구현하는 것이다. 혁신의 원천은 창의력이며, 창의력의 토대는 자유로움이다. 반면에 규제는 자유를 제한하는 것이다. 그래서 혁신과 규제는 본질적으로 상충한다.[1]

경제사를 훑어보면 규제로 인해 혁신을 이루지 못하고, 그래서 뒤처진 사례는 무수히 많이 발견할 수 있다. 산업혁명의 선두 주자였던 영국이 자동차산업에서 독일에 뒤처지게 된 이유가, 마차를 몰던 마부의 일자리 보전을 위한 '붉은 깃발법'(자동차가 주행하려면 그보다 몇십 미터 앞에서 기수가 깃발로 주의 신호를 보내야 하며, 자동차의 최고 속도를 시내 3.2km, 교외 6.4km로 제한) 때문임은 잘 알려져 있다. 굳이 그 옛날의 해외 사례를 들 필요도 없다. 타다 금지법 논쟁, 세포·유전자 치료제 허용 논란, 빅데이터의 산업화와 개인정보보호의 충돌 등

---

* 이 장을 저술하는 데에는 중소벤처기업연구원 김권식 박사의 조언이 큰 도움이 되었다. 김권식 박사에게 감사드린다.
1 물론 7장 금융혁신 편에서 논의하듯, 규제의 순응 또는 회피 과정에서 혁신이 등장하기도 한다. 하지만 이는 의도치 않은 효과일 뿐이며, 당연히 이보다는 규제 때문에 꽃피우지 못한 혁신이 훨씬 많다.

최근의 우리 사회 사례도 차고 넘친다.

혁신을 위해서는 규제개혁이 필수라는 점은 잘 알려져 있다. 그래서 어느 정부가 출범하든 주요 정책 목표로 규제개혁을 내세웠다. 이명박 정부 때 '전봇대 뽑기'나 박근혜 정부 때 '손톱 밑 가시'라는 표현은 강한 규제개혁 의지를 상징했다. 문재인 정부는 집권 초 4대 복합·혁신 과제라는 것을 제시했는데, 그중 하나가 '4차 산업혁명을 선도하는 혁신 창업국가'이며 이를 위한 핵심과제가 '신산업 성장을 위한 규제 개선 및 제도 정비'였다. 윤석열 정부도 출범과 함께 주요국정과제로 '규제 시스템 혁신을 통한 경제 활력 제고'를 제시했다.

실제로 역대 정부는 나름대로 규제개혁을 위해 애썼다. 그럼에도 불구하고, 예나 지금이나 규제가 경제 혁신의 발목을 잡으며 그래서 '개혁'이 시급하다는 데는 산업계는 물론이고 학계와 언론계도 이구동성이다. 그동안 규제개혁을 추진해 온 정부 당국은 자신들의 노고를 몰라준다고 서운할 수도 있다. 하지만 잘하고 있음에도 괜히 불만이고 트집 잡는 것은 아니다.

각 나라의 경쟁력을 비교해서 순위를 발표하는 기관들이 제법 있다. 그중 그런대로 공신력이 있고, 그래서 국내에서 빈번히 인용하는 것이 스위스 국제경영대학원(IMD)의 평가다. 경영대학원이 주관하는 평가라서 국가경쟁력을 '기업하기 좋은 환경'이라는 관점에서 평가한다. 2024년도 결과를 보면 대한민국의 경쟁력은 67개 평가 대상 국가 중 20위다.[2] 높다고 좋아할 수도 있고 낮다고 실망할 수도 있는 모호한 등수인데, 어쨌든 이 순위가 발표된 이후 정부는 1997년 이래 역대 최고 성적이라고 홍보했다. 역대 최고라고 하니 좋아하는 것이 맞겠다. 그런데 20개 세부 항목 중 가장 낮은 점수를 받은 항목이 기업 규제(business legislation)로 47위다. 비록 IMD가 세계적인 명성을 지닌 경영대학원이라고 해도 전 세계 60여 국가의 세세한 사정을 얼마나 잘 알겠는가? 그러

---

2 각 국가 순위는 IMD 홈페이지의 World Competitiveness Ranking에 나와 있다. https://www.imd.org/entity-profile/korea-rep-wcr/.

니 구체적인 등수에 너무 큰 의미를 부여할 필요는 없을 것이다. 하지만 '기업규제' 항목이 최하라는 것은 다른 부문에 비해 우리의 기업 혹은 경제 관련 규제정책의 경쟁력이 떨어짐을 보여주는 데는 무리가 없다.

우리가 유난히 외부의 평가에 민감한 편이라 IMD 평가를 인용하기는 했지만, 굳이 이런 평가를 들먹이지 않더라도 우리의 규제 현실이 혁신경제 친화적이지 못함은 우리 스스로 알고 있다. 이창용 한국은행 총재는 종종 한국은행 업무 영역을 넘어선 발언을 하지만, 거의 옳은 말이기에 권위를 인정받는다. 그는 2025년 초에 한국 경제의 현실을 평가하면서 "정부가 가장 뼈아프게 느껴야 할 것은 10년간 신산업이 도입되지 않았다는 점"이라면서, "창조적 파괴 속에 누군가는 고통받기 마련인데 이것저것 피하다 보니 신산업이 하나도 도입되지 않았다"라고 했다. 이 평가에 많은 사람이 동의할 것이다.

모든 정부가 규제개혁의 중요성을 강조함에도 여전히 제대로 된 개혁이 이뤄지지 않는 것은 왜일까? 하나하나 따지자면 수십 가지를 댈 수 있겠다. 하지만 나는 다음의 세 가지를 근본 이유로 꼽겠다.

하나는 규제가 내세우는 장점(기존 이익 보호)이 그로 인한 단점(잠재적 손실)보다 선명하기 때문이다. 역으로 규제를 개혁함으로써 얻을 장점(잠재적 이익)보다는 그 단점(기존 이익 침해)이 더 크게 느껴지기 때문이다. 영국 자동차산업 성장의 발목을 잡았던 '붉은 깃발법'은 기존 운송산업을 보호하기 위함이었다. 일상생활에서 생산되는 각종 빅데이터가 엄청난 부가가치를 창출할 수 있음에도 이를 제한하는 것은 개인의 프라이버시를 보호하기 위함이다. 모든 정책은 장점(이득)과 단점(손실)을 지니기 마련인데, 이는 규제 분야도 마찬가지다. 그래서 새로운 규제를 만들거나 기존 규제를 개혁할 때는 그로 인한 장점과 단점을 비교 형량해야 한다. 그런데 대부분의 규제는 장점이 단점보다 선명하게 부각되며, 역으로 대부분의 규제개혁은 단점이 장점보다 더 크게 다가온다. 대체로 규제를 통해 보호하는 것은 기존 이익이며, 억제하는 것은 미래 이익이다. 기존 이익은 확실하지만, 미래 이익은 불확실하다. 기존 이익의 침해에는 이미 형성된 이익집단이 거세게 반발한다. 반면에 미래 이익은 이익집단이 가시화되어 있지 않다.

영국의 '붉은 깃발법'은 잘못된 규제가 어떻게 산업 발전을 저해하는가의 대표 사례로 회자된다. 하지만 이는 훗날의 판단이다. 당시에는 기존 운송산업을 보호하며, 자동차라는 검증되지 않은 교통수단으로 인한 인명 피해를 줄인다는 명분이 당당했다. 반면에 이제 막 움트기 시작한 자동차가 산업사회의 총아가 될 줄을 그때는 알 수 없었다. 당시 영국 사회는 '붉은 깃발법'의 장점(필요성)이 단점(손해)보다 크다고 여겼을 것이다.

규제개혁이 어려운 데는 규제를 만드는 관료와 국회의원의 인센티브 체계도 큰 몫을 한다. ① 기존 업무를 그대로 유지해서 기존보다 잘한 것도 없지만 못한 것도 없이 무탈한 것, ② 기존 업무를 적극적으로 개혁했는데, 결과적으로 10 중에 7은 잘했으나 3은 못한 것. 대한민국 공무원은 둘 중에 어느 것을 택하겠는가? 무탈하게 현행을 유지하면 문책당할 일은 없다. 그러나 7을 잘해도 3을 잘못하면, 잘한 7은 공무원으로서 마땅히 해야 할 일로 치부될 뿐이고 잘못한 3만 문제 삼는다. 이런 구조에서 기존 규제를 적극적으로 개혁하겠다고 나설 리가 없다. "다른 나라는 이렇게 잘하고 있는데, 왜 우리는 이런 규제 때문에 할 수 없느냐"는 비난이 거세서 안 하면 안 될 분위기가 되어야 비로소 착수한다. 하지만 오늘날의 급변하는 경제·사회 환경에서, 늑장 개혁은 소 잃고 외양간 고치는 격이기 십상이다.

우리나라 국회의원의 대다수는 의욕이 충만하다. 사회문제가 발생해서 언론에 보도되기만 하면 적극 나선다. 국회의원의 문제해결 수단은 입법이다. 민의를 대변하는 선량으로서 민생고 해결을 위해 앞장서는 것은 칭찬할 일이다. 하지만 그러다 보니 굳이 법률로 풀 만한 게 아닌 사항들을 일일이 법률로 규제한다. 그 결과 법률끼리 충돌하는 경우도 흔하고, A를 해결하기 위해 만든 법률이 B의 발목을 잡는 경우는 부지기수다. 중구난방식 규제 법률이 양산되어서, 이를 깔끔하게 정리 정돈하는 것은 참으로 지난한 일이다.

규제개혁이 늦장인 데는, 반응성(responsiveness)이 느리다는 법규의 속성 탓도 있다. 법규는 안정성이 생명이다. 법규가 안정적이려면 쉽게 바뀌지 않아야 한다. 게다가 법규의 개정 절차 자체도 상당한 시간이 걸린다. 그래서 경제·사회 환경이 빠르게 변해서 기존 규제가 적합하지 않게 되었다고 해도, 그때마다 신속히 바꾸기는 어렵다.

이와 같은 특성들로 인해, 급변하는 경제·사회 환경에 시의적절하게 대응하면서 우리 사회가 더 나은 미래로 나아가는 데 견인 역할을 하는, 좋은 규제와 바람직한 개혁은 이뤄지기 어렵다. 물론 이런 규제 특성들은 우리에게만 해당하는 것은 아니다. 정도의 차이는 있겠으나 모든 국가가 공통으로 안고 있다. 그럼에도 앞서 살펴보았듯 우리의 규제 실력에 대한 외부의 평가가 박하고 우리 스스로 규제로 인한 폐해를 느낀다면, 확실히 우리의 규제 현실은 크게 바뀌어야 한다. 이를 위해 일단 우리의 규제개혁 현황을 훑어보자. 그리고 무엇이 미진한지, 어떻게 바꿔야 하는지 개혁 과제를 따져보자.

1. 규제개혁 현황을 평가한다면

국정과제로 규제개혁이 등장한 것은 김영삼 정부 때부터다. 김영삼 정부의 경제개혁 조치로는 금융실명제가 가장 유명하다. 그만큼 알려지지는 않았지만, 당시 규제개혁을 내세우면서 규제실명제라는 것도 도입했다. 규제법령을 입법 예고할 때는 이를 만든 공무원의 이름도 밝히는 것이었다. 그리고 '기업활동규제완화에대한특별조치법'도 제정했다.[3] 김영삼 정부의 경제정책 기조가 세계화, 자유화였던 만큼 규제 완화에 관심을 가진 것은 당연하다.

---

[3] 역대 정부의 규제개혁에 대해서는 다음 글에 잘 설명되어 있다. 김기만·배관표, 「한국 규제개혁정책의 역사와 전망: 역사적 신제도주의의 관점에서」, 《한국행정사학지》, 54(2022), 85~113쪽.

하지만 규제개혁이 본격적인 화두가 된 것은 김대중 정부 때다. 김대중 정부는 IMF 외환위기 와중에 출범했다. 신자유주의 기치를 내세운 IMF는 달러를 빌려주면서 우리 사회 다양한 부문의 개혁을 요구했다. 비단 IMF의 요구뿐만 아니라, 규제개혁은 김대중 대통령 본인의 경제철학과도 부합했기에 적극적으로 추진되었다. 이를 위해 지금도 규제정책의 핵심 기구인 규제개혁위원회를 대통령 직속으로 만들었으며 행정규제기본법도 시행했다.[4] 단, 이전의 급속한 개방 및 그에 부응하는 필요한 규제를 갖추지 못한 것이 외환위기를 촉발한 측면도 있었으므로, 당시의 규제개혁은 단순히 규제를 푸는 것뿐만 아니라 시장경제 질서 확립에 필요한 규제를 도입 또는 재규제하는 것이 중요했다.

지금 우리가 고민하는 형태의 규제개혁, 즉 혁신경제를 견인하고 신산업을 촉진하기 위한 규제개혁 논의는 이명박 정부 때부터 본격화되었다. 규제의 방향을 포지티브 방식에서 네거티브 방식으로 전환해야 한다는 주장도 이때 나왔다. 포지티브 방식과 네거티브 방식은 원래 통상 분야에서 사용하던 용어다. 대외 무역에서, 수출입 허용 품목을 명시하고 나머지 품목은 금지하는 것을 포지티브 리스트 규제라 하고, 반대로 수출입 금지 품목을 명시하고 나머지 품목은 허용하는 것을 네거티브 리스트 규제라고 한다. 이를 규제 전반으로 확대해서 허용되지 않은 것은 금지된다는 '원칙 금지, 예외 허용'이 포지티브 방식 규제이고, 금지되지 않은 것은 허용된다는 '원칙 허용, 예외 금지'가 네거티브 방식의 규제다.[5]

당연히 혁신을 위해서는 허용, 즉 자유가 원칙인 네거티브 방식이 유리하다. 그래서 규제 방식을 포지티브에서 네거티브로 바꿔야 한다는 얘기는 규제개혁 논의 때마다 나온다. 맞는 말이다. 그런데 모든 규제가 네거티브 방식이

---

4 엄밀히 따지면 '행정규제기본법'의 실행은 김대중 정부 들어서이지만, 제정에 착수하고 통과된 것은 김영삼 정부 때다.
5 포지티브와 네거티브 규제의 특성은 다음 글에 잘 설명되어 있다. 양천수, 「포지티브 규제와 네거티브 규제: 의의와 배경을 중심으로 하여」, ≪법학논총≫, 31(1)(2024), 89~120쪽.

될 수는 없다. 아니, 정확히 말하면 다수 규제는 네거티브 방식이 되기 어렵다. 국민의 안전을 위한 규제를 생각해 보라. 기존에 존재하는 제품만 위험성을 규제하고 신제품은 아무리 위험해도 규제할 수 없다? 말이 안 된다. 그런데 포지티브 규제하에서 기존에 없던 제품을 출시하려면 해당 규제 법규를 바꿔서 허용 품목에 포함해야 한다. 개정 자체에 시간이 오래 걸릴 뿐 아니라, 관료의 인센티브 체계에서는 신제품의 안전성이 확실히 입증되지 않은 한 이를 허용하지 않는 것이 유리하다.

네거티브 방식은 이상적이다. 하지만 이를 현실에 그대로 적용하기는 어렵다. 그래서 문재인 정부 들어서는 '포괄적 네거티브 규제'라는 개념이 새롭게 등장했다. 기존의 네거티브 방식이 '원칙 허용, 예외 금지'라면 포괄적 네거티브 규제는 '우선 허용, 사후 규제' 방식이다. 우선 허용한 뒤, 장단점을 파악하고 그 후에 필요한 규제를 하는 것이다. 대표적인 것이 '규제샌드박스' 제도다. 이는 새로운 제품·서비스를 일정 조건(기간·장소·규모 제한)에서 기존 규제의 적용 없이 우선 허용한 후, 유통 과정에서 수집된 데이터를 토대로 사후에 필요한 규제를 행하는 것이다. 샌드박스는 아이들이 뛰노는 모래놀이터를 의미한다. 비유하자면 일단 안전한 모래놀이터에서 마음껏 뛰노는 것을 관찰한 다음, 일반 운동장에서 뛰놀 수 있는 안전장치를 만든다는 것이다.

규제샌드박스로 대표되는 '우선 허용, 사후 규제'의 포괄적 네거티브 방식은 포지티브 방식과 네거티브 방식의 하이브리드라고 할 수 있겠다. 기존의 규정에 없다고 신산업을 금시(포지티브 방식)할 수는 없지만, 그렇다고 어떤 문제가 있을지 모르는 상황에서 무조건 허용(네거티브 방식)할 수도 없으니 조건부로 허용한 후에 확실한 판단을 할 수 있을 때 필요한 조치를 하려는 것이다. 규제샌드박스는 전 세계 60여 국가에서 운영하고 있다.

문재인 정부는 포괄적 네거티브 규제 활성화를 위해 기존의 '행정규제기본법'을 대폭 개정했다. 예를 들어 규제원칙을 제시한 5조에서 5조의2를 신설해 신기술을 활용한 새로운 서비스·제품 관련 규제에는 '우선 허용·사후 규제' 원칙을 적용하라고 명시했다. 그리고 19조의3에서는 신기술 서비스·제품의 육성을 저해하는 경우 해당 규제를 신속히 정비하라고 규정했다. 아울러 19조의4에서는 신산업 육성, 촉진을 위해 신산업 분야 규제정비에 관한 기본계획을 3년마다 수립해 시행하라고 규정했다. 참으로 훌륭하지 않은가?

우리나라 행정의 특징 중 하나는 외화내빈이다. 겉으로 갖춰진 제도는 그럴싸하지만, 실제 운영은 그렇지 않다는 얘기인데 이는 규제 행정에도 그대로 적용된다. '행정규제기본법'이 표방하는 목적이 충실히 지켜지고, 규제샌드박스가 취지대로 활발히 운영된다면 우리의 규제개혁은 대성공일 것이다. 능히 짐작할 수 있듯 현실은 그렇지 않다. 어찌하면 우리의 규제개혁이 성공해서 혁신경제를 견인할 수 있을까? 이를 위해 필요한 과제를 짚어보자.

2. 규제샌드박스를 제대로, 적극적으로 운영하자

현재 규제샌드박스는 7개 부처에서 8개 사업으로 시행하고 있다. 예를 들어 과기정통부에는 ICT 융합, 산업부에는 산업융합, 금융위원회에는 혁신금융, 국토부에는 스마트도시와 모빌리티 관련 규제샌드박스가 있다. 8개 사업마다 규제샌드박스를 위한 개별법이 있으며, 개별 규제샌드박스마다 주관 부처 장관을 위원장으로 하는 민관 합동의 '특례심의위원회'를 둔다.[6]

규제샌드박스의 내용은 세 가지로, 신속확인, 실증특례, 임시허가다.[7] 신속확인은 신기술 활용 사업을 하려는 기업이 관련 규제 유무 등을 문의하면 정부

---

[6] 예를 들어 ICT 융합 관련 규제샌드박스를 위해서는 '정보통신융합법'이, 혁신금융을 위해서는 '금융혁신법'이, 산업융합을 위해서는 '산업융합촉진법'이 있다.

[7] 한편, 이와 별개로 적극해석이라는 것도 있다. 실증특례와 임시허가는 사업 추진을 위해 관련 법규 정비가 필요한 경우, 법규 정비 이전까지 규제를 유예하는 것이다. 그런데 법규 정비는 필요치 않고 소관 부처의 유권해석으로 사업 수행이 가능하면, 실증특례나 임시허가 대신 적극해석을 통해 사업이 가능하게 하는 것이다.

가 30일 이내에 답하는 것이다. 30일 이내 답이 없으면 규제가 없는 것으로 간주한다. 실증특례는 신기술의 제품·서비스 사업을 하려 할 때, 관련 법규가 없거나 부적절하면 일정 조건(기간·장소·규모 제한)에서 규제를 적용받지 않고 사업을 할 수 있게 허용하는 것이다. 이후 실증 결과에 따라 규제 개선 필요성이 인정되면 정부는 관련 법령을 정비한다. 임시허가는 신제품·서비스의 안정성이 입증되었음에도 관련 법규 미비로 시장 출시를 할 수 없는 경우, 임시로 판매허가를 받아서 출시하고 정부는 관련 규제를 개선하는 것이다.

신속확인, 실증특례, 임시허가 중 핵심은 실증특례다. 이는 제한된 조건에서 우선 사업을 해보고 별문제가 없다고 인정되면 관련 규제를 개선해서 사업을 하도록 허용하는 것으로, 이게 규제샌드박스의 본래 목적이다. 물론 이미 안정성이 입증된 경우는 실증특례를 거치지 않고 바로 임시허가를 받아서 시장에 진출하고, 나중에 법규를 정비할 수 있지만 이런 경우는 많지 않다.

규제샌드박스는 2019년부터 실행했으니, 2025년 현재 6년 차에 접어들었다. 이 정도면 제대로 성과 평가를 할 때가 되긴 했다. 전문가들에게 물어보면 대체로 '절반의 성공'이라고 평가할 것 같다.[8] 이는 가장 안전하며 손쉬운 답변이기는 하다. 긍정적인 성과는 있었지만, 애초의 취지를 충분히 달성하지는 못했으므로 더 열심히 해야 한다는 뜻이니, 어떤 정책이든 대차게 말아먹거나 완벽하게 성공하지 않은 이상 해당될 것이기 때문이다. 비록 뜨뜻미지근한 평가이지만 어쨌든 절반의 성공이라는 것을 받아들인다면, 중요한 것은 나머지 절반의 실패는 왜 발생했고 이들 어떻게 고칠 것인지가 되겠다.

신기술을 활용한 사업을 하려는 기업들은 현행 규제샌드박스에 대해 여러 가지 개선 요구를 한다. 그중에는 실증특례를 통과하면 사업화 성공을 위한 다양한 지원책을 제공해 달라는 것도 있다. 이는 규제샌드박스 안에 신산업 진출

8　규제샌드박스의 현황과 평가는 다음 글에 잘 나와 있다. 김권식, 「규제샌드박스 제도 시행에 따른 정책적 시사점과 정부의 새로운 역할」(중소기업 포커스, 22-15)(중소벤처기업연구원, 2022).

의 걸림돌이 되는 규제 개선뿐만 아니라 신산업 발전을 지원하는 세제·금융·인력·연구개발 등 각종 지원책까지 담자는 것이다. 이른바 규제샌드박스를 메가샌드박스로 확대하자는 것이다.

규제샌드박스를 메가샌드박스로 확대하면 신산업 발전에 도움이 되기는 할 것이다. 하지만 그보다 우선되어야 할 것은 규제샌드박스가 소기의 목적을 충실히 달성하게 하는 것이다. 다시 강조하지만 규제샌드박스는 현행 법규로 신산업 진출이 어려울 때, 일정 조건하에 허용한 후에 안전성 등의 문제가 없으면 관련 법규를 개선해서 신산업을 허용하자는 것이다. 우리의 주된 규제 법규 형태인 포지티브 방식에서는 기존에 없는 새로운 제품·서비스 출현이 어려우니, '조건부 허용 이후 관련 규제정비'라는 대안으로 활로를 뚫은 것이다. 이런 규제샌드박스의 취지가 십분 구현되었다면 "지난 10년간 신산업이 없었다", "이것저것 피하다 보니 신산업이 하나도 도입되지 않았다"라는 한국은행 총재의 질타도 나오지 않았을 것이다.

규제샌드박스라는 묘수가 있음에도 혁신적인 신산업 등장이 안 된 이유는 한국은행 총재의 지적처럼 규제샌드박스에 포함하는 신산업을 정할 때도 이것저것 피했기 때문이다. 이해관계 집단의 반대가 심한 사안은 애초에 규제샌드박스 과제로 채택되지 않는다. 그리고 실증특례 과제로 채택되더라도 안전성 검증에 까다로운 부가 조건을 붙여서 통과가 쉽지 않게 한다. 공유경제, 원격진료, 모빌리티, 빅데이터 활용 등 사회적으로 논란이 큰 분야는, 논란의 소지를 피하고자 제한적으로만 규제샌드박스 과제로 채택하다 보니 정말 혁신적인 신산업 도입은 어렵다.

정부도 이를 인지하고 이해관계 집단의 반대나 심한 것들도 좀 더 과감하게 규제샌드박스에 포함하려 하기는 한다. 가령 '신산업규제혁신위원회'라는 조직을 두고, 이 위원회로 하여금 이해관계집단의 반대가 있을 때 조정하게 하고 실증을 위한 부가조건의 적정성을 검토하게 한다. 그리고 관련 부처가 실증특례에 따른 후속 법령 정비에 늑장 부리지 않도록 종용한다. 이는 바람직하다.

이 위원회가 강한 권한을 갖고 적극적으로 작동해야 한다. 그러나 그럼에도 이 위원회만으로는 한계가 분명하다.[9]

규제 법규 체계는 법률-시행령-시행규칙-조례로 이뤄져 있다. 그리고 공식적인 분류는 아니나 규제 내용의 중요성에 따라 핵심 규제와 그로부터 파생되는 언저리 규제로 나눌 수 있다. 이해집단 간 갈등이 심하거나 신산업 진출에 중요한 핵심 규제 중에는 법률 형태인 것이 많다. 그런데 법률 개정은 입법사항이라서 규제샌드박스를 통한 법령 정비로 이뤄지기 힘들다. 이를 위해서는 국회의 협조가 중요하다. 신산업 진출 관련 규제는 아니지만, 반도체산업 활성화에 중요하다고 하는 '주 52시간 근무제'를 떠올리면 이해가 쉽다. 주 52시간 근무 제한을 푸는 것이 반도체산업 발전에 얼마나 중요한지는 논외로 하자. 이런 사회적으로 갈등이 심한 규제를 규제샌드박스 내 위원회에서 다룰 수 있겠는가? 권한도 없을뿐더러 있더라도 하지 못한다. 이런 건 국회가 풀어야 한다.

3. 규제개혁에는 국회 협조가 절실하다

신산업 진출의 걸림돌이 되는 규제 중에는 행정부가 의지가 있고 적극적으로 임하면 개혁할 수 있는 것도 다수다. 하지만 정말 핵심이 되는 걸림돌 규제 중

---

[9] 이와 관련해 공유숙박에 관한 규제가 풀릴지 흥미롭다. 현행은 '관광진흥법' 시행령 2조에 따라 도시 민박은 외국인에게만 허용되는데, 이를 내국인에게도 허용할 것인지의 문제다. 규제샌드박스를 통해 '위홈'이라는 공유숙박 플랫폼이 내국인 공유숙박 실증특례를 통과하고 임시허가 단계에 있다. 임시허가를 받으면 관련 규정을 정비해야 한다. 그러려면 '관광진흥법' 시행령을 개정해서 내국인 제한을 풀어야 한다. 내국인의 공유숙박 제한을 풀라는 요구는 오래전부터 있었지만, 기존 숙박업체의 반대로 여지껏 이뤄지지 못했다. 규제샌드박스 제도를 활용함으로써 과연 내국인 대상 도시 민박 규제가 풀릴지, 허용하더라도 기존 숙박업체의 반발을 고려해서 어떤 제한이 가해질지가 흥미로운 지점이다.

에는 국회가 풀어야 하는 것들이 많다. 두 가지 때문이다. 하나는 전술했듯 법률 개정은 입법권을 지닌 국회의 고유 업무이기 때문이다. 또 하나는 이해관계 집단 간 갈등 해결 혹은 조정은 행정보다는 정치의 영역에서 풀어야 하는 것이 많기 때문이다. 이 때문에 제대로 된 규제개혁을 위해서는 국회의 협조가 필수적이다. 국회의 협조를 얻는 구체적인 방안으로 필자는 다음의 둘이 필요하다고 주장한다.

1) 국회에 (신산업 발전을 위한) 규제개혁 특별위원회를 설치하자

국회의원은 당선을 목표로 한다. 선거에서 이기려면 표를 많이 얻어야 하고, 그러려면 이익집단의 눈치를 볼 수밖에 없다. 그래서 국회의원 개개인은, 필요성에는 동의하더라도 이익집단의 반대가 심하면, 규제개혁 입법을 할 수 없다. 그렇다면 규제개혁이라는 사명을 지닌 특별 위원회를 설치해서 조직이 대응하게 하는 것도 한 방법이다. 조직의 의의는 조직을 만든 목적, 조직에 부여된 미션을 달성하는 데 있다. 그래서 '혁신경제 혹은 신산업 발전을 위한 규제개혁'이라는 미션을 지닌 위원회를 만들면, 이 위원회는 규제개혁을 위해 노력하게 된다.

위원회를 만든다고 이익집단 눈치 보기가 사라지지는 않을 것이다. 하지만 이익집단과 규제개혁을 함께 고려하므로 어느 정도 균형 있는 판단이 가능하다. 사실 이익집단을 무시한 규제개혁은 이뤄지기도 어렵지만 바람직하지도 않다. 규제개혁은 이익집단을 설득하고 갈등을 조정하면서 이뤄져야 한다. 그래야 수용성을 지닐 수 있다.

규제개혁의 범위는 광범위하다. 혁신경제나 신산업 발전을 위한 목적 이외에도, 국민의 삶에 큰 영향을 미치는 규제개혁은 많다. 그리고 이런 규제개혁의 상당수는 국회의 역할을 필요로 한다. 하지만 일단은 규제개혁 특별위원회의 목적을 신산업 발전으로 한정하는 것이 좋겠다. 그래야 집중하고, 집중해야

그나마 유의미한 결실을 얻을 수 있다.

특별위원회가 해야 할 일은 두 가지다. 첫 번째는 당연히 신산업 진출의 걸림돌이 되는 주요 규제 입법의 개혁이다. 이를 위해서는 '4대 핵심 규제 입법 개혁' 같은 분명한 목표를 설정하는 것이 효과적이겠다. 두 번째는 신산업 관련 경제질서 구축을 위한 규제 입법 개혁이다. 통상 규제개혁이라고 하면 기존 규제를 완화하는 것으로 이해한다. 물론 대다수의 규제개혁은 규제 완화에 해당한다. 그러나 개혁은 기존의 것을 새롭게 바꾼다는 의미이며, 여기에는 완화뿐만 아니라 신설 혹은 강화도 포함된다.

신산업은 기존에 없던 산업이 생기는 것이다. 그래서 기존 규제가 적합하지 않으면 바꿔야 한다. 아울러 신산업 생태계 정착을 위해 새로운 규정이 필요하면 만들어야 한다. 경제가 활발하게 움직이려면 단단한 기반이 필요하다. 기업이 자유롭게 활동하기 위한 기반을 만드는 것이 기업 규제의 본래 목적임을 잊지 말자.

구체적인 예를 통해 신산업 관련 경제질서 구축을 위한 규제개혁의 의미를 명확히 하자. 최근 온라인 플랫폼 규제 논의가 활발하다. 온라인 플랫폼은 검색, 쇼핑, 배달, 이동, 금융, 여가활동 등 삶의 모든 영역에 자리 잡았다. 온라인 플랫폼은 혁신경제의 중요한 수단이며, 이를 통해 새로운 서비스가 창출된다. 온라인 플랫폼은 이용자가 많을수록 유용성은 커진다. 그래서 온라인 플랫폼은 태생적으로 독과점을 지향한다. 독과점은 불공정거래를 낳는다. 불공정거래는 그 자체로 위법부당한 것이며, 경쟁을 제한하고 혁신을 저해한다.

바람직한 온라인 플랫폼 생태계 구축을 위해서는 플랫폼 간에, 플랫폼과 입점업체 간에, 플랫폼과 소비자 간에 공정거래를 보장하면서, 이것이 경쟁과 혁신을 촉진하도록 해야 한다. 말하기는 쉽지만 달성하기는 어렵다.

이와 관련해 이미 '온라인 플랫폼 독점규제법'과 '온라인 플랫폼 독점규제 및 거래공정화에 관한 법' 등의 법안이 발의되어 있다. 그런데 이 법안들이 과연 '공정거래'와 함께 '경쟁·혁신 촉진'이라는 두 목표를 달성하기에 적합한가에는 의문이 있다. 바로 뒤에서 논의하듯이 이런 신산업 관련 규제 법안은 개별 의원의 의원 입법으로는 한계가 존재한다. 그래서 특별위원회가 필요하다.

특별위원회는 여야가 함께한다. 그리고 행정부는 물론이고 전문가·이해관계집단이 포함된 자문위원회의 도움을 받을 수 있다. 또한, 공청회는 물론이고 공론화 과정을 통해 여론을 수렴할 수도 있다. 국회에서도 규제개혁 특별위원회가 만들어져서 신산업 진출을 걸림돌을 제거하고 바람직한 신산업 생태계를 구축하는 규제개혁을 꼭 이뤄내면 좋겠다.

2) 규제입법영향평가제를 도입하자

대한민국 국회처럼 열심히 일하는 국회는 달리 찾기 어렵다. 지난 21대 국회에 제출된 법안은 총 2만 5,858건이다. 이 중 행정부가 제출한 것은 831건이니 나머지 2만 5,000건 정도가 의원 발의 법안이다(정확히는 의원 안이 2만 3,655건, 위원회 안이 1,372건이다).[10] 이 중 2,959건이 가결되어서 가결률은 11.4%이다. 발의 건수도 어마어마하고 가결된 숫자도 매우 많다. 4년간 약 3,000건이 가결되었으니 매일 2개 이상의 법이 만들어진 것이다. 2만 5,000건이 발의되었으니 의원 1인당 평균 83건 이상을 발의한 것이다. 4년간 83건이면 대략 매달 두 건 가까운 법안을 개개 의원마다 만든 셈이다.

우리의 국회의원이 열심히 일하는 것은 고마운 일이다. 그런데 한번 생각해보자. 모든 의원이 매달 두 건 가까운 법안을 만든 셈인데, 얼마나 법안 만드는데 노력을 들였을까? 짧은 기간에 만든다고 허투루 하지는 않겠지만, 아무래도 오랜 기간 고민하고 만든 것보다는 부실하기 쉽다. 의원 발의 법안 중에는 규제 법안도 매우 많다. 사회문제가 발생하면 곧바로 이를 방지하기 위한 규제 법안이 발의되고, 이익집단의 요구가 있으면 또 이들을 보호하는 규제 법안이

---

10   전진영·김현아, 「제21대 국회 입법활동 분석」, ≪NARS info≫, 156(2024).

재빨리 발의된다. 그러다 보니 시야가 좁고 부작용이 심한 법안도 다수 만들어진다. 이런 법안의 다수는 기간 만료로 그냥 폐기되지만, 위원회에 상정되고 본회의를 통과하여 법률로 되는 경우도 제법 된다.

이런 폐해를 방지하기 위해 꽤 오래전부터 '입법영향평가'를 도입하자는 논의가 있었다. 이는 법안의 경제적·사회적 영향을 분석해서 법안의 실효성과 부작용을 사전에 검토함으로써 법안의 질을 높이려는 제도다. 많은 국가에서 실시하고 있다. 우리도 17대 국회 때부터 입법영향평가 도입을 위한 국회법 개정이 추진되었으나 모두 실패했다. 21대 국회에서도 관련 법안이 여럿 발의되었다가 폐기되었으며, 이번 22대 국회에서도 입법영향평가 도입을 위한 국회법 개정안이 세 건 발의되었다. 오래전부터 도입을 추진했지만 성사가 안 된 이유는 간단하다. 감히 국회의원의 고유권한인 입법권을 제한하려 한다는 것 때문이다.

국회의원의 입법권은 존중받아 마땅하다. 하지만 마구잡이식 법안 양산을 방치하는 것이 입법권을 존중하는 최선은 아닐 것이다. 오히려 법안이 미칠 경제·사회적 영향을 전문기관이 사전에 분석함으로써 좀 더 완성된 양질의 법안이 되도록 돕는 것이 입법권을 존중하는 더 좋은 방안이다. 모든 법안을 대상으로 입법영향평가를 하는 것이 부담된다면, 규제 관련 법안만을 대상으로 영향평가를 실시할 수 있다. 이미 '행정규제기본법'의 규정에 따라 규제 관련 행정입법은 규제영향 분석을 거쳐야 한다. 그런데 국민의 삶에 큰 영향을 미치는 규제 법안 중에는 의원입법이 훨씬 많다. 따라서 규제 관련 의원입법도 규제영향평가(분석)를 받도록 할 필요가 있다. 단, 이 경우에는 국회를 존중하는 차원에서 행정부 소속기관 대신 국회 소속기관, 가령 입법조사처가 규제영향평가를 담당하는 것이 바람직하다.

4. 한시적이라도 강력한 규제개혁 조직이 필요하다

현행 규제개혁체계의 중심 조직은 규제개혁위원회다.[11] 규제개혁위원회는 규제정책을 심의·조정하고 규제의 심사·정비 등에 관한 사항을 추진하기 위해 설치된 대통령 소속 위원회로, 위원장은 국무총리와 민간위원장이 공동으로 맡는다.

1998년에 만들어진 규제개혁위원회는 그동안 나름의 역할을 해왔다. 그런데 2000년대 초반까지의 초기와 그 이후의 역할은 다소 다르다. 단순화하면 초기에는 제법 굵직한 거시적인 개혁도 많이 해낸 반면, 그 이후에는 미시적인 개별 사안에 대한 개선 과제를 주로 다뤘다. 예를 들어 규제개혁위원회는 발족 첫해에 규제코드제도를 실시했다. 각 부처 소관의 규제를 신고받아서 규제 코드를 부여하고, 코드가 없는 규제는 원칙적으로 무효로 간주하는 것이다. 이는 그 전까지 알 수 없었던 각 부처가 보유한 규제의 규모와 내용을 파악하기 위함이었다. 코드 부여로 파악된 규제 건수는 1만 5,500개가 넘었다. 그러자 김대중 대통령은 1년 이내에 소관 규제의 절반을 없애라고 모든 부처에 지시했다. 이후 규제개혁위원회와 각 부처의 공조 속에 불필요한 규제의 정리에 들어갔고 규제 숫자는 절반으로 감소했다. 또한, 규제개혁 제도로 도입된 규제일몰제, 규제영향평가제도, 규제총량제 등이 정착하는 데도 초기 규제개혁위원회의 공이 컸다.

앞으로의 규제개혁 필요성은 김대중 정부 때에 못지않을 것이다. 당시의 규제개혁이 IMF 외환위기 이후 시장경제 질서의 새 판을 짜기 위함이었다면, 오늘날 규제개혁은 AI·로봇·바이오 등 4차 산업혁명의 급물살 속에서 한국 경제가 다시금 경쟁력을 갖추기 위함이다. 그래서 2025년 이후 정부에서는 규제개혁의 중심 조직이 강력한 힘을 갖고 거시적인 규제 체계 개편을 추진해야 한다.

---

11   혹은 관점에 따라서는 국무조정실로 볼 수도 있다.

규제개혁의 중심이 되는 역할은 기존의 규제개혁위원회가 맡아도 된다. 혹은 심기일전해서 새 술은 새 부대에 담아야겠다고 판단하면 새롭게 구성할 수도 있다. 미국의 트럼프 정부가 일론 머스크를 수장으로 하는 정부효율부(Department of Government Efficiency, DOGE)라는 임시 기구를 설립해 적극적인 정부 효율화에 나섰듯이, 우리도 한시적인 기구를 설치하여 강력한 규제개혁을 추진할 수 있다.[12] 필자가 '한시적'을 강조하는 것은 반드시 임시 기구여야 한다는 의미에서가 아니다. 강한 추진력으로 목표를 달성해야 한다는 의미에서다. 상시적 기구의 업무는 루틴하게 흐를 수 있다. 그러나 분명한 목표를 설정하고 이를 일정한 기간 내에 달성하자는 것이다.

과거에도 그렇고 지금도 그렇고 대통령 소속 위원회로는 다수가 존재했다. 그중 정말 성공적으로 목표를 달성했다고 할 수 있는 위원회는 많지 않은데, 그중 하나가 김대중 정부 시절의 전자정부특별위원회이다. 이 위원회가 성공할 수 있었던 가장 중요한 요인은 대통령의 관심이었다. 김대중 대통령 본인이 전자정부에 관심이 워낙 컸기에 전자정부특별위원회 회의에 대통령 비서관이 참석하게 하고, 매주 진행 상황을 보고하게 했다. 대통령이 관심을 쏟으니 일의 진척이 과감하고 빠를 수 있었다. 규제개혁위원회가 초기에 많은 일을 할 수 있었던 것도, 김대중 대통령이 관심을 기울였기 때문이다. 2025년 이후 정부에서 신산업 진출을 견인하는 규제개혁의 성패 역시 대통령이 얼마나 관심을 기울이는가에 상당 부분 달려 있다.

대통령이 관심을 기울이고 한시적이시만 강력한 힘을 실어준다면 (어떤 형태가 되든) 규제개혁기구는 큰일을 할 수 있을 것이다. 그렇다면 이 조직이 어떤

---

12 이는 이명박 정부 때의 국가경쟁력강화위원회와 유사한 형태가 될 수 있다. 혹은 김영삼 정부 때의 행정쇄신위원회 같은 형태가 될 수도 있다. 행정쇄신위원회에는 민간 부문의 규제개혁과 정부 부문의 행정개혁을 모두 담당했다. 필자는 2025년 이후 정부에서는 규제개혁과 행정개혁 양자가 모두 절실하다고 믿는다. 만일 대대적인 정부 조직 개편이 이뤄진다면, 김대중 정부 때의 기획예산처 같은 중앙행정부처를 설치하고 그 안에 규제개혁실과 행정개혁실을 둘 수도 있을 것이다.

일을 해야 하는지를 생각해 보자.

5. 국회와 공조하여 큰 규제개혁 과제를 수행하자

앞서 국회에 규제개혁 특별위원회를 설치하고 중요한 규제 관련 법률을 개혁해 신산업 진출촉진 및 관련 생태계 조성을 달성해야 한다고 주문했다. 입법은 국회의 권한이므로 규제 관련 중요 법률의 제정·개정에서는 국회의 역할이 중요하다. 하지만 당연히도 규제개혁은 행정부와 독립적으로 국회에서 이뤄질 수 없다. 입법사항인 중요한 규제개혁에는 국회와 행정부의 공조가 필요하다. 앞으로 설치될 이 행정부 규제개혁조직이 국회의 카운터파트가 되어 중요한 규제개혁을 함께 이뤄가야 한다. 행정부와 입법부는 견제와 균형도 중요하지만, 국가적 과업을 이루는 데는 긴밀한 협력이 필요함은 두말할 나위가 없다.

6. 규제 법규 체계를 정비하자

1) 포지티브에서 네거티브로의 전환을 검토하라

우리의 규제 법규는 포지티브 방식이 주류이다. 규제의 목적상 포지티브일 수밖에 없는 것이 다수겠지만, 그렇지 않은 것도 있다. 과거에는 포지티브 방식이 적합했으나, 경제·사회 여건 변화와 신기술 출현 덕에 네거티브 방식으로 전환이 가능한 것도 있다. 네거티브 방식이 가능한 것을 포지티브 방식으로 묶어둘 이유는 없다. 기존 포지티브 방식 규제를 체계적으로 일정 기준에 따라, 하지만 전향적으로 검토해서 네거티브 전환이 가능한 것은 그렇게 바꾸자.

2) 법률-명령-규칙의 일관성 있는 체계를 정립하라

헌법 아래의 법규 체계는 법률-시행령-규칙으로 이뤄져 있다. 법률은 좀 더 기본적인 것을 규율하고, 아래로 내려갈수록 상위법의 취지를 따르면서 좀 더 구체적인 것을 규정한다. 규제 법규도 법률에서는 좀 더 원칙적인 내용을 담아야 하고, 시행령과 규칙에서는 법률의 목적 달성을 위한 구체적인 지침이 담겨야 한다. 하지만 우리의 규제 법규는 그렇지 못하다. 시행령 수준의 세세한 법률이 많으며, 공유해야 할 기본 원칙에 대한 고민 없이 그때그때 일일이 규제하다 보니 중첩되거나 충돌하는 것도 드물지 않다. 이처럼 일관성 없는 체계 탓에, 규제개혁은 더욱 어렵다. 그래서 작정하고 서로 관련 있는 규제 법규들을 검토해 일관성과 정합성을 지닌 일련의 법규 체계로 재구성하는 작업이 필요하다. 그래야 규제개혁이 수월하다.

7. '원칙 중심 규제' 도입을 적극 검토하자

신산업 관련 규제개혁에 관한 기존 논의는 포지티브 방식에서 (포괄적) 네거티브 방식으로의 전환을 강조했다. 그런데 최근에는 한 걸음 더 나아가서 규정(rule) 중심에서 원칙(principle) 중심으로 전환해야 한다는 주장이 대두되었나.[13] 원칙 중심 규제는 구체적인 규정을 명시하는 대신 규제의 취지에 따른 기본 원칙을 제시하고, 이를 준수하는 방법에는 자율성을 부여하는 것이다. 포지티브 방식과 네거티브 방식은 둘 다 규정 중심 규제에 해당한다. '우선 금지냐, 일단 허용이냐'의 차이는 있지만, 둘 다 특정 내용의 허용 또는 금지를 규정한

---

13 원칙 중심 규제에 관해서는 다음 글에 잘 설명되어 있다. 이종한 외, 「차기정부 규제개혁 방향과 과제」(경제·인문사회연구회 협동연구총서 22-45-01, 2022.4).

다. 이에 비해 원칙 중심에서는 규제의 취지를 위반하지 않는 한 허용되며, 규제의 취지 달성은 자율적으로 이뤄지며, 이 과정에서 혁신적인 방법이 등장할 수 있다. 앞서 예로 든 영국의 "붉은 깃발법"의 목적은 마부의 일자리 유지와 안전사고의 방지였다. 그렇다면 자동차산업을 방해하지 않으면서 이런 취지를 달성하는 방안, 이를테면 마부에서 운전사로의 전직 훈련 및 취업 지원, 경적과 신호등 설치가 훨씬 좋은 방안임은 두말할 나위가 없다.

원칙 중심 규제는 이상적이기는 하지만, 실행은 쉽지 않다. 규제샌드박스와 같은 포괄적 네거티브 방식보다 더 어렵다. 하지만 급변하는 경제·사회 환경에 조응하는 규제가 되려면, 구체적인 규정을 정하는 방식보다는 원칙을 정하고 이에 대한 준수는 자율적으로 하여 창의적인 방법을 허용하는 것이 더욱 효과적일 것이다. 물론 모든 신산업 관련 규제가 원칙 중심이 될 수는 없다. 그러나 원칙 중심 규제가 가능한 것은 그렇게 전환하는 것이 바람직하다.

원칙 중심 규제는 6장에서 설명하듯 원래 금융 분야 규제개혁에서 시작했다. 금융의 기본은 신뢰이며, 규제의 주목적은 소비자(고객) 보호다. 금융혁신의 속도는 빠르고 방법은 창의적이라서 기존처럼 일일이 규정을 정해서 규제하는 데는 한계가 있다. 그래서, 소비자 보호 등의 원칙을 천명하고 이를 준수하는 구체적인 방법은 기업의 자율에 맡기는 원칙 중심 규제가 대두된 것이다. 원칙 중심 규제에서는 기업의 자율 준수를 위한 지침이 시의적절하게 제공되어야 하고 기업의 자율 준수가 원칙에 부합하는지를 신속 정확하게 판단해야 한다. 그래서 높은 전문성을 지닌 해당 분야 규제 감독기관이 필요하다. 어느 나라나 금융 분야에는 이런 역할을 감당할 만한 조직이 있다. 우리의 경우는 금융감독원이 여기에 해당한다. 그래서 금융규제에는 원칙 중심 규제를 적용할 만하다.

우선 금융 분야부터 원칙 중심 규제를 도입하고, 차츰 적용 분야를 넓히도록 하자. 어느 분야에서 원칙 중심 규제가 적절한지를 판단하려면 좀 더 많은 연구가 필요할 것이다. 하지만 향후 원칙 중심 규제가 규제개혁의 중요한 한 축이 될 것임은 분명하다.

    2025년 이후 정부의 책무는 다양할 것이다. 경제 분야로 국한하면, 무엇보다 AI·디지털·로봇·바이오 등 신산업 창출을 견인하고 바람직한 생태계를 구축하는 것이 중요하다. 이를 위해 가장 필요한 것이 관련 규제를 제대로 개혁하는 것임에는 대다수가 동의할 것이다. 다른 분야 개혁도 그렇겠지만, 규제 분야 개혁의 성공에는 대통령의 의지, 그리고 행정부와 국회의 협력이 관건이 된다. 앞으로 대통령은 신산업 창출과 생태계 구축을 위한 개혁에 정성을 쏟았으면 싶다. 그리고 정부에서는 행정부와 국회가 우리 경제의 건강한 성장을 위해 협력하는 모습을 보고 싶다.

제5장

혁신형 중소기업과 창업 생태계

김동열 | 서울대학교 경제연구소

나이가 들어 어른이 되었어도 계속 아이로 머무르고자 하는 경우를 가리켜 '피터팬증후군'이라고 한다. 피터팬증후군에 시달리는 기업도 있다. 중소기업 보호정책과 다종다양한 정책 지원을 향유하기 위해 중견기업으로 성장하기보다 회사를 쪼개는 경우, 중견기업에서 다시 중소기업으로 돌아오는 경우다. 중소기업중앙회 자료에 따르면, 2016년부터 2020년까지 5년간 271개(연평균 54개)의 중견기업이 중소기업으로 되돌아왔다.[1] 중소기업이 중견기업에 진입하게 되면 금융지원, R&D지원, 인력지원 등 약 98개의 혜택이 사라지고 20여 개의 규제가 추가된다. 예를 들어 공공 조달 시장에 참여하기 어렵고, 통합투자세액공제율이 10%에서 3%로 하락하고, R&D 세액공제율은 25%에서 8%로 급감할 수 있다. 중견기업연합회에 따르면, 중소기업으로의 회귀를 검토하는 가장 큰 이유로(중복 선택 가능) 세금혜택(85.8%)과 금융지원(70.1%)을 꼽았다. 2024년 중소벤처기업부(중기부)가 발표한 '피터팬증후군' 대책은 우는 아이 떡 하나 던져주는 식의 대책이다. 중소기업이 중견기업으로 성장한 경우, 중소기업 졸업 유예기간을 기존 3년에서 5년으로 연장해 준 것이다.

---

1 '중소기업기본법'에 따르면, 중소기업은 업종별 연평균 매출액 기준(400억~1,500억 원) 미만, 총자산 5,000억 원 미만인 기업이며, 중견기업은 업종별 연평균 매출액 기준(400억~1,500억 원) 이상이거나 총자산 5,000억 원 이상 10조 원 미만인 기업을 말한다.

과도한 정부 지원은 피터팬증후군, 좀비기업, 좀비벤처를 키울 수 있다. 중소기업의 성장을 장려하고, 중소기업 졸업을 격려하고, 자생력과 국제경쟁력을 키워주는 것이 아니라, 그늘에서 땡볕을 조금 더 피할 수 있도록 허용하는 미봉책이 계속된다면 피터팬증후군, 좀비기업, 좀비벤처[2]를 최소화하기 어렵다. 활력을 잃어가는 우리 경제가 다시 역동적인 혁신주도형 경제로 복귀하려면 우리의 중소기업정책과 창업정책은 어떤 모습이어야 하는가?

1. 개헌과 중소기업: 대한민국헌법 제123조 3항의 '보호' 재검토

요즘 국민들이 헌법 공부를 많이 하고 있다. 제10호 헌법의 중소기업 관련 조항을 살펴보자. 헌법 제123조 3항(국가는 중소기업을 보호·육성하여야 한다)과 5항(국가는 농·어민과 중소기업의 자조조직을 육성하여야 하며, 그 자율적 활동과 발전을 보장한다)이 중소기업 관련 내용이다. 그 '중소기업 보호·육성' 조항이 1980년부터 지금까지 45년 이상 유지되고 있다.

논란이 되는 것은 제123조 3항의 '보호'라는 단어다. 1980년의 헌법 개정 당시에는 '보호'라는 단어가 시의적절했을지 몰라도, 개방과 국제화가 진전되어 국내 시장을 대상으로 하는 중소기업조차도 글로벌 경쟁에 노출되어 있는 현재 시점에서 '보호'라는 단어가 여전히 실효성이 있느냐는 지적이다.

만약 제11호 헌법을 준비하는 논의가 시작된다면, '보호·육성'이라는 용어를 2025년에 맞게 바꿀 필요가 있다. '국가는 중소기업을 **보호·육성**하여야 한다'가 아니라 '국가는 중소기업의 **창업과 성장의 기반을 조성**하여야 한다'로 바

---

2 스타트업 얼라이언스 센터장 임정욱은 2019년 4월 15일 자 ≪서울신문≫ 칼럼, "스타트업 창업자가 제시한 정부지원 개선점"에서 "넘치는 지원사업을 전전하며 연명하는 좀비벤처를 양산하지 않으려면 적절한 시기가 되면 기업이 자립해서 성장할 수 있도록 제도를 보완하고 좋은 기업 생태계를 만드는 것이 중요하다"라고 지적한 바 있다.

꾸면 어떨까? '보호'라는 단어가 중소기업의 정부 의존도를 높이고 중소기업의 자립성을 해친다는 비판은 1990년대 초반 김영삼 정부 시절부터 나오기 시작했다. 21세기 글로벌 경쟁 시대에 '보호'라는 단어는 재검토가 필요한 단어다.

우리나라 '중소기업기본법'의 목적 조항은 "**창의적이고 자주적인 중소기업**의 성장을 지원"한다고 되어 있으며, '중소기업진흥법'의 목적 조항은 "**중소기업의 구조 고도화**를 통하여 중소기업의 **경쟁력을 강화**하고 중소기업의 **경영 기반을 확충**"한다고 되어 있다. '중소기업창업지원법'의 목적 조항은 "**글로벌 선도기업**으로 **성장**할 수 있는 **창업 생태계를 조성**"한다고 되어 있다.

미국 SBA(Small Business Administration: 중소기업처)의 정책 목표는 "**자생력** 있고 **역동적**이며 **혁신적**인 기업, **경제에 활력을 불어넣는 다수(Vital Majority)를 육성**"하는 것이다. 중소기업이 강한 나라 **독일**은 연방 경제에너지부에서 중소기업정책을 담당한다. 독일의 중소기업은 상대적 약자나 보호 대상이 아니다. **공정한 경쟁 여건만 조성이 된다면 대기업과 경쟁할 수 있는 당당한 경제주체**다. 따라서, 직접적인 구제나 보호보다는 간접적인 지원을 선호한다. 이처럼 미국과 독일은 물론이고 우리나라의 법 조항을 보더라도, 헌법의 '보호'라는 단어는 재검토가 필요하다.

그렇다면, 1980년 출범한 전두환 정부는 왜 갑자기 헌법에 "중소기업을 보호·육성하여야 한다"는 조항을 집어넣었고, 왜 갑자기 '독점규제 및 공정거래에 관한 법률'을 제정하고, '중소기업진흥 장기계획'(1982~1991)을 발표하고, '중소기업 창업지원법'을 제정했을까?

박정희 정부의 4차에 걸친 경제개발 5개년 계획, 즉 수출·대기업 중심의 정부 주도 성장 전략의 후유증 때문이었다. 도시와 농촌의 격차, 대기업과 중소기업의 격차 등 이중구조가 심해졌으므로, 전두환 정부 입장에서는 그런 결과를 초래한 박정희 정부 경제정책과의 차별화가 필요했다. 수치로 확인해 보면, 1980년 기준으로 중소(제조)기업의 종업원 수 비중은 48%, 중소(제조)기업의 생산액 비중은 32%, 중소(제조)기업의 부가가치 비중은 35%에 불과했다. 1960

년 기준으로 각각 78%, 67%, 66%였음에 비하면 1980년에 중소(제조)기업의 비중이 크게 하락한 셈이었다. 또한, 1,000명 당 중소(제조)기업은 3.5개(1983년)로서 일본 7.4개(1981년), 대만 6.6개(1981년)보다 적었다.[3]

그러한 시대적 요구와 더불어 정책선도자(policy entrepreneur)의 노력이 덧붙여졌다. 한국은행, 미국 유학, 경제기획원을 거쳐 1980년 9월 전두환 정부의 첫 경제수석으로 임명된 김재익은 당시의 관치경제에 익숙했던 관료 출신들과 달리 시장경제 원리를 강조했다. 그는 20여 년 지속된 정부 주도 성장 전략과 대기업 중심 경제에서 벗어나려 했다. 어느 언론인과의 인터뷰에서, "이제는 20대 재벌기업을 지원하는 정책을 앙심먹고 철수하려고 한다. 그 1500배에 달하는 3만여 개의 중소기업이 뛰놀 마당을 만들어야 한다"[4]고 했을 정도다. 이처럼 대기업 아닌 중소기업의 육성과 설립 촉진을 시대적 과제로 인식하고 있었기에 '중소기업 보호·육성' 조항을 헌법에 넣고, '공정거래법'을 제정하고, '중소기업창업지원법'을 제정한 것이다.

2025년 1월 트럼프 대통령은 취임하자마자 관세전쟁을 선포했고, 그 여파로 글로벌 경제전쟁이 시작되었다. 국내적으로는 2024년 말의 비상계엄 후폭풍에 시달리고 있다. 국내외의 어려운 정책환경 속에서 침체를 거듭 중인 한국 경제, 활력을 잃고 있는 한국 경제를 혁신주도형 경제로 전환하려면 **혁신형 중소기업의 창업과 성장의 기반을 조성**하는 정책이 요구된다.

2. 혁신형 중소기업, 그리고 정책의 혁신

1997년 말에 국가부도 위기를 초래한 정부라는 오명 때문에 김영삼 정부의 중

---

3   상공부, 「1985년 중소기업연차보고서」(1985), 130쪽.
4   남덕우 외, 『80년대 경제개혁과 김재익 수석』(삼성경제연구소, 2003), 221쪽.

소기업정책을 포함한 경제정책은 실제보다 과소평가되고 있다. 금융실명제 도입, OECD 가입, 농산물시장 개방 등 당시로서는 혁신적인 정책을 추진했다. 1996년 중소기업청 신설, 1997년 여름 '벤처기업육성특별조치법' 제정 역시 쉽게 생각하기 어려운 정책이었다.

개방과 세계화라는 시대적 흐름에 직면해 김영삼 정부는 중소기업의 양(量)적 확대가 아니라 질(質)적 제고에 정책의 중점을 두고, **중소기업을 바라보는 관점의 혁신**을 추구했다. 자율과 창의가 바탕이 되는 신(新)경제를 천명했고, 자율성, 일관성, 투명성을 중시했다.[5] 우루과이라운드(UR)의 타결, 세계무역기구(WTO)의 출범, OECD 회원국 가입에 따라, 중소기업정책을 보호와 육성에서 자율, 개방, 경쟁의 기조로 전환했다. **시장 개방 후에도 생존 가능한, 자생력과 국제경쟁력을 갖춘 중소기업의 육성이 목표**였다. 중소기업의 숫자를 늘리기보다는 **기술집약형 중소기업, 기술력에 토대를 둔 벤처기업의 창업 활성화**에 초점을 맞췄다.[6] 1997년 여름 **'벤처기업육성에 관한 특별조치법'** 제정도 그러한 인식의 연장선상이었다.

요건대, 벌써 30년 전의 김영삼 정부조차 **개방·세계화 시대에도 생존 가능한 자생력과 국제경쟁력을 갖춘 중소기업**의 육성을 목표로 했다. 이는, WTO 체제의 붕괴가 머지않았다는 우려 속에 관세전쟁과 글로벌 경제전쟁이 시작된 2025년 현재 우리 중소기업정책 담당자나 정책 설계자에게 시사하는 바가 크다.

보통의 중소기업이 아니라 혁신형 중소기업[7]의 육성을 강조한 시기는 참여정부였다. 역대 정부 최초로 대통령 비서실에 혁신관리 수석비서관을 신설했다. 나아가, 노무현 대통령은 중소기업정책 자체를 혁신하라고 주문했다.[8] 정

---

5 대통령기록관, "신경제로 새로운 도약을", 신경제관련 특별담화문(1993.3.19).
6 통상산업부, 「1995년 중소기업 연차보고서」(1995), 181쪽.
7 STEPI 보고서에서는 혁신형 중소기업을 '고유한 기술 능력을 기반으로, 활발한 기술혁신 활동으로 경쟁에서 차별화를 꾀하고 있는, 혁신 성과가 높은 중소기업'이라고 정의한 바 있다. 김영배, 「혁신형 중소기업」(STEPI 보고서, 2005).
8 2003년 6월 25일 부처 합동으로 '중소기업정책 개편방안'을 발표했다.

부 의존도를 높이는 중소기업정책은 예산만 낭비하게 되고, 지속가능하지 않으며, 중소기업과 정부 모두에 도움이 되지 않는다는 문제인식이었다. 따라서, 중소기업정책의 목표를 **혁신 역량 제고와 글로벌 경쟁력 강화**에 두고, 정책 대상을 **혁신형-일반형-생계형** 중소기업으로 구분했다. 지원 방식도 종전의 보호·육성 기조(자금 위주의 직접지원, 중앙정부 주도, 수시 대응)에서 벗어나 **자율과 경쟁의 원칙**을 바탕으로 하는 **성장환경 조성**을 추구했다. 당연히 인기 없는 정책이었지만 실천은 과감했다. 정책의 혁신을 실천에 옮겨 **단체수의계약제도, 중소기업 고유업종제도, 지정계열화제도를 점진적으로 폐지**했다. 어렵게 없앤 중소기업 '고유업종' 제도는 이명박 정부에서 중소기업 '적합업종' 제도라는 이름으로 문패만 바꿔 되살아났다.

노무현 정부는 정책 수단의 혁신에도 진심이었다. 전자쿠폰과 e바우처의 활성화를 위해 노력했다. 중소기업상담회사의 경영지도나 창업절차 대행 비용을 정부 예산으로 보조하는 사업은 1986년 '중소기업창업지원법'의 제정 이래 계속되었으며, 1999년부터는 경영·기술 컨설팅 지원사업으로 이어져 오고 있었다. 하지만, 전자쿠폰 형식의 'e쿠폰'을 도입한 것은 노무현 정부가 처음이었다. 그 후 이명박 정부의 지식서비스 바우처, 문재인 정부의 수출 바우처, 제조혁신 바우처, 초기창업기업을 대상으로 하는 세무회계·기술임치 바우처 등으로 확대되었다.

아울러 정부가 조성한 자금으로 직접 펀드를 만들어 직접 투자하려던 전임 정부의 정책을 선환해, 정부는 모태펀드(fund of funds)를 만들어 출연하고 모태펀드가 재출연한 민간펀드가 투자하는 방식을 선보였다. 즉, 정부가 출연한 공공펀드가 직접 투자하는 방식이 아니라, 모태펀드의 출연을 받은 민간펀드가 스타트업과 벤처기업에 투자하는 방식이었다.

20년 전에 정책의 혁신을 강조했던 노무현 정부처럼, 2025년 이후 정책에서도 **오래되고 익숙한 정책과의 '헤어질 결심'**이 필요하다. 준비된 창업과 기술창업, 기회형 창업의 비중 늘리기, 혁신형 중소기업 중심의 정책, 시장이 앞장서고 정부가 뒤에서 지원하는 형식의 간접형 정책의 비중을 높여야 한다. 그래야 우리 중소기업의 자생력과 글로벌 경쟁력이 제고되고, 혁신형 중소기업의 비중도 높아질 것이다.

3. 너무 많은 중소기업정책

처음 들어간 식당의 메뉴판을 봤는데, 음식이나 요리의 가짓수가 많고 복잡하면 왠지 맛이 없을 것 같은 느낌을 받게 된다. 식당에 대한 신뢰도가 하락하게 된다.

우리 중소기업정책도 백화점식으로 다종다양하다. 금융, 기술, 인력, 수출, 내수, 창업, 경영, 기타 등 8개 분야에 1,730여 개의 프로그램이 가동되고 있다. 중기부를 비롯한 중앙부처에서 330여 개, 서울시 등 광역지자체에서 1,400여 개의 프로그램이 중소기업 지원을 위해 운영되고 있다. 새 정부가 들어서면 늘어나고, 새로운 청장이나 장관이 취임할 때마다 늘려왔다. 이렇게 많은 중소기업정책, 창업정책의 성과와 만족도는 어떨까? 중소기업정책을 이젠 합치고 줄이고 고쳐 써야 할 때이다.

〈표 5-1〉처럼, 2021년 기준 중소기업 지원사업은 중앙부처 330개, 지자체 1,384개를 합쳐 모두 1,714개에 달하며,[9] 창업벤처 분야만 해도 156개 프로그램에 1.3조 원의 예산이다.[10] 2025년 현재 중소기업정책 프로그램은 더 늘었을 것이다. 예를 들어, 2025년 창업벤처 분야의 예산은 융자사업 포함해 3.3조 원으로 지난 2021년의 1.3조 원보다 크게 늘었다.

너무 많은 중소기업정책의 리모델링이 필요하다. 기존 정책의 내실을 다지

---

9 2021년도 중소기업 지원 예산(33조 8,485억 원)은 중소벤처기업부 예산을 포함해 중앙부처와 지방정부의 중소기업 지원 예산을 모두 포함한 것이다.
10 중소벤처기업연구원, 「2021 중소기업 지원사업분석」(2021).

표 5-1 중앙부처 및 지자체 중소기업 지원사업 현황(2021년 기준)   (단위: 억 원, 개)

구분		금융	기술	인력	수출	내수	창업	경영	기타	합계
전체	예산 (사업수)	163,731 (162)	62,065 (449)	49,454 (118)	10,152 (171)	1,182 (107)	13,080 (156)	36,617 (514)	2,205 (37)	338,485 (1,714)
중앙부처 (중기부 포함)	예산 (사업수)	148,181 (39)	58,923 (151)	47,952 (19)	9,134 (25)	718 (3)	11,850 (23)	31,202 (64)	1,584 (6)	309,542 (330)
지자체	예산 (사업수)	15,550 (123)	3,142 (298)	1,502 (99)	1,018 (146)	464 (104)	1,230 (133)	5,416 (450)	621 (31)	28,943 (1,384)

주: 예산은 사업설명자료(예산서 및 기금운용계획) 내 세부 사업의 본예산 기준.
자료: 중소벤처기업연구원, 「2021 중소기업 지원사업분석」(2021).

고, 정책의 효과성을 높이고, 고객만족도를 높이는 등 수요자(기업) 중심으로 정책을 재설계하는 일이다. 기존 정책 프로그램을 부수고 새 프로그램을 만드는 재건축·재개발 방식이 폼 나고 쉬운 길이다. 하지만 정책 고객의 만족도를 높이고, 중소기업의 자립성과 글로벌 경쟁력을 높이고, 활력 넘치는 창업 생태계를 구축하면서, 기존 정책을 고쳐 쓰는 리모델링 방식은 어렵지만 가야 할 길이다. 그렇다면 다종다양한 중소기업정책 프로그램을 어떤 방향으로 리모델링해야 할까?

4. 보조금과 대출금의 직접지원은 유효?

중소기업 관련 공공기관인 중소벤처기업진흥공단(중진공), 창업진흥원(창진원), 소상공인진흥공단(소진공), 중소기업기술정보진흥원(기정원) 등에서 중소기업 기술 개발과 R&D 지원, 스마트공장지원, 창업지원, 구조조정지원, 소상공인과 전통시장 지원 등과 같은 다양한 명목으로 보조금과 대출금을 선별적으로 지원하고 있다.

이와 같은 정책 프로그램의 성과 분석 사례를 보자. 예를 들어, 2011년부터

2018년까지 우리나라 '월드클래스 300' 사업의 지원(R&D 보조금)을 받은 기업의 경영 성과를 분석한 결과, 매출액이나 부가가치, 생산성에 미치는 정책 효과가 통계적으로 유의하지 않았다.[11] 이러한 결과는 보조금이나 대출금을 직접 선별적으로 지원하기보다는 간접적으로 경영 역량과 경쟁 우위를 길러주는 식으로 지원 방식을 전환할 필요가 있음을, 시중은행을 활용한 간접금융(온렌딩 방식)을 검토할 필요가 있음을 시사한다.

하나 더 사례를 들어보자. 중소기업 사업화 지원, R&D 지원의 경우에도 소규모 출연금을 선별적으로 뿌려주는 방식보다는 융자와 보증을 혼합하는 방식이 더 많은 기업을 대상으로 더 유연하게 활용할 수 있다는 점에서 더 바람직하다는 지적이 있다.[12] 정책 수단의 유형으로 구분한다면, 정부가 직접 개입하는 직접형 수단에서 간접형 수단으로, 역량형성형 수단으로의 전환이 바람직하다는 의미이다.

국내가 아닌 해외 선진국의 사례를 하나 더 들어보자. 영국 이노베이트UK(Innovate UK)의 '스케일업 프로그램(Scale-up Programme)'은 스케일업 경험이 있는 디렉터가 현장을 방문해 기업을 평가하고 직접 보고서를 작성한다. 스케일업 디렉터가 기업의 문제를 식별하고 금융, IP(지식재산), 공급망, 인적 자원 등 필요한 부문에 필요한 자원과 전문가를 연결한다. 보조금을 지원하는 '거래적 지원'보다 멘토링과 네트워킹을 제공하는 '관계적 지원'의 효과가 좋았다고 한다. 스케일업 프로그램의 중간 평가에 따르면, 지원된 79개 기업이 총 773개 일자리와 4,670만 파운드의 수익을 창출하여 비용 대비 편익 비율이 1 대 25.6(1파운드당 25.6파운드의 수익 창출)으로 나타나 다른 프로그램 대비 성과가 좋았다는 것이다.[13]

---

11 김민호, 「국가 챔피언 기업 육성정책: 산업정책에서 승자 선정 전략의 효과와 시사점」(KDI 정책연구시리즈 23-10, 2023).
12 안준모, 「Policy Mix를 통한 기술금융 및 융자형 R&D」(기술보증기금 기술평가 세미나, 2023).

표 5-2 정책 수단 유형의 바람직한 변화와 현재 위치

	자원의 소진 가능성	
	높음 ⇨	낮음
정부의 간섭 (강제성) 낮음 ⇧	재정지출형(T) 영국, 미국	역량형성형(C) Ideal Type
높음	조직형(O)	권위형(A)/규제완화형(DR) 한국

자료: Christopher Hood, *The Tools of Government*(New Jersey: Chatham House, 1986) 토대로 필자 작성.

앞서 거론한 사례를 뭉뚱그려 도식화해 보면 〈표 5-2〉와 같다. 오랫동안 정부 정책과 정책 수단을 연구해 왔던 크리스토퍼 후드(Christopher Hood)에 따르면 정부 자원의 소진 가능성이 낮고, 정부의 간섭과 강제성이 낮은 '정보형(역량형성형)' 수단이 많아지는 것이 바람직하다. 후드의 주장을 우리 중소기업정책에 적용한다면, 규제나 인허가 등의 '권위형' 수단이나 '조직형' 수단, '재정지출형' 수단보다는 정보 제공, 교육, 훈련, 지도, 연수, 기술지원 등 '역량형성형' 수단을 많이 활용하는 것이 바람직하다는 얘기다. 하지만 이상(Ideal Type)과 현실은 다르다. 영국과 미국은 '정보형' 수단보다 '재정지출형' 수단이 더 많았고, 한국은 '역량형성형' 수단보다 '권위형' 수단이 더 많았다.[14]

---

13 김민호, 「국가 챔피언 기업 육성정책: 산업정책에서 승자 선정 전략의 효과와 시사점」(KDI 정책연구시리즈 2023-10, 2023.12.30).

14 정책 수단 분류와 유형 변화에 관한 설명은 김동열, 『물고기 던져주기』(반도기획, 2024) 제4장을 참고.

5. 데이터 기반 정책, 투명성, 그리고 접근성

정책 프로그램 평가를 제대로 하려면 정책 데이터의 투명성이 높아야 하고, 접근성도 좋아야 한다. 예를 들어, 미국 정부로부터 현대자동차가 연도별로 어느 정도의 보조금을 받고 있는지 데이터를 확인하고 싶다면, 미국 정부의 지출 관련 데이터를 공개하는 사이트(http://USAspending.gov)에 접속하면 된다. 접근성이 좋고 투명성도 높다.

반면, 우리 중소기업의 정책 지원 정보는 '중소기업통합관리시스템(SIMS)'에 집중된다. 과거부터 현재까지 어느 기업이 어느 정책 프로그램을 통해 얼마나 지원받았는지에 관한 정보, 기업 프로필 등이 잘 정리되어 있다. 하지만, 민감한 기업정보라면서 '중기부'의 허가를 받아야 하고, '중소벤처기업연구원(중기연)'을 직접 방문해야 하고, 데이터는 다운로드가 안 되고 분석 결과만 출력할 수 있다. 장관이 얘기해도 그때뿐이다. 장관은 1년 후 떠나지만, SIMS 담당 직원은 수십 년 더 근무하므로 이 핑계 저 핑계로 바뀌지 않는다.

통계청도 옛날에는 그랬다. 지금은 개인정보를 보호하면서 가구조사, 기업조사, 개인별 조사 데이터를 일반 국민과 연구자들이 원격으로 접속하고 다운 받을 수 있도록 허용하고 있다. 그만큼 통계조사와 결과의 품질이 좋아졌다. 그 혜택은 담당 직원이 아니라 국민과 나라 경제에 피드백된 것이다. 마찬가지로, 기술적으로 얼마든지 기업정보를 보호하면서 국민들이나 연구자들로 하여금 중소기업정책 DB에 접근하고 이용하게 할 수 있다.

중소기업 정책금융을 업력이 긴 기업에 지원해야 하나, 아니면 업력이 짧은 스타트업에 지원해야 하는가? 대출의 회수 가능성만 놓고 본다면 업력이 긴 기업을 선호할 것이다. KDI에서 분석해 보니, 업력이 긴 기업보다 스타트업에 지원한 정책금융의 효과가 더 좋았다.[15] 이와 같은 정책정보의 투명성·접근성 제

---

15   김우진, 「중소기업 정책금융의 기업업력별 효과 분석」, 장우현 외, 『중소기업 지원정책의 개

고와 성과 분석을 토대로 정책의 재설계가 가능해진다.

데이터 기반 행정과 정책설계가 이루어지고, 정책정보의 투명성을 높이는 일은 중기부에만 해당하는 얘기가 아니다. 정책 성과를 투명한 데이터에 기반해 엄밀하게 분석해야 예산이 제대로 쓰이는지 판단할 수 있고, 더 효과적으로 정책을 설계할 수 있다. 길게 보면, 그것이 기획재정부의 예산 당국자는 물론이고 중소기업정책의 설계자나 집행 담당자에게도 도움이 된다.

6. '중기부' 개편은?

중소기업정책을 담당하는 조직은 나라마다 다른 배경과 규모와 위상을 지니며, 정책의 내용과 수단, 지원 방식도 각기 다르다. 독일은 연방 경제에너지부에서 중소기업정책을 총괄하고 부흥금융공사에서 온렌딩 방식(시중은행을 활용한 간접 대출)으로 금융을 지원하고 있다. 그래도 세계적으로 히든챔피언이 많고 중소기업의 경쟁력이 강하다. 가장 혁신적인 창업 생태계를 자랑하는 미국에는 내각(cabinet)에 속하지는 않지만 대통령 직속의 장관급 연방기관인 SBA(Small Business Administration, 중소기업처)가 있다. SBA는 독립적으로 법률과 예산을 다루며, 이를 통해 자생력과 글로벌 경쟁력을 갖춘 '활력 있는 다수(vital majority)'의 육성을 목표로 한다. 일본은 경제산업성 산하의 중소기업청이 오랜 역사와 전통을 유지하면서, 기술력이 강한 중소기업의 육성을 시원하고 있다.

우리나라의 중소기업정책을 담당하는 조직은 1960년 중소기업과, 1996년 중소기업청, 2017년 중소벤처기업부로 계속 커져왔다. 중소기업협동조합법을 근거로 1962년 출범한 중소기업중앙회와 중소기업청, 중소벤처기업부는

선방안에 관한 연구 1』(한국개발연구원, 2013).

서로에게 든든한 동지이자 후원자였다.[16] **정부와 이익집단의 적절한 거리두기**가 작동했는지 의문이다.

중기부 조직이 커지면 인력과 예산도 커진다. 직원은 1960년 10명 수준에서 2018년 기준 411명으로 늘었다. 직접 관장하는 예산은 1971년 21억 원에서 2025년 15.2조 원으로 증가했다. 직원, 조직, 예산, 부처의 위상이 커짐에 따라 정책의 성과도 좋아졌을 것이다. 하지만 아직 선진국 수준은 아니다. 독일처럼 히든챔피언이 다수 배출되거나, 창업 생태계가 미국 실리콘밸리처럼 혁신적이고 활력이 넘치는 것은 아니다. 기회형 창업보다는 생계형 창업의 비중이 훨씬 높고, 창업 5년 후 생존율은 OECD 평균보다 낮다.

중소벤처기업부의 개편 필요성은 무엇일까? 금융, 기술, 인력, 수출, 내수, 창업, 경영, 기타 등 크게 8개 분야에 걸쳐 중앙부처 330여 개, 지방자치단체 1,400여 개의 정책 프로그램을 통해 중소기업을 경쟁적으로 지원 중이다 보니, 국무회의에 참석하는 다른 부처와 겹치는 영역이 많다. 반면 다른 부처와 차별화되는 중기부 고유의 정책 수단은 많지 않다. 다른 부처들은 고유의 업무 영역과 수단을 지니고 있고, 정책 대상으로서 중소기업을 배제하지 않는다. 중기부는 다른 부처들과 정책 대상이 겹치면서 다른 부처 정책 수단의 도움을 받아야 한다. 따라서, 다른 부처와 업무가 중복되고 충돌할 수밖에 없다. 그런 연유로 중기부에서는 다선 의원 출신의 힘 센 장관이 부임하기를 바란다. 하지만, 정부 업무는 장관 개인기가 아닌 시스템으로 돌아가야 한다. 다른 부서와 충돌하지 않고 업무를 독립해서 추진하도록 정착시키는 방안을 검토할 단계다.

---

16 정부기관과 이익집단의 정치를 연구한 Wilson(1986; 1989), 김영래(1990) 등의 연구에 기초해 해석해 보면, 상공부 내의 과 단위 조직(중소기업과)에서 장관급 중소벤처기업부로 커지기까지 관료조직과 중소기업중앙회(이익집단) 사이에 공생관계나 동지(ally)적 관계가 형성되었다고 볼 수 있다. James Q Wilson, *American Government: Institutions and Policies*, 3rd ed.(Lexington, MA: D.C. Heath and Company, 1986); *James Q. Wilson, Bureaucracy: What government agencies do and why they do it*(New York: Basic Booksm, 1989); 김영래,『한국이익집단과 민주정치발전』(대왕사, 1990).

예를 들어, 미국 SBA처럼 대통령 직속 독립기구(중소기업처 또는 중소기업위원회)로 전환하는 것이다. SBA는 대통령 직속의 독립 연방정부기관으로서 중소기업정책에 관한 예산의 수립과 편성 그리고 법률(안)의 발의와 제정에 관한 권한을 보유하고 있다. 다른 부처의 중소기업 지원성과를 평가하고 대통령과 의회에 보고할 권한이 있다. 미국 SBA처럼 우리 중소벤처기업부를 대통령 직속 독립기구로 개편하고, 정책 및 예산의 총괄 조정 권한을 부여하면 된다.

국무회의에 참석하는 정식 멤버가 아니고 배석한다는 점이 지금과 다르겠지만, 다른 부처와 부딪힘 없이 대통령 직속의 독립기구로 운영한다면 혁신형 중소기업과 히든챔피언을 육성하고, 창업국가를 건설함에 있어 더 효과적일 것이다.

7. 베테랑 연결 플랫폼

모바일이나 인터넷을 활용해 생활 서비스 수요자와 공급자를 연결하는 O2O(Online to Offline) 서비스 '숨고'(soomgo.com)가 있다. "1000만 명이 선택한 전국민 생활 솔루션", "1,000가지 생활 서비스를 단 한 곳에서", "전문가가 필요할 땐 숨고", "나에게 딱 맞는 숨은 고수"라고 홍보한다. 맞벌이 부부와 1인 가구가 늘면서 생활에 필요한 다양한 서비스를 필요로 하는 수요자와 그런 서비스를 제공할 수 있는 공급자를 연결해 주는 서비스다. 2015년 서비스를 시작해 2017년 3월 국내에서는 4번째로 미국 실리콘밸리의 스타트업 투자 및 육성기관인 와이콤비네이터(Y-Combinator)에 입성한 바 있다.

1964년 미국에서 SCORE(Service Corps Of Retired Executives)라는 자원봉사 조직이 출범했다. '숨고'와 비슷한 서비스 모델이다. 경영컨설턴트를 필요로 하는 중소기업과 은퇴한 비즈니스 전문가를 연결해 주는 플랫폼이다. SCORE는 기업 경영에서 풍부한 경험을 지닌 퇴직 또는 현직 경영자들이 자원봉사자가 되어 중소기업에 경영자문 서비스를 제공하는 프로그램이자 비영리 단체다. 389개 지부, 800개 지사로 조직을 확대했고, 자원봉사자 수는 1만 500명에 달한다. 연간 경영 자문이 30만여 건(누적 건수 760만여 건)에 달하므로, 자원봉사자 1인당 연간 30건의 자문을 수행 중이다. 해마다 미국 전역에서 7,000여 회의 워크숍을 개최하고 있다. 미국 최대의 경영자문 봉사기관이라고 할 만하다.

우리 정부도 미국 SBA에서 지원하는 SCORE를 본받아, 2005년과 2006년에 K-SCORE 프로그램을 선보인 적이 있다. 지금은 중기부 지방청 사업으로 남아 있지만, 활성화되어 있지 않다. 요즘 우리나라의 경우 해마다 50만 명 안팎의 '베이비붐 세대'가 제1차 노동시장에서 물러나고 있다. 30여 년의 경험과 지혜가 버려지지 않고 제2차 노동시장에서 다시 일하거나 자원봉사자로 활동할 수 있도록 도와줄 필요가 있다.

앞서 소개한 '숨고'처럼 은퇴한 비즈니스 베테랑과 저렴한 서비스를 원하는 중소기업을 연결해 주는 플랫폼이 필요하다. 은퇴 후 10년은 새로운 일터에서 프리랜서(중소기업 경영컨설턴트, 스타트업 멘토)로 일할 수 있도록 알선하고 연결해 주는 것이다. 1979년 설립 초기에 경영자 지도와 연수, 정보 제공 등의 서비스를 담당한 바 있는 중소벤처기업진흥공단에서 '베테랑(컨설턴트) 연결 플랫폼'을 운영하고, 컨설턴트를 필요로 하는 중소기업과 연결하는 서비스를 제공할 수도 있다. 오랜 기업체 근무 경력을 지닌 은퇴자는 이론보다는 살아 있는 경험과 지식을 전달할 수 있다. 중소기업 경영상담사는 경영학 박사, 변호사, 회계사 등으로 자격이 제한된다. 오랜 기업체 근무 경력을 지닌 베테랑들에게도 문호를 개방할 필요가 있다.

8. 정부 주도 공급자 중심의 창업 생태계 탈피

스타트업과 창업정책이 왜 중요한가? 참신한 수익모델과 첨단기술을 장착한 소규모 스타트업이 시장에 새롭게 진출한다고 가정해 보면 금방 이해가 된다. '성장 아니면 퇴출(Up or Out)'이라는 냉혹한 시장경쟁에서 살아남기 위해 스타트업은 새로운 기술을 개발하고, 특허를 출원하고, 혁신과 창조적 파괴를 거듭한다. 시장 점유율을 늘리고, 매출과 수익을 끌어올리고, 일자리를 만들어낸다. 시장의 경쟁을 활성화하고, 신기술('혁신') 도입을 통해 전체적으로 생산성이 향상된다. 새로운 제품과 서비스가 추가되고, 기존의 제품과 서비스는 더 좋아진다. 결국, 가격은 내려가고 품질과 서비스는 좋아져 소비자 후생이 증가한다. 경쟁이 활성화되면서 기업과 산업의 경쟁력이 제고되고, 경제의 지속 성장에 기여하게 된다. 나라 전체의 일자리가 늘어나고 사회적 안정성의 확보에도 도움이 되는 것이다.

지난 30년간 미국의 순 고용 증가율을 분석한 결과 기존 기업보다 **창업기업이 고용 창출에 훨씬 기여도가 높으며**,[17] **창업기업이 미국 신규 고용 창출의 대부분을 차지**[18]했다는 연구가 이 설명을 뒷받침한다. 경제성장률 2% 안팎의 저성장 시대를 살아가는 **우리뿐만 아니라 서구 선진국들이 스타트업을 지원하고 창업정책을 강조하는 이유**다. 미국, 영국, 이스라엘은 물론이고 보수적인 일본조차도 창업정책의 우선순위를 끌어올리고 있다.

요컨대 창업은 경제에 활력을 불어넣음과 동시에 고용 창출을 통해 사회적 안정성을 높인다. 이 책 제1장에서 언급한 것처럼, 우리는 '혁신주도형' 경제에 속해 있다고 하지만 성장률이 급락하고 총요소생산성이 하락하고 지식재산투

17　Dane Stangler and Robert Litan, "Where will the jobs come from?" Kauffman Foundation research series(2009.11).

18　Tim Kane, "The importance of startups in job creation and job destruction." Kauffman Foundation research series(2010.7).

자 증가율이 감소하는 등 조로화 증세를 드러냈다. 선진국 진입의 문턱에서 미국보다 낮은 성장률을 3년 연속 기록하는 등 미증유의 저성장을 경험하고 있는 한국 경제의 활력 제고를 위해 **창의적이고 혁신적인 창업활동, 이를 위한 창업 활성화 정책이 어느 때보다 중요**하다. 문제는 우리의 창업 생태계가 아직 미국이나 이스라엘처럼 활성화되어 있지는 않다는 점이다.

물론 2025년 현재의 창업 여건이 40여 년 전, 1980년대에 비해 크게 개선되었다는 점에[19] 이의를 제기할 사람은 없을 것이다. 하지만 서구 선진국과 비교하면 얘기가 달라진다. 2020년 기준 우리 기업의 창업 5년 후 생존율은 33.8%로서 미국 50.2%, 프랑스 50.8%, OECD 평균 45.4%에 비해 크게 낮다.[20] 또한 전문 기술과 오랜 경험을 토대로 준비된 창업을 하는 '기회형 창업'과 생계를 위해 마지못해 창업하게 되는 '생계형 창업'의 비중을 보면 우리나라는 각각 21% 대 63%로서 OECD 평균 52% 대 26%와 대비된다. 요컨대 우리는 기회형 창업보다 생계형 창업의 비중이 높은 열악한 창업구조라고 할 수 있다.[21]

가장 경쟁적이어야 할 창업정책이 '활력 있는 다수'라는 정책 목표 가운데 '다수'는 달성했어도 '활력'에는 못 미치는 이유는 무엇인가? 앞서 여러 번 언급한 것처럼 시장과 정부의 관계, 정책 수단 설계의 문제는 아닌가? 정부의 정책 수단이 잡은 물고기를 던져주는 식의 오래된 틀에 머물러 있어서 그런 건 아닌가? 우리 창업벤처 정책이 규제와 인허가, 벌과금 등 권위형 수단에 의존하고 있음을 앞서 〈표 5-2〉에서 확인한 바 있다.

창업의 양적·질적 지표와 더불어 중요한 지표가 창업 생태계의 지속가능성이다. 창업 생태계란 창업자, 투자자, 지원기관 등이 유기적으로 상호작용하면

---

19 "더 많은 젊은이들이 스타트업에 관심을 기울이며 뛰어들고 있고 벤처투자자들은 늘어나고 있으며 대기업들의 관심도 높아지고 있다." 임정욱, 「한국 스타트업 생태계의 현황과 과제」, 《정보과학회지》, 33(1)(2015).
20 연합뉴스, 「국내 창업기업 5년 후 생존율 34%…OECD 평균보다 한참 낮아」, 2023년 10월 3일 자.
21 배두현, 「역동적 창업생태계 조성을 위한 정책제언」, 《SGI 지속성장리포트》, 2021-01(2021), 8쪽.

서 창업이 활성화되는 환경[22]으로서, 창업기업을 중심으로 투자자와 정부가 상호작용하는 관계를 말한다. 생태계의 속성상 계속 변화하고, 살아 움직이며, 인프라와 구성원들이 서로 영향을 주고받게 된다.

국가별 비교에 따르면 미국의 창업 생태계 랭킹은 세계 1위다. 도시별로도 마찬가지다. 「글로벌 창업생태계 보고서 2024(The Global Startup Ecosystem Report 2024)」에 따르면 실리콘밸리(1위), 뉴욕(2위), LA(4위), 보스턴(6위) 등 네 개 도시가 창업 생태계 지수 10위권 이내에 들어와 있다. 워싱턴D.C., 마이애미, 시카고, 샌디에이고, 시애틀은 20위권 이내에 속한다. 미국이 세계 1위의 경제 규모를 지니고 있음에도 불구하고 지난 100여 년 동안 2%대의 성장률을 유지하고 있다. 그 비결은 바로 첨단 혁신기술을 장착한 스타트업들이 활발히 창업을 하는 등 도전적인 기업가정신과 혁신성에서 다른 국가나 도시를 앞서고 있기 때문이다. 실리콘밸리를 비롯한 미국 전역의 혁신클러스터들을 통해 계속해서 새로운 스타트업이 활발하게 생겨나고, 그중에서 마이크로소프트, 애플, 아마존, 구글, 페이스북, 테슬라, 엔비디아 등 세계시장을 흔들고 경쟁의 판을 바꾸는 혁신기업(Game Changer)이 계속 출현했기 때문이다.

우리 창업 생태계는 어떤가? 먼저, 좋은 소식을 소개해 보자. 「글로벌 창업생태계 보고서 2024」에 따르면, 세계 주요 도시의 창업 생태계를 비교해 본 결과 서울시는 9위였으며, 전년도에 비해 세 계단 올라갔다. 2020년 20위에서 2024년 9위로 올라섰으므로, 지난 4년간 많은 변화와 개선이 뒷받침되었기 때문이라 해석된다.

서울의 창업 생태계 9위라는 해외의 평가에도 불구하고 우리나라 창업 생태계 전문가들의 평가는 그리 너그럽지 못하다. 우리 창업 생태계는 창업자나 투자자 주도의 생태계라기보다는 정부와 공공기관, 정책자금이 주도하는 공급자 중심의 생태계[23]에 머물러 있다고 한다. 공급자 중심의 비효율적 지

---

22 양현봉·박종복, 『청년창업 생태계 조성 및 활성화 방안』(산업연구원, 2011).

원 체계와 과도한 지원이 좀비벤처를 양산한다는 지적도 있다.[24]

요컨대 우리 창업 생태계는 강력한 정부 주도의 스타트업 지원 체계, 시리즈 B·C·D의 대형 투자 부족, 기술 분야 스타트업 부족, 비즈니스 아이디어 위주의 창업, 경험 많은 투자자와 멘토층 부족, 대기업의 벤처투자 및 스타트업 인수에 대한 관심 부족, 해외와의 교류가 부족한 스타트업, 상장이나 M&A 등 회수(exit)가 어려운 환경 등과 같은 특징을 지녔다.[25]

우리의 창업 생태계는 정부와 공급자 중심의 생태계에서 기업과 수요자 중심의 생태계로, 융자가 아닌 투자 중심의 생태계로, 내수 시장이 아닌 글로벌 시장을 목표하는 생태계로 나아가야 한다. 그러려면 가장 먼저 기업인이 사회적으로 존경받는 문화가 조성되어야 한다. 고용을 창출하고 유지하는 주체로서 기업인을 인정해 줘야 한다. 특히, 어려운 환경을 뚫고 자수성가한 스타트업 CEO라면 더욱 그래야 한다. 정부의 지원 방식은 간접 지원이 바람직하다. 정부의 직접적 지원보다 성장환경 조성과 같은 간접적 지원이 길게 보면 성과도 더 좋다. 중학교에서 대학교까지 특허와 발명, 창업에 관한 교육을 강화하고, ICT 관련 기술은 물론 창업에 필요한 전문 기술과 경험을 축적하고, 아울러 기본적인 경영관리 역량을 키울 수 있는 교육·훈련의 여건을 조성해야 한다. 아울러 우리는 글로벌 경쟁의 시대, 온라인 쇼핑몰이나 수출 플랫폼을 활용한 해외 진출이 필수인 시대에 살고 있다. '본글로벌(Born-Global)' 스타트업 생태계에 더 많은 관심을 기울여야 한다.

'창업 생태계'를 넘어 '창업국가'의 비전을 제시한 것은 문재인 정부가 처음이었다. 2021년 전부개정된 '중소기업창업지원법' 제1조 목적 조항을 보면,

---

23 "투자지수와 정부지수가 크게 증가하고, 기업지수의 증가율이 낮은 것은 창업·벤처 생태계가 정부 지원 위주로 성장하고 있음을 의미." 김선우 외, 「창업·벤처 생태계 측정에 관한 연구」, ≪벤처창업연구≫, 16(6)(2021), 31~42쪽.
24 임정욱, 「한국 스타트업 생태계의 현황과 과제」, ≪정보과학회지≫, 33(1)(2015).
25 임정욱, 같은 글.

"국민 누구나 창의적인 아이디어와 혁신적인 기술을 바탕으로, 기업가정신을 발휘하여 창업에 도전하고, 글로벌 선도기업으로 성장할 수 있는 창업 생태계를 조성하여, 디지털 경제 시대에 새로운 국가경제의 성장 동력과 일자리를 창출하는 창업국가를 건설한다"라고 되어 있다.

창업국가의 건설이든 제2의 벤처붐 조성이든 2~3년 만에 뚝딱 '건설'할 수 있는 목표는 아니다. 2021년 이후 4년이 지난 2025년 현재 제2의 벤처붐을 체감할 수 없고, 창업국가 구현도 현재진행형이라고 할 수 있다. 창업국가의 구현은 앞으로 10년 이상 꾸준히 지속가능한 창업벤처 생태계를 만들기 위한 제도 개선과 규제 완화, 국가 전체적인 노력이 집중되어야 가능할 것이다.

제6장

금융혁신을 위한 규제 및 감독

최성일 | 보험연구원

1. 지금 다시 금융혁신이 필요한 이유

한국의 금융은 애물단지다. 1990년대 금리자유화와 금융시장 개방을 추진한 이래 정부는 지속적으로 금융 부문의 경쟁력을 제고하고자 노력했다. 이제 금융은 양적으로는 과도하다 싶을 정도로 성장했지만, 실질적으로 제 역할을 하고 있느냐는 아직도 의문이다. 과잉 금융으로 가계부채 문제와 주택 가격 불안이 야기되었다. 무분별하게 재연된 부동산PF 대출 집중은 아직도 금융시장의 심각한 불안 요인이다. 그간의 정책적 금융지원 노력에도 불구하고 많은 자영업자와 중소기업은 과도한 빚에 시달리며 재기하기 어려운 상황에 놓여 있다. 본연의 자금 배분 기능이 미흡했기에 한국의 금융산업은 여전히 금융 불안을 야기하는 고질적인 문제를 드러내고 있는 것이 아닌가? 금융의 신뢰도 크게 위협받고 있다. DLF, 라임, 옵티머스 등 사모펀드와 ELS 판매 과정에서 심각한 고객 손실 사태가 발생한 데다 금융권의 횡령 및 부당대출 사태가 빈발하기 때문이다. 당장의 성과를 올리기 위한 편법이 만연될 뿐 아니라, 금융회사에 피해를 입히는 불법행위도 일어나고 있다. 금융회사의 내부통제에만 문제가 있는 것이 아니라 신의를 기본으로 해야 할 금융회사 직업윤리와 조직문화가 위기다.

금융회사는 그룹화를 통해 점차 대형화하면서 사회적 영향력이 확대되고 있다. 각종 사회사업 및 스포츠 활동에 대한 후원 활동을 늘리고 있을 뿐 아니라, SNS에 잠식당하고 있는 언론사에게는 소중한 광고주다. 금융회사에 커진 사회적 영향력과 걸맞은 윤리의식이나 조직문화가 뒤따라가지 못하는 것은 지배구조의 문제에서 비롯된다. 많은 금융회사에서 사외이사는 제 역할을 충분히 하지 못하고 있다. 대주주가 지배하는 금융회사만 그런 것이 아니다. 소유가 분산된 은행지주회사에서도 회장에게 권한이 집중되고는 한다. 글로벌 금융위기 당시 리먼 브라더스(Lehman Brothers)의 경우 CEO에게 권한이 집중되고 이사회가 제 역할을 못한 것이 파산 원인으로 지목되고 있다는 점은 주목할 만하다.

금융감독은 금융회사의 리스크관리와 내부통제의 적정성을 심사하고 평가하기보다는 수사하듯이 위규 사항을 적발하는 데 치중한다. 금융회사는 임점검사에서 제재 심의에 이르기까지 일일이 법무법인의 도움을 받는다. 경영진, 특히 CEO 제재에 대해서는 행정소송을 걸어서 끝까지 다툰다. 역사적으로 상호 신의로 시작된 감독 당국과 금융회사 간의 관계는 이제 리스크관리 개선과 관련해 진솔한 협의를 하기 어려워 보인다. 게다가 감독 당국은 정치적 영향을 받음을 부인할 수 없다. 금융회사의 채용비리를 적발하기 위하여 오랜 기간 대규모 검사 인력을 투입하고 사법 당국에 이첩했다. 사모펀드와 ELS의 불완전판매에 따른 대규모 손실 사태가 일어나자 불완전판매에 대한 위규적발 검사를 실시하고 검사 결과가 확정되지 않은 상태에서 불완전판매를 유형화해 배상 비율을 제시했다. 금융회사는 제재를 가늠하며 조정안을 받아들였다. 외환위기 이후 어렵게 정착되어 온 투자자의 자기책임 원칙을 강조하는 목소리는 조심스럽기만 했다. 라임펀드의 특혜성 환매 의혹에 정치인이 거론되고, 국회의원 후보 관련 새마을금고 부당 사업자대출 의혹에 대한 검사 결과가 선거 직전에 발표되기도 했다. 자영업자와 중소기업의 어려움이 지속되는 가운데 이자 장사로 돈을 버는 금융회사에 대한 사회적 비난이 제기되자 금융협회를 중심으로 업계 자율적으로 대응하기보다는 금융 당국이 직접 금융회사로 하여금 상생금융에 나설 것을 설득했다.

금융회사에 대한 시장의 평가는 저조하기만 하다. 금융회사는 실물기업과 달리 대부분의 부채 및 자산이 시가평가가 반영된 금융자산과 부채로 구성되어 있어, 주가를 순자산가치로 나누는 주가순자산비율(Price to Book-value Ratio, PBR)이 전통적으로 1에 근접하는 것으로 알려져 있다. 그러나 2024년 말 현재 코스피지수의 PBR이 0.84 수준인 데 비해, KRX은행 지수의 PBR은 0.44로 그 절반 수준에 머물고, KRX보험 지수는 0.50, KRX증권 지수는 0.46에 불과한 실정이다. 신뢰와 혁신 없이 주주환원율 제고 등 밸류업 프로그램만으로 시장의 저평가를 극복할 수 있을지는 의문이다.[1]

더구나 지금 세계는 이제까지 한 번도 겪어보지 못한 큰 구조적 변화를 맞이하고 있다. 점차 심각해지는 기후 리스크, 저출생에 따른 인구구조의 변화, AI와 디지털 전환, 그리고 지정학적 리스크의 심화가 그것이다. 이미 금융의 플랫폼화가 진전되어 고객과의 접점을 확보하고 편의성으로 무장한 빅테크가 금융시장을 상당 폭 잠식한 상태다. 지정학적 갈등이 고조되며 요구되는 전략적 산업의 육성 및 낙후 사업의 전환에 대한 금융지원 기능이 미흡할 경우에는 실물경제의 쇠퇴로 이어질 수밖에 없고 금융만 떨어져 살아남을 수는 없다. 그래서 지금 바로 금융의 근본적인 혁신이 필요하다. 금융혁신은 단순한 금융산업 확대가 아니라, 창의적으로 실물경제를 지원하는 것이어야 한다. 과잉 금융이 아닌 본연의 자금중개 기능을 제고해야 한다. 이를 통해 전략적 산업으로의 전환과 육성을 지원하고, 금융회사가 견고한 지배구조와 조직문화를 바탕으로 진정성을 갖고 고객 보호를 위한 노력을 기울이도록 금융혁신을 이끌어야 한다.

---

1 최성일·김가현, 「한국의 은행과 보험회사의 PBR과 실질 지급능력」(보험연구원 연구보고서, 2024).

2. 한국 금융산업의 성장과 자금중개 기능

한국의 금융산업은 양적으로는 과도할 정도로 빠르게 성장한 반면, 질적으로는 자금중개 기능의 발전이 미흡했다.

금융산업은 자금 거래를 가로막는 정보의 비대칭성과 불확실성을 극복하기 위해 발전했다. 채권자가 채무자의 상환 능력을 완벽히 알 수 없기 때문에, 우량한 채무자도 자금을 조달하기 어려운 상황이 발생할 수 있다. 이에 금융회사의 자금중개 기능이 작동한다. 채권자를 대신해 채무자의 신용 리스크를 사전에 심사하고 사후적으로는 상환 행태를 모니터링함으로써 비대칭 정보를 적극적으로 해소하는 것이다. 금융산업의 발전은 마찰 요인을 얼마나 효과적으로 극복해 금융중개 기능을 원활하게 수행하는지에 달려 있다.

일반적으로 금융산업의 성장은 실물경제 발전을 뒷받침한다. 금융이 효율적으로 자금을 배분하고 투자위험을 관리하며 저축을 촉진하는 등의 기능을 통해 경제성장에 기여하기 때문이다. 금융 시스템의 발전이 자본 축적과 기술혁신을 촉진한다는 연구도 오래전부터 제기되어 왔다.[2] 그러나 2008년 글로벌 금융위기를 겪으면서 무분별한 금융산업의 성장이 경제발전이 아니라 금융위기를 불러왔다는 반성이 등장했다. IMF는 금융산업이 과도하게 확대되면 오히려 경제성장에 부정적인 영향을 미칠 수 있다고 경고했다.[3] 지나친 금융발전은 생산적 부문을 위축시키고 자원의 잘못된 배분과 도덕적 해이를 초래한다는 '금융과잉' 가설이 제시되었다. 특히 **금융산업이 너무 빠르게 팽창하고, 금융규제와 감독 체계가 이에 맞춰 정비되지 않을 경우 금융위기와 경제적 불안정성**

---

2   Robert G. King and Ross Levine, "Finance and Growth: Schumpeter Might Be Right," *The Quarterly Journal of Economics*, 108(3)(1993).

3   IMF, "Rethinking financial deepening: Stability and growth in emerging markets," IMF staff discussion note(2015.5).

그림 6-1 주요국 비금융민간부문신용/GDP 추이

단위: %

자료: BIS Data Portal(검색일: 2024.1.16).

을 초래할 수 있다는 분석이 나왔다. 이러한 논리를 적용하면 한국은 금융발전 수준이 이미 분기점을 넘어 경제성장이 저해되고 금융 불안이 확대하는 단계에 진입했을 가능성이 있다.

우리나라의 금융산업은 그간 양적으로 크게 성장했다. 한국 금융산업의 성장 수준을 확인하기 위해서 비금융민간부문신용을 경상GDP로 나눈 비율을 살펴보자. 2000년 3월 말 139.4%에서 2023년 9월 말 209.2%까지 급격히 상승했다. 이후 완만한 하락세를 보이며 2024년 6월 말에는 202.5%로 낮아졌지만 주요국에 비해 높은 수준이다. 일본은 동 비율이 2015년 이후 상승세를 보이고 있지만, 2024년 6월 말 182.2%로 한국보다 낮다.[4] 미국과 유로 지역은 2000년

---

[4] 다만, 일본은 막대한 재정적자로 인하여 정부 부문에 대한 신용이 크다. 일본의 경우 정부를 포함한 비금융부문신용 잔액의 경상GDP 대비 비율은 2024년 6월 말 현재 393.7%로 한국 (247.9%)의 1.6배에 달한다.

당시 한국과 비슷한 수준이었는데, 2024년 6월 말 현재 각각 145.9% 및 154.3%로 한국보다 상당히 낮은 수준에 머물고 있다. 주요국 중 한국보다 빠른 속도로 비금융민간부문신용이 축적되고 있는 곳은 중국뿐이다. 2000년 3월 말 105.1%에서 2024년 6월 말 204.5%로 두 배 가까이 상승해 한국보다 높은 수준을 보였다. 결국 **한국 민간 부문의 금융부채는 양적으로 실물경제의 성장보다 훨씬 더 빠르게 증가했을 뿐 아니라, 축적 정도가 이미 미국, 유럽 및 일본 등 주요국 수준을 능가했음을 보여준다.** 이러한 양적인 성장이 바람직한 금융의 발전을 보여주지는 못한다. 어쩌면 현재 한국은 중국과 함께 '금융과잉'의 폐해가 우려되는 상황일지 모른다.

한국의 금융산업이 양적으로 빠르게 성장한 반면, 자금중개 기능의 질적 발전은 미흡했다. 대표적인 사례가 주택담보대출의 비중 증가다. **2007년 말 기준 가계신용에서 주택담보대출이 차지하는 비중은 51.7%로 절반이 넘었는데, 2024년 9월 말에는 58.1%로 더 상승했다.** 주택금융공사와 주택도시기금이 취급하는 정책대출이 2007년 말 5.2%에서 2024년 9월 말에는 12.0%로 대폭 상승한 데에 기인한다. 주택담보대출은 보수적인 주택담보인정비율(Loan to Value, LTV) 규제로 인해 금융회사 입장에서는 차주가 대출금을 상환하지 못하더라도 담보주택을 처분해 손실을 대부분 회수할 수 있다. 정책성 주택담보대출은 더더구나 그렇다. 금융회사는 대출 심사 과정에서 차주의 신용을 철저히 평가할 필요가 낮다. 정보 비대칭을 해소하는 금융회사의 핵심 역할 대신 주택을 담보로 하는 기계적인 대출이 대종을 차지하게 된 것이다.

국내 은행의 전체 원화대출에서 담보대출 비중의 상승 역시 자금중개 기능의 약화를 더욱 분명히 보여준다. **부동산담보대출 비중은 2007년 12월 말 48.4%에서 2024년 9월 말 54.1%로 상승했다.** 반면 신용대출 비중은 같은 기간 42.0%에서 26.1%로 급감했다. 더욱 주목할 점은 보증부 대출의 급증이다. **2007년 12월 말 6.0%였던 보증부 대출 비중은 2024년 9월 말 17.4%로 3배 가까이 상승했다.** 보증부 대출이 크게 증가한 것은 정부 보증기금 등의 정책금융

그림 6-2 한국의 가계신용 및 국내은행 대출금의 구성 추이

A. 가계신용중 주택담보대출 등의 비중 추이

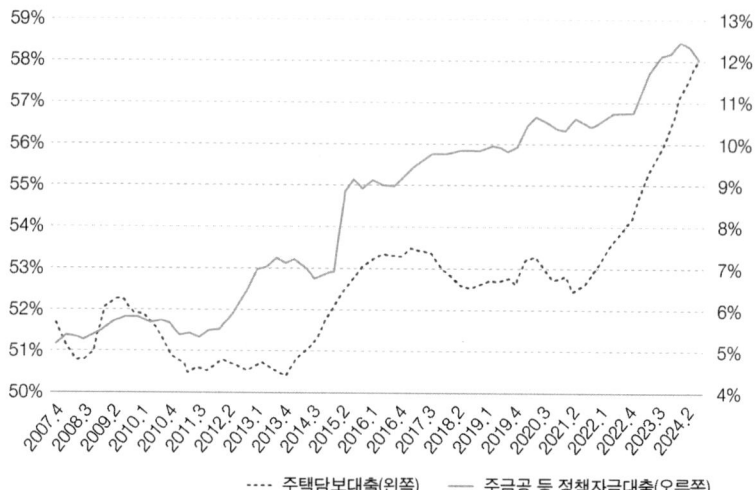

B. 국내은행의 원화대출금중 담보 및 신용대출 비중 추이

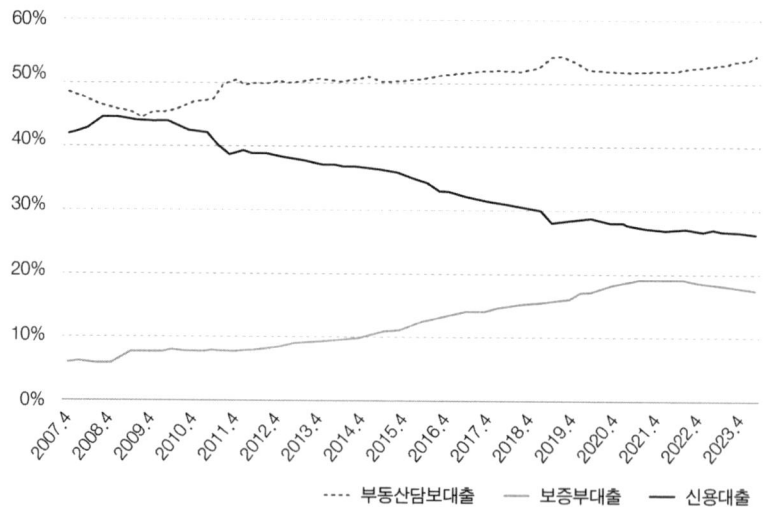

자료: 한국은행 경제통계시스템, 금융감독원 금융통계정보시스템.

지원을 받아 은행이 신용 리스크에 대한 실질적인 심사 및 리스크 없이 대출을 확대했음을 보여준다. 금융이 여신 심사 기능을 통해 정보 비대칭을 적극 해소하는 자금중개 기능을 중심으로 성장한 것이 아니라, 정부 기관의 보증을 받아 기계적인 자금 도관 역할 중심으로 크게 성장한 것이다. 물론 글로벌 금융위기 및 코로나19 사태로 더욱 어려워진 중소기업 및 자영업자에 대해 정부의 대대적인 정책적 지원이 금융회사를 통해 이루어진 데에서도 기인한다. 코로나19를 극복하는 데 있어 주요 선진국이 주로 재정을 활용했지만, 한국은 금융지원을 통해 이루어진 특징이 있기 때문이다. **그간의 금융 부문은 과도할 정도의 양적 성장을 이루었지만, 부동산담보대출과 정책자금 지원에 크게 의존하면서 효율적 자원배분을 위한 실질적인 자금중개 기능의 제고는 이루어지지 못한 것으로 평가된다.**

3. 금융혁신을 위한 규제 및 감독

바람직한 금융혁신을 위해서는 규제 취지를 회피하는 편법을 효과적으로 관리하면서 금융규제 및 감독의 속성을 혁신 친화적으로 고쳐나갈 필요가 있다. 지금까지의 금융혁신이 정부 주도로 이루어졌다면 앞으로는 자율과 창의를 바탕으로 기업이 주도할 수 있어야 한다. 다만, 금융회사가 원하는 규제 및 감독 개선에 치중하고 국민이 체감하는 개선이 미흡할 경우에는 금융혁신이 성공할 수 없다.

금융은 신뢰를 바탕으로 하기에 역사적으로 규제 산업으로 확립되었다. 규제가 없던 초창기의 은행은 고객의 예금으로 무분별하게 신용을 창출하고는 했다. 부실 또는 금융사고가 드러나 고객의 신뢰가 의심으로 변하는 순간 예금인출 사태가 발생했고 연쇄도산으로 이어져 금융위기가 반복되었다. 금융산업의 신뢰를 지키기 위해 규제가 시행되었고 예금보험제도가 도입되었으며, 금융회사의 건전 경영을 감시하는 감독제도가 비롯되었다.

금융혁신은 규제 및 감독과 이중적인 불가분의 관계에 있다. 상호 긴장과 갈등의 관계이자 건전한 규제감독은 금융혁신의 토대가 되기도 한다. **첫째 관계는 긴장과 갈등이다.** 금융혁신은 당국의 규제 목적과 금융회사의 이윤 극대화 간의 갈등의 산물이라 할 수 있다. 규제로 인해 생긴 비용을 줄이는 과정에서 금융혁신이 발생하기 때문이다.[5] 대표적으로 1970년대 미국의 수신금리규제(Regulation Q)를 회피하기 위해 유로예금 시장이 형성되고 MMF와 같은 단기 금융시장 상품의 이용이 활성화된 사례가 있다. BIS 자기자본비율 규제가 도입되자 은행들이 장부 외 거래 상품을 개발해 규제를 회피하는 전략을 펼쳤다. 금융혁신의 60% 정도가 규제와 관련된 것으로 지적된다.[6]

규제 회피를 위한 혁신은 순진한 투자자를 현혹해 위험을 전가하는 방식으로 이루어지기도 한다.[7] 한국에서도 대규모 고객 손실을 야기한 키코와 DLF, ELS도 그런 특성을 가졌음을 부정하기 어렵다. 글로벌 금융위기를 겪으며 규제 회피를 위한 혁신이 경제성장 또는 자원배분의 개선을 가져오기보다는 금융 취약성과 경제적 변동성만 키웠다는 주장도 제기되었다.[8] 미국의 연준의장을 지낸 볼커(Paul Volcker)는 그간의 금융혁신으로 경제에 개선된 것이 조금이라도 있냐고 일갈했다.[9] 감독 당국은 규제 감독의 취지에 반하는 금융혁신에 반감을

---

5   변재권·장영민, 「금융혁신의 이론에 관한 문헌적 고찰」, ≪금융공학연구≫, 3(2)(2004). 대표적으로는 E. Kane과 W. Silver를 들 수 있다.

6   Mohammad G. Nejad, "Research on financial innovations: An interdisciplinary review," *International Journal of Bank Marketing*, 40(3)(2022), pp.578~612.

7   Brian J. Henderson and Neil D. Pearson, "The dark side of financial innovation: A case study of the pricing of a retail financial product," *Journal of Financial Economics*, 100(2011), pp.227~247.

8   Viral V. Acharya, Philipp Schnabl and Gustavo Suarez. "Securitization without risk transfer," *Journal of Financial Economics*, 107(2010), pp.515~536.

9   *The Wall Street Journal*, "Paul Volcker: Think more boldly," 2009.12.14, p.R7, Thorsten

가질 수밖에 없다. 규제 회피를 방지하기 위한 감독 강화가 뒤따랐다. BIS자기자본규제는 규제 회피를 위한 은행들의 여러 혁신에 대응해 바젤 I, 바젤 II, 바젤 III를 거치며 더욱 정교화하고 감당하기 어려운 수준으로 복잡해졌다.

둘째 관계는 혁신의 토대가 되는 규제 감독이다. 금융시장은 정보의 비대칭성과 같은 마찰 요인으로 인해 불완전하기 마련인데, **금융혁신은 기존 금융상품의 속성들을 바꾸고 결합하고 분해하는 혁신을 통해 자금중개의 비용을 감소시키고 시장을 더욱 효율적으로 만들 수 있다. 특히 디지털 전환에 의한 혁신은 금융회사의 존립 근거인 마찰 요인을 완화하는 효과가 있다.** 정보처리 및 저장 비용의 급격한 하락은 정보 비대칭을 쉽게 해소해 준다. 빅테크 플랫폼 사업자가 보유하고 있는 소비자 정보를 적극 활용할 경우 차입자의 상환 능력에 대한 불확실성 때문에 이용되었던 담보의 필요성이 줄어들게 되고, 기존의 금융거래 이력이 없는 차주에게도 신용이 원활히 제공될 수 있게 한다. 더 나아가 정보처리의 자동화에 의해 계약조건 이행 등을 사후 모니터링하기가 용이해져 완벽한 금융시장에 다가설 것으로 기대된다. 제대로 설계되고 효과적으로 운용되는 금융 규제 및 감독은 보다 완전한 금융시장에 다가가기 위한 바람직한 혁신의 토대가 될 수 있다.

금융혁신은 이와 같이 긍정적인 효과뿐 아니라 부정적인 결과를 함께 가져온다.[10] 금융혁신의 효과는 시장 환경, 금융구조 및 감독 체계에 따라 달라진다. 바람직한 혁신을 위한 금융규제 및 감독의 개선은 금융시장의 마찰 요인을 극복하여 자금중개 기능을 제고할 수 있도록 하는 것이다. 실질적인 자금중개 기능의 제고 없이 금융회사의 이익 추구를 위해 규제 취지를 벗어나 결과적으로 더 큰 문제가 야기되는 것은 결코 바람직한 금융혁신이라고 할 수 없다. 결

Beck, Chen Tao, Lin Chen and Song Frank M., "Financial innovation: The bright and the dark sides", *Journal of Banking and Finance*, 72(2016)에서 재인용.

10 Thorsten Beck, Chen Tao, Lin Chen and Song Frank M., "Financial innovation: The bright and the dark sides", *Journal of Banking and Finance*, 72(2016).

국 바람직한 금융혁신을 위해서는 규제 취지를 벗어나는 갈등 관계를 효과적으로 관리하면서 금융규제 및 감독의 속성을 혁신 친화적으로 정비해 가는 것이라고 하겠다.

그렇다면 지금까지 한국의 금융혁신을 위한 규제 및 감독 정책은 어떠한가? **한국의 금융혁신은 하향식(top-down)으로 추진되었다.** 정부가 주도하고 시장 참여자가 이에 순응하는 방식이다. 금융개혁정책들은 심각한 금융사고나 외환위기 및 글로벌 금융위기 등에 대응해 시장과의 충분한 소통 없이 가부장적으로 추진되었기에, 당장의 위기대응에는 성공했음에도 불구하고 중장기적인 금융산업 및 시장에 발전은 제한적이었다고 평가된다.[11] 한국의 하향식 금융혁신 추진의 특징은 디지털 금융혁신의 대표적인 사례인 오픈뱅킹에서도 찾을 수 있다.

오픈뱅킹은 금융회사가 고객의 동의하에 금융데이터를 제3자 핀테크 기업이나 다른 금융기관과 안전하게 공유하도록 허용하는 시스템을 의미한다. 혁신적 서비스를 제공하고자 하는 핀테크 회사와 기존 금융회사 간에 공정한 경쟁 여건을 조성한다는 의의가 있다. 영국은 2018년 1월 EU의 지급결제서비스지침(PSD2)을 기반으로 오픈뱅킹을 추진했다. 법적 기반을 갖고 표준화된 API(Application Programming Interface: 응용프로그램 인터페이스) 기반의 오픈뱅킹을 세계 최초로 제도한 것이다. 한편, 미국은 법제화 없이 시장 주도로 이미 1997년에 요들리(Yodlee)와 같은 핀테크 기업들이 계좌 통합(Account aggregation) 서비스를 통해 사실상의 오픈뱅킹을 제공해 왔다. 이후 2010년 도드프랭크법(Dodd-Frank Act)에서 데이터 접근권이 명문화되었지만, 영국과 같은 법제화된 오픈뱅킹 모델이라기보다는 시장 주도의 사업 모델이었다. API 표준화는 2018년 시장에서 자율적으로 설립된 금융데이터거래소(Financial Data

---

11 강동수. 「금융혁신과 금융개혁」, 『디지털 전환에 따른 금융의 혁신과 개혁 방안』(한국개발연구원, 2022).

Exchange, FDX)를 통해 추진되었으며 금융기관이 소비자의 데이터 전송요구에 응해야 하는 의무는 2024년 10월에야 소비자금융보호국(CFPB)의 오픈뱅킹 규정[12]으로 마련되었다. 이에 반해 한국은 법적으로 제도화하지 않은 상태에서 금융위원회와 금융결제원이 주도해 2019년 12월 오픈뱅킹을 도입했다. 금융 당국은 참가를 주저하는 은행들을 설득해 은행 간 공동결제망에서 표준화된 API기반으로 서비스를 제공한 것이다. 오픈뱅킹의 법적 근거는 전자금융거래법에 마련이 추진되었으나, 아직까지 입법이 되지는 않은 상태이다.[13] 한국은 미국처럼 시장에서 자율적으로 혁신적인 금융서비스가 제공되기 시작한 것도 아니고, 영국처럼 먼저 법적으로 제도화한 것도 아니다. 금융 당국이 설득을 통해 하향식으로 금융혁신을 추진한 것이다. 금융 당국은 "엘리트 집단으로서 책임감으로 무장된, 그러나 때로는 실패를 인정하지 않는, 권위적이고 가부장적인 스타일"[14]을 갖고 하향식 금융혁신을 추진한 것이다.

금융 당국이 금융회사를 설득해 추진하는 금융혁신은 신속하고 효과적인 장점이 있다. 오픈뱅킹의 경우 금융회사들이 핀테크 회사와 경쟁하며 금융소비자가 자기 계좌를 한눈에 통합해 관리할 수 있는 편리한 금융서비스를 제공하는 기반이 되었다. 그렇지만 금융회사가 정부 주도 혁신에 순치될 경우에는 시장에서 자율적으로 시장원리에 맞춰 금융혁신을 추진할 역량이 축적되지 못할 우려가 있다. 핀테크 회사가 스스로의 힘으로 은행의 계좌에 접근하기 위해서 고객이 원하는 서비스를 제공함으로써 협상력을 키워나가는 경우도 있기 때문이다.

2015년 비바리퍼블리카는 간편송금서비스 토스(Toss)를 출시했다. 사용자들이 다양한 은행계좌를 연결해 손쉬운 송금 및 자산관리를 할 수 있도록 지원

---

12 'Final Rule on personal financial data rights under Section 1033 of the Dodd-Frank Act.'
13 이에 반하여, 개인이 자신의 신용정보를 직접 관리하고 원하는 제3자에게 직접 제공하는 마이데이터 사업은 2021년 시행에 앞서 2020년 8월 데이터 3법 개정으로 법적 근거를 마련한 바 있다.
14 강동수, "금융혁신과 금융개혁".

했는데, 이는 은행들이 고객계좌 연동을 허용해야 가능한 서비스였다. 초기에 우리은행 등은 토스와의 연동을 허용하지 않았다. 보안 우려도 있었지만, 당시 우리은행이 제공하는 위비뱅크 서비스와의 경쟁이 된다는 것 등이 주된 이유로 알려졌다. 그러나 토스의 사용자 기반이 확대되어 우리은행 고객들도 토스 서비스를 함께 이용하고자 하는 요구가 증대되면서 결국 우리은행은 토스와의 협력을 통해 계좌연동을 허용하게 되었다. 시장에서 자체 혁신 역량을 키운 토스는 인터넷전문은행으로 도약할 수 있었던 것으로 여겨진다.

한편, 금융 당국은 고객 편의 제고를 위해 다소 부작용이 있더라도 금융회사의 반발을 무릅쓰고 하향식 혁신정책을 추진하기도 한다. 2023년 5월 금융 당국 주도로 세계 최초로 '온라인·원스톱 대환대출 인프라'가 구축되었다. 금융소비자가 휴대폰을 통해 낮은 금리의 대출로 쉽게 갈아탈 수 있도록 함으로써 당장 금리부담을 낮출 수 있게 되었다. 금융회사 간에 대출금리 경쟁을 촉진하는 긍정적 효과가 뚜렷하다. 그러나 대출 계약의 이동이 자유롭다면 금융회사가 애초에 정보 비대칭을 해소하기 위하여 여신 심사에 많은 노력과 시간을 들일 유인이 줄어들게 된다. 다른 금융회사가 이미 취급한 대출에 대하여 대출금리만 조금 낮춰 고객을 유치하는 전략이 더 합리적일 수 있기 때문이다. 우량 고객 확보를 위한 고객 빼앗기 경쟁은 당장은 고객에게 금리 하락의 혜택이 있지만, 장기적으로는 금융회사의 고객 정보 축적을 저해해 금융회사별 여신 심사에서 변별력이 하향 평준화될 수 있으므로 주의가 필요하다.[15]

앞으로 금융혁신은 정부 주도가 아니라 금융회사와 핀테크 기업 등이 자율과 창의를 바탕으로 기업가 정신을 갖고 주도할 수 있도록 추진되어야 한다. 이를 위해 규제 및 감독의 속성을 혁신 친화적으로 바꾸는 동시에 금융회사의 지배구조와 조직문화가 제자리를 찾도록 함으로써 혁신과정에서 규제 및 감독의 취지를 벗어나 부작용을 초래하는 문제가 효과적으로 관리되어야 한다.

---

15 최성일·김가현, 『대환대출 인프라 운영 평가 및 과제』(보험연구원, 2023).

혁신 친화적인 금융규제 및 감독은 일반적으로 예측 가능하고 투명하며 시장친화적이고 기술변화에 유연하게 적응하며 시장참여자와의 사전 협의 등을 통해 충분히 소통함으로써 마련되는 것이다. 예컨대 금융감독에서 위규 적발 위주의 검사 및 가부장적인 규제 감독을 금융회사의 자율과 창의를 확대하는 방식으로 바꾸는 것을 의미한다. 이는 어쩌면 2015년 박근혜 정부에서 금융위원회가 주도한 금융개혁회의의 핵심 어젠다와 다름이 없다. 금융개혁회의는 자율책임 문화 조성, 실물지원 역량 강화, 금융산업 경쟁 제고를 3대 전략으로 삼았다. 자율책임 문화 조성을 위해 금융회사가 창의적이고 자율적인 방식으로 상품과 서비스를 개발할 수 있도록 규제를 완화하고, 금융감독 당국을 코치가 아닌 심판으로 전환하고자 감독·검사·제재를 개선했다. 구체적으로는 금융감독원의 위규 사항 적발을 위한 검사를 제한하고 평가 위주의 검사로 전환토록 했다. 금융회사에 대한 종합검사를 폐지한다는 내용이 발표되며 감독·검사의 실효성이 저하될 것이라는 우려도 커진 것이 사실이다.

박근혜 정부의 금융혁신은 성공적이지 못했다. 금융회사가 원하는 규제 및 감독 개선이 이뤄졌을 뿐 국민이 체감하는 금융개선이 이루어지는 데에는 미흡했기 때문이다. 이에 대해 2017년 문재인 정권의 금융행정혁신위원회는 그간의 규율 체계 중심이 상대적으로 금융소비자 보호보다 금융회사들의 건전성 감독 내지 영업 행위 자율성 확보에 두어졌던 점을 지적했다. 아울러 검사 및 감독 과정에서 사전적인 시정조치의 미흡 그리고 사후적인 제재에서도 솜방망이 처벌 등의 문제가 존재한다고 보았다.[16]

금융행정혁신위원회는 이러한 비판적 시각을 갖고 있음에도 불구하고 기본적으로는 박근혜 정부에서 추진된 검사 및 제재 혁신 방안을 이어받아 발전시켰다. 금융회사의 중복 자료 제출 요구 중단 등을 통해 검사 부담을 완화하고 제재심의위원회에 대심(對審) 제도를 도입해 방어권이 보장되도록 했으며 행

---

16 금융행정혁신위원회, 「금융행정혁신 보고서」(2017.12.20).

정지도의 제한 및 비공식 절차에 의한 지시 관행을 없애도록 한 것이 그 예다. 이에 더해 금융감독 당국의 구조적 문제점에 대한 해결 방안도 함께 제시했다. 첫째, 금융산업 진흥 업무와 금융감독 업무를 실질적으로 구분하도록 하며, 둘째, 금융감독원의 건전성 감독과 소비자 보호 기능의 분리·독립을 추진할 것을 권고했다. 또한, 금융소비자 보호 강화를 위해 집단소송의 허용, 편면적 구속력을 가지는 분쟁해결절차, 그리고 징벌적 손해배상제도 등의 도입을 권고했다. 이는 감독 업무가 금융정책으로부터 독립되어 엄정한 중립성을 확보하고, 건전성 감독 업무와의 우선순위에 밀려 소비자 보호를 위한 감독 업무에 소홀히 하지 않으면서 실효성 있는 구제 수단을 확보하고자 하는 데에 의의가 있다. 그렇지만 구조적 해결 방안 중에서 금융소비자보호처가 금융감독원 내에 불완전하게 분리되었을 뿐, 나머지 방안은 윤석열 정권에 이르기까지 실제로 추진되지 못했다. 그리고는 DLF, 라임, 옵티머스 등의 대규모 고객 손실 사태가 발생하면서 그때까지의 혁신 친화적인 규제 감독 개선보다는 소비자 보호와 금융회사의 내부통제를 강화하는 방안에 중점을 두기 시작했다. 금융회사의 자율과 창의를 강조하면서 검사 및 제재에서 금융회사 임직원의 권익보호 강화에 치중한 결과, 금융회사가 자기의 이익을 위하여 고객 보호를 등한시하고 효율성 제고를 위해 내부통제를 소홀히 하는 것을 방지하지도 엄단하지도 못했다는 반성인 것이다.

4. 소비자 보호와 금융혁신을 위한 원칙 중심의 규제 감독

소비자 보호를 위한 내부통제 체계가 정착되고 디지털 금융혁신을 뒷받침하는 간결하고 유연한 규제 체계를 확립하기 위해서는 원칙 중심의 규제 감독의 도입이 필요하다.

DLF, 라임, 옵티머스 등 사모펀드와 최근의 ELS 판매상의 심각한 고객 손실 사태에 더하여 금융권의 횡령 및 부당대출 사태가 빈발하면서 금융산업의 신뢰가 크게 손상되고 있다. 사실 금융회사는 과거 고객의 금을 맡아 보관하는 데에서 출발했고, 이후 보관된 자금을 대출로 운용하기 시작하면서 더더욱 맡긴 돈을 찾을 수 있는지에 대한 신뢰가 가장 중요한 요소가 되었다. 금융사고는 기본적으로 금융회사 존립의 근간이 되는 신뢰를 저해할 수 있다는 점에서 심각성이 있다. 신뢰는 단계적으로 저하되기보다는 티핑포인트에 도달하면 갑자기 무너지는 특성이 있다. DLF 라임, 옵티머스, ELS와 같은 심각한 고객 손실 사태에도 불구하고 특정 은행에서 현저한 고객 이탈 현상은 나타나지 않았다. 그러나 새마을금고의 예금인출 사태가 어느 날 갑자기 시작된 것을 생각하면 마냥 안심할 수는 없을 것이다.

금융회사의 부당한 영업과 금융사고로 인한 신뢰 붕괴를 막기 위해서는 금융회사 스스로 내부통제가 적절하게 작동하도록 운영하고, 금융감독 당국은 금융회사의 내부통제가 책임감 있게 작동하는지를 감시하고 평가해 필요한 감독조치를 취하는 것이 필요하다. 글로벌 금융위기 이후 국제적으로 고객의 신뢰를 저버리는 금융사고에 대해 경영진의 책임을 강하게 묻는 방향으로 감독제도가 변화했다. 국내에서는 종전의 '금융회사의지배구조에관한법률'이 내부통제 관리 의무 없이 내부통제 "기준 마련"만을 규정했다. 다만 시행령에서 이를 "실효성"있게 마련하도록 규정했기에 이를 근거로 DLF 사태 시 은행장에 대한 제재 조치를 했다. 제재에 반발해 이뤄진 소송은 우리나라에서 "원칙 중심의 규제 감독"이 가능한지를 가늠할 시금석이 되었다. "실효성"은 판단이 필요한 원칙이기 때문이다. 결과적으로 제재의 법적 근거가 미흡한 것으로 판결이 났다. 결국 '금융회사의지배구조에관한법률' 개정(2024년 7월 시행)으로 경영진에게 내부통제에 대한 관리 의무를 명시적으로 부과하고, 책무구조도를 도입해 각 경영진의 책임 영역을 사전 배분하게 되었다.

원칙 중심의 규제 및 감독이 자리 잡지 않은 한국에서 책무구조도 제도가 실효

성 있게 작동하는 데에는 한계가 있다. 책무구조도 제도는 원칙 중심의 규제를 근간으로 하는 영국에서 시작되었다. 감독 당국이 세부적인 규정을 강제하지 않고 금융회사 자율적으로 각자의 조직 특성에 맞도록 경영진의 책임분담 구조를 설계하도록 한다. 원칙 중심의 규제가 자리잡지 않은 한국에서는 규제준수를 형식적으로만 이행하여 실질적인 내부통제 강화로 이어지지 않을 우려가 있다. 금융회사가 책임을 명확히 규정하지 않거나 또는 모호한 방식으로 책임을 회피하기 위한 책무구조도를 작성할 수 있기 때문이다. 지금도 현장에서는 금융회사의 의사결정이 경영진의 책임을 회피하는 방식으로 이루어지고 있다. 중요한 의사결정은 감독 및 검사 시 책임 추궁을 의식해서 기록 없이 경영진이 참여하는 회의에서 구두로 지시되어 이루어지고는 한다. 서명이 들어간 문서는 남기지 않는 것이다. 이러한 행태에서 금융회사 자율적으로 실효성 있는 책무구조도를 작성하도록 하는 것을 기대하기는 어렵다. 원칙 중심의 규제가 자리잡지 않는다면 책무구조도가 실효성 있게 작성되지 않았을 경우에도 감독 당국이 판단해 개선 요구 또는 제재 등의 조치를 취하기 어렵기 때문이다.

원칙 중심의 규제는 또한 금융회사 스스로의 역량으로 규제준수 방법을 정하기에 자율과 창의에 기반한 금융혁신에 부합하는 규제다. 디지털 전환으로 급변하는 금융 환경에서 원칙 중심이 아닌 규정 중심으로 효과적으로 일일이 규율한다는 것은 어려운 과제이다. **디지털 혁신의 가장 큰 특징은 기존의 규정 중심의 규제 체계로 포섭되지 않는 새로운 금융서비스가 출현하는 것이다.** 소비자 보호를 위한 책무구조도의 내부통제의 정착을 위해서뿐만 아니라, 디지털 전환으로 급변하는 환경에서의 금융혁신을 위해서도 원칙 중심의 규제 감독의 도입이 시급하다.

혁신을 하는 데 규제가 걸림돌이 되므로 규제를 완화하고 과도한 규제는 폐지하자는 주장이 항상 제기되어 왔다. 나아가 아예 지금의 포지티브 규제를 네거티브 방식으로 바꿔야 한다는 주장도 설득력을 얻고 있다. 금융회사가 할 수 있는 업무를 열거하여 규정하는 지금의 방식에서 벗어나 할 수 없는 업무만을 규정하고 모호한 것을 포함한 나머지 모두 다 허용하자는 것이다. **네거티브 규제에서는 명확하게 금지된 것이 아닌 한 어떠한 업무라도 법적 리스크 없이 새로이 시도할 수 있게 되므로 혁신적인 상품과 서비스가 보다 활발하게 나타날 것으로 기대되는 것은 사실이다.** 그러나 돈이 된다면 앞뒤 가리지 않으려는 무책임한 시장 참여자들이 있다면 일방적인 규제 완화는 위험천만한 일이다. 저축은행 사태, 사모펀드사태가 사실상 규제 완화를 악용한 데 기인한 것이기에 그렇다. 규제 완화는 그만큼 시장참여자의 책임 강화가 수반되어야 한다. 그래서 **네거티브 규제 도입과 함께 반드시 징벌적 배상제를 도입해야 한다는 주장이 있다.**[17] 징벌적 배상제는 결과에 대해 크게 책임을 지는 것이다. 화재 예방을 예로 들면, 규정된 규격에 맞추어 소화기를 갖추기보다는 창의적인 다른 방법을 통해서라도 불이 나지 않도록 하는 것이 중요하며, 화재가 났을 경우에는 화재 예방에 실패한 자에게 큰 책임을 물어야 한다는 것이다.

그러나 징벌적 배상제만으로 책임 있는 혁신을 제대로 이끌기에는 한계가 있어 보인다. 금융회사가 리스크관리를 통해 바라지 않는 나쁜 상황을 완전히 배제하는 것은 불가능하기 때문이다. 단지 허용 가능한 낮은 확률 범위 내로 리스크를 통제할 수 있는 것이다. 예컨대, IT 보안 관리에 아무리 노력해도 지금까지 알려지지 않은 방식으로 시도되는 해킹을 완전히 방지한다는 것은 불가능하다. 더구나 혁신을 위해 물리적 망 분리 규제가 완화되고 있어, 해킹 위험을 배제하는 것은 더 어려워지고 있다. 금융회사의 리스크관리는 위험 기반(risk-based)으로 이루어지게 된다. 스스로 리스크를 평가해서 취약점을 식별하고, 리스크가 큰 취약점부터 집중해 효과적인 보완 대책을 마련하는 일련의 절차를 갖게 된다. 또한, 사전적 리스크관리 못지않게 중요한 것은 사후 회복능력(resilience)이다. 리스크관리 절차의 충실한 이행에도 불구하고 의도하지 않은 고객의 피해사고가 발생한다면 이를 적극적으로 보상하는 등의 사후 치유 절

---

17 이용우, 『두 발로 선 경제: 공정 그리고 혁신』(한빛비즈, 2021).

차를 갖추어야 한다. 더 나아가 위기관리 체제를 갖추어 심각한 위기 상황을 극복하는 절차를 마련하는 것도 중요하다. **불확실한 리스크를 관리하는 현실에서는 일어난 사고의 결과보다는 금융회사가 올바른 지배구조를 갖추고 제대로 된 고객 대우 및 리스크관리에 대한 원칙 및 절차를 마련하여 실효성 있게 운영하는 과정이 보다 더 중요할 수 있다.** 이는 원칙 중심의 규제여야지 비로소 감독 당국과 사법 당국이 판단할 수 있는 부분이다. 혁신을 뒷받침하기 위해서 규제를 정비하고 네거티브 규제가 필요한 것은 맞다. 다만, 징벌적 배상제만으로는 책임 혁신을 담보하기에 부족하며 원칙 중심의 규제 감독의 접근이 필요한 것이다.

5. 감독 당국과 금융회사의 지배구조 개선: 지배구조 연계

원칙 중심의 규제 및 감독 체계가 정착되기 위해서는 공정성과 책임성이 확보되어 신뢰받을 수 있는 금융감독 당국이 구현되어야 한다. 금융감독기구는 금융산업정책과 분리되어 온전히 감독 책임을 지고, 사외이사 중심의 바람직한 기업 지배구조에 준해 위원회를 정점으로 독립성과 책임성을 갖도록 하는 것이 필요하다. 금융감독의 지배구조 개선은 '지배구조 연계(governance nexus)'를 통해 금융회사뿐 아니라 일반기업의 지배구조에도 긍정적 영향을 미쳐 경제 전반의 자원배분의 효율화를 실현할 것으로 기대를 모은다.

영국 금융감독 당국의 정의에 따르면 **원칙 중심의 규제는 규제 대상자로 하여금 규제기관이 제시하는 결과와 영업 목표 및 과정을 부합시키는 최선의 방식을 결정하도록 하는 시스템이다.**[18] 예컨대, 원칙에서는 금융회사가 소비자를 공정하게 대응해야 한다는 결과를 제시할 뿐 이를 달성하기 위한 구체적인 행위는 금융회사가 스스로 행위기준을 정하고 실행하도록 하는 것이다. 감독 당국은 강행규정이 아닌 가이드라인을 제시하고 감시, 점검, 평가하여 규제의 준수 여부를 판단한다.[19]

글로벌 금융위기 이후 그전까지 전 세계적으로 유행했던 원칙 중심의 규제가 규정 중심의 규제에 비하여 과도하게 연성(light-touch) 규제였다는 지적이 제기되며 논쟁이 진행된 것이 사실이다. 그렇지만 세세한 규정에 근거해 일일이 법규 준수를 강조하는 규정 중심의 규제가 감독 실효성을 제고한다고 입증되지는 못했다. 중요한 것은 감독 당국이 획일적인 적용을 하는 규정 중심의 접근과 개별 금융회사별 특정 환경에 따라 맞춤형 접근, 즉 원칙 중심의 규제와의 균형이 필요하다는 것이다.[20] OECD는 규정 중심의 규제가 필수적인 부분이 있지만, 급변하는 금융 환경에서는 원칙 중심의 규제가 효과적이므로 두 접근 방식을 결합하여 장점을 극대화하고 단점을 보완할 필요성을 지적했다.[21]

원칙 중심의 규제는 감독 당국의 판단(judgement)에 의존한다. 국제적 기준은 이미 감독 당국의 판단에 근거한 감독, 즉 원칙 중심의 규제 및 감독을 뒷받침하고 있다. 바젤은행감독위원회(BCBS)가 제정한 은행감독핵심원칙은 IMF가 각국에 대한 금융부문평가프로그램(FSAP) 적용 시 기준으로 활용하는데, 감독 당국의 판단을 중요한 잣대로 보고 있다. "은행이 법률 또는 규정을 준수하지 않거나 건전하지 못한 관행 또는 행동을 수행하여 은행 자체 또는 은행 시스템을 위협할 **가능성이 있다고 감독 당국이 판단할 경우** ① 시의적절한 시정조치를 취하거나 은행에 이를 요구하거나, ② 다양한 제재를 부과하거나, ③ 은

---

18 Financial Supervisory Authority, "Principles-based Regulation-Focusing on the Outcomes That Matter"(2007.4).
19 강동수·오윤해, 「금융혁신과 원칙중심 소비자보호체계」, 『디지털 전환에 따른 금융의 혁신과 개혁 방안』(한국개발연구원, 2022).
20 Basel Committee on Banking Supervision, "Report on the impact and accountability of banking supervision"(2015.7).
21 OECD, "Policy Framework for Effective and Efficient Financial Regulation"(2010).

행의 라이선스를 취소하거나, ④ 관련 당국과 협력하여 질서 있는 은행 정리를 달성할 수 있는 권한을 가져야 한다"라고 규정하는 것이다.[22]

원칙 중심의 규제가 실제로 구현되기 어려운 것은 이러한 감독 당국의 평가 및 판단에 따라 규제준수 여부가 결정되어 금융회사 입장에서는 불확실성이 있다고 여기기 때문이다. 한국의 경우 전통적인 죄형법정주의 관점에서는 원칙 중심의 규제 위반에 대한 제제가 용이하지 않을 수 있다.[23] 우리은행과 하나은행의 DLF 판매에 있어 '실효성' 있는 내부통제 기준을 마련하지 않았다는 은행장 제재에 불복해 이루어진 행정소송에서 하나은행의 1심 판결에서만 금융당국의 제재가 적법하다고 판단했을 뿐, 최종적으로는 대법원에서 모두 문책경고 처분을 취소한 바 있다. 이는 한국의 법적 환경이 원칙 중심의 규제가 자리 잡기 어렵다는 것을 의미한다. 또한 원칙 중심의 규제는 기계적으로 규정 위반을 따지기보다는 감독 당국의 전문적인 판단에 따르므로 제재 조치가 수반될 경우 자의적이라는 비판이 따른다. 감독 당국의 전문성과 공정성에 대한 사회적인 신뢰가 있지 않는 경우에는 자의성에 대한 우려가 더욱 커질 수밖에 없다. 감독 당국이 정치적으로 독립되어 있지 않아 판단기준이 정치적 상황에 따라 달라진다면 공정성에 대한 우려는 더욱 커질 것이다.

감독 당국의 판단을 중시하는 원칙 중심의 규제 감독은 감독기관의 전문성과 공정성을 필수적으로 요구하며 그에 대한 사회적인 신뢰를 필요로 한다. 감독 당국의 전문성과 공정성을 담보하기 위해서는 감독 당국의 운영에 독립성을 확보하는 것이 긴요하다. 이에 대해 바젤은행감독위원회(BCBS)는 은행감독핵심원칙에서 "감독 당국의 운영상의 독립성, 책임성 및 지배구조는 일반에 공시되어야 하며, 감독 당국의 운영상의 독립성을 훼손할 수 있는 정부 또는 산업의

22　Basel Committee on Banking Supervision, "BCP Core Principles for efective banking supervision, Version effective as of 25 Apr 2024"(2024).
23　정순섭,「디지털 금융에서의 규제체계 재정립」,『디지털 전환에 따른 금융의 혁신과 개혁 방안』(한국개발연구원, 2022).

간섭이 배제되어야 하며, 감독 당국이 감독 대상에 대하여 건전성 정책을 설정하고 필요한 모든 감독 조치 및 결정을 내릴 수 있는 완전한 재량권을 가져야 한다"라고 규정한다.[24]

감독 당국이 독립성을 확보하는 것이 책임성 저하를 초래해서는 안 된다. 감독 당국의 독립성은 투명성과 책임성에 의하여만 담보되기 때문이다. 감독 당국의 책임성은 내부와 외부의 책임성으로 나뉜다. 내부적으로는 의사결정 과정의 명확한 책임성이 필요한데, 권한위임에 대한 명확한 규정과 내부 의사결정에 대한 가이드라인과 정기적인 보고 체계에 의해 견제와 균형 원리가 작동해야 한다. 대외적으로는 일반국민, 행정부, 국회 및 감독 대상 금융기관에 대하여 책임을 갖는 것을 의미한다. 일반적으로 감독 당국의 대외적인 책임성은 감독 절차의 투명성을 근거로 연차보고서 등 보고서와 공시, 양해각서, 국정감사, 금융회사와의 면담 등을 통해 이해관계자에게 감독활동 결과를 공유함으로써 수행된다. 감독 체계가 책임성 있게 잘 설계될 경우 특정 금융회사에 대한 기밀정보를 공개하지 않으면서도 감독 당국의 운영상의 독립성을 지원해 감독 당국의 권위를 강화하며, 감독조치에 대한 투명성을 제고할 수 있도록 할 수 있는 것이다.[25]

한국의 감독 당국은 오랜 기간 관치의 잔재가 쉽사리 사라지지 않은 상태다. 감독 당국의 독립성이 확보되지 않은 상태에서는 전문성과 공정성에 대한 신뢰를 받기 어렵다. 감독 절차의 공개, 국회 및 감사원의 정기적인 감사, 퇴직한 감독 당국 임직원의 취업 제한 등을 통해 감독 당국의 투명성과 책임성 제고를 위한 제도적 장치가 어느 정도 마련되었음에도 불구하고 감독 당국의 독립성을 담보할 정도로 투명성과 책임성이 확보되었다고 보기는 어려운 상황이다. 원

---

[24] Basel Committee on Banking Supervision, "BCP Core Principles for efective banking supervision, Version effective as of 25 Apr 2024."

[25] Basel Committee on Banking Supervision, "Report on the impact and accountability of banking supervision."

칙 중심의 규제 감독 체계를 도입하기 위해서는 투명성 및 책임성이 담보되어 운영상의 독립성이 확보되어 신뢰받을 수 있는 감독 당국을 구현하는 것이 과제다. 이와 관련 IMF는 한국의 금융부문평가프로그램(FSAP) 결과 감독 당국이 발전적(developmental) 목표와 안정성 및 건전성 목표 간의 갈등을 초래하고 있으며, 정치적 과정으로부터 독립성을 강화할 필요가 있다고 지적한 바 있다.[26] 금융행정혁신위원회가 금융산업진흥 업무와 금융감독 업무를 실질적으로 구분하도록 한 것과 궤를 같이한다. 원칙 중심의 규제에 대한 입법 노력과 사법부의 전향적 접근과 함께 금융감독 당국의 운영상의 독립성, 투명성 및 책임성을 강화하기 위해 감독 체계 및 감독 지배구조의 개선이 필요함을 보여준다.

전 세계적으로 글로벌 금융위기를 전후해 중앙은행 외부에 통합감독기구를 설치하거나 쌍봉형으로 건전성 및 감독 당국을 분리하거나 거시건전성 감독을 중심으로 중앙은행의 감독 기능을 강화하는 등의 다양한 감독 체계 개편이 추진되었다. 그러나 선진국의 금융감독 체계의 유형과 상관없이 글로벌 금융위기의 부정적 효과가 크게 나타났다는 점에서 특정 형태의 금융감독 조직 개편이 효율적·안정적 금융 시스템을 위한 충분조건은 아니다.[27] 또한 한국은 오랜 기간 관치금융의 문제가 지적되어 감독의 독립성 강화 또는 공적 성격의 민간 감독 기구 설립 등이 필요하다고 제시된 반면, 책임성을 담보하기 어려운 민간 기구에 권한을 부여하는 데 국회 등을 중심으로 거부감이 있는 것도 사실이다. 결국 중요한 것은 감독 당국의 독립성을 담보할 수 있는 책임성을 확보하는 것이다.

지금 한국에서 금융감독기구가 독립성과 책임성을 동시에 강화하기 위해서는 제대로 된 이사회와 같은 형태의 상위 의사결정기구가 무엇보다 필요하다. 이사회는 학계, 산업 전문가뿐만 아니라 소비자단체를 비롯해 다양한 배경을 가진

---

26 IMF, "Republic of Korea, Financial Sector Assessment Program, Detailed Assessment of Compliance on the Basel Core Principles for Effective Banking Supervision"(2016).
27 김영일, 「금융감독 지배구조 개선방향 연구」(한국개발연구원 연구자료, 2016).

구성원을 포함하도록 함으로써 감독기관의 결정이 특정 이해관계에 편향되지 않고 피감독기관에 포획되지 않도록 해야 한다. 이사회는 감독기관이 정치적 간섭이나 특정 이해집단의 압력에서 자유롭게 독립적으로 운용되도록 하며, 모든 정책결정 과정에 대한 기록 및 공개가 이루어지도록 하여 투명성 및 책임성을 확보해야 할 것이다. 이는 원칙 중심의 규제 감독이 가능한 공정성의 근거가 될 수 있다.

지금의 금융정책의 의사결정기구인 금융위원회는 금융감독원과 분리되어 금융감독의 독립성과 책임성을 담보하기에는 많이 미흡하다. 첫째, 금융산업정책과 금융감독정책이 혼재되어 금융감독 업무의 중립성과 엄정성을 담보하지 못한다. 2011년 저축은행사태 및 2020년 사모펀드사태는 산업육성을 위해 감독 규제를 앞서 대폭 완화한 것이 주요 원인으로 지목되는데, 이는 금융산업정책과 금융감독정책이 본질적으로 상충될 수 있다는 것을 의미한다. 둘째, 금융위원회는 한국은행의 금융통화위원회와는 달리 실제 운영에서 실질적으로 독립적인 최상위 의사결정기구로 운영되지 못하고 있다. 금융위원회가 금융정책의 기본방향을 결정한다고 보기 어렵다. 실질적으로는 금융위원장을 수반으로 하는 금융위원회 사무처가 독임장관의 정부 부처처럼 금융정책을 추진한다고 보아야 할 것이다. 셋째, 금융위원회의 구성을 보면 9명 중 5명은 임명직으로 위원장, 부위원장, 사무처장과 2명의 상임위원이며 이중 사외이사에 해당하는 위원은 금융위원장 추천 금융전문가 2인 및 대한상공회의소 추천 경제계 대표 1인의 3명에 불과하기에 국민의 대표성을 갖는 데 미흡하다. 또한, 4명은 당연직 비상임위원으로는 기재부(차관), 금융감독원(원장), 예금보험공사(사장), 한국은행(부총재)이 맡고 있는데, 관련 정부기관과 정책 및 업무를 조정하는 데는 편리한 구조일지 모르지만 국민의 입장을 대변하는 책임성 있는 조직의 구성으로는 미흡하다.

쌍봉형이어야 하는지, 아니면 감독기관을 정부조직으로 개편해야 하는지에 대해서는 해외 사례에서 보듯이 정답이 있는 것은 아니다. 다만, **금융감독기구**

만은 금융산업정책과 분리하여 온전한 감독 책임을 가지며, 사외이사가 과반수로 건실한 기업 이사회처럼 구성된 위원회를 정점으로 독립성과 책임성을 갖도록 하는 것은 중요하다.

DLF, 라임, 옵티머스 등 사모펀드와 ELS 판매상의 문제는 부당하게라도 일단 당장의 금융회사 실적을 올리겠다는 욕심에서 발생한 것이었다면, 최근의 횡령 및 부당대출은 본질적으로 회사의 이익에 반하는 범죄행위라는 점에서 차이가 있다. 이는 내부통제 이전에 금융회사의 조직문화와 윤리가 심각한 위기에 직면했음을 보여준다. **조직문화와 윤리를 바로잡기 위해서는 '위로부터의 분위기(tone at the top)'가 중요하다.**[28] 먼저 이사회가 제대로 된 역할을 해야 한다. 금융회사의 경우에도 이사회가 바람직한 조직문화와 윤리경영을 이끌 수 있도록 지배구조에 대한 규율이 확립되는 것이 급선무다.

금융감독의 실질적인 지배구조 개선은 금융회사뿐 아니라 비금융기업의 지배구조에도 긍정적 영향을 미쳐 경제 전반의 자원배분 효율화에 영향을 미친다. 금융감독은 금융시장 및 금융회사에 대해 감시자 역할을 수행함으로써 금융회사의 주요 의사결정 기능 향상을 통해 금융회사의 지배구조 개선에 기여하며, 금융회사는 비금융기업에 대해 감시자로서의 역할을 수행함으로써 해당 기업의 지배구조 개선에 기여하는 이른바 '지배구조 연계(governance nexus)'가 작동하기 때문이다. 지배구조 연계는 감독 당국의 지배구조가 경제발전과 안정성에 결정적인 역할을 한다는 점을 강조한다.[29] 주요국 감독 당국은 글로벌 금융위기를 겪고 이제까지 감독의 실효성에 대한 반성으로 미래지향적 접근(forward-looking approach)을 늘리고 전략적·정성적 요소에 집중하는 추세에 있다. 이와 같은 변화로서 금융회사의 행태, 지배구조 및 조직문화에 대해 감독 역량을 집중하는 것을 들 수 있다.[30] 소비자 보호를 위하여 현장검사를 통해

---

28 신상균, 『금융과 윤리』(바른북스, 2023).
29 Udaibir S. Das, Marc Quintyn and Kina Chenard, "Does regulatory governance matter for financial system stability? An empirical analysis," IMF Working Paper WP/04/89(2004.5).

거래 내역을 일일이 점검하며 불완전판매를 적발하는 방식은 검사 인력을 아무리 늘려도 검사 결과 조치를 제때에 마무리하기 힘들다. 이제는 불완전판매 행태의 근간이 되는 조직문화와 이사회를 중심으로 지배구조에 대해 점검하고 평가하는 데 역량을 기울일 필요가 있다. 다만, **원칙 중심의 규제 감독이 정착되지 않는다면 지배구조와 조직문화에 대하여 감독 당국의 점검 및 평가가 실효성 있는 결과를 도출하기는 쉽지 않다.** 지배구조 연계의 긍정적 효과는 원칙 중심의 규제가 뒷받침되어야 하는 것이다.

6. 자금중개 기능 미흡에 따른 금융 불안의 대응

혁신 친화적이며 원칙 중심의 규제에 기반해 독립성, 책임성 및 투명성에 걸맞은 지배구조를 갖춘 금융감독 당국이 금융회사의 지배구조를 중시하며 감독 업무를 수행한다면 지금의 금융 불안 요인들에 대해서는 어떻게 대응해야 하는가? 지금 한국의 금융산업은 가계부채 증가, 부동산 PF 부실 및 자영업자와 중소기업의 어려움 등 3개의 중요한 불안 요인을 안고 있다. 이들은 효율적인 자금중개 기능이 제대로 작동하지 않고 부동산담보와 보증을 통해 양적으로만 빠르게 성장한 한국 금융산업의 고질적 문제에 기인한다. 자금중개 기능의 발전은 단지 규제당국의 지시에 의해 이루어지지 않는다. 금융회사의 자율적이고 창의적인 노력과 정보의 축적을 통해 가능한 일이다. 본연의 자금중개 기능을 회복하는 금융회사 스스로의 근본적인 변화를 이끌기 위해서는 그에 걸맞은 간접적인 규제 수단과 유인 체계를 마련하는 것이 필요하다.

30　Basel Committee on Banking Supervision, "Report on the impact and accountability of banking supervision".

가계부채 문제는 주택시장 과열과 자영업자의 어려운 상황과 연결된다. 가뜩이나 실수요자에 대한 본연의 주택금융 기능이 미흡한 현실에서 가계부채 억제를 위한 규제는 시장의 왜곡을 최소화하면서도 일관성 있게 효과적인 방향을 모색해야 한다. 한국의 가계신용/명목GDP는 이미 2021년 3/4분기의 99.3%를 정점으로 하락하기 시작해 2024년 2/4분기에는 91.1% 수준이다. 한국에서도 미미하지만 가계부채 디레버리지가 시작된 것이다. 그렇지만 가계부채와 주택 가격이 실질적으로 금리에 가장 민감한 것으로 나타났기에 앞으로 경기 부진에 대응해 금리인하 정책을 펼칠 수 있는 여지를 확보하기 위해서는 지속적이고 체계적인 가계부채 관리 방안이 필요하다.

첫째, 가계대출 증가율은 정책 목표일 뿐, **은행별로 가계대출 증가 수준을 직접 통제하는 것은 금융산업의 자금중개 기능 발전을 막는 하수다**. 한국은 오래전에 통화신용정책 수단으로 총액한도제를 적용해 은행의 대출을 직접 규제했지만, 1993년 김영삼 정부에서 '신경제 5개년 계획'을 통해 이미 통화신용정책의 방식을 금리 정책 등 시장 메커니즘을 활용한 간접적인 통화관리로의 전환이 이루어진 바 있다. 은행별 가계대출 총량을 규제하는 것은 다시 1980년대의 통제금융의 시대로 회귀하는 것을 의미한다. 통제된 금융에서 혁신과 자금중개 기능 개선을 기대하기는 어렵다. 금융회사는 총량규제로 심사기준을 강화하기보다는 대출금리를 올리는 핑계로 활용할 뿐이다.

둘째, **가계부채 정책 수단은 엄정한 총부채원리금상환비율(Debt Service Ratio, DSR) 규제와 가계대출에 대한 위험가중치 상향 등을 통한 간접 규율로 함으로써 금융회사의 자율적인 심사 기능을 저해하지 말아야 한다**. 한국은 다른 나라에 비해 금융회사의 담보 처분 시의 사후 안전장치인 주택담보인정비율(Loan to Value, LTV) 규제는 엄격하지만, 사전에 채무상환능력을 반영하는 DSR 규제는 아직 개선의 여지가 많다. 스트레스 DSR 제도 시행 등에도 불구하고 전세자금대출뿐 아니라 은행 재원으로 취급되는 디딤돌대출과 같은 정책성 대출이 DSR 산정 대상에서 제외되어 있기 때문이다.

한편, 지금 BIS 자기자본비율 계산 시 적용되는 가계대출에 대한 위험가중치는 서브프라임사태와 같은 거품붕괴 위기 시의 막대한 리스크를 반영하지 못하고 있다. 은행들은 국제기준보다 강화된 위험가중치를 적용할 경우 BIS 자기자본비율만 하락해 국제경쟁력이 악화될 것을 우려하는 것은 사실이다. 가계대출에 대한 위험가중치 인상에 따른 부분을 정부가 산업정책적으로 필요한 영역에 대출 취급 시 차감해 줄 수 있도록 하는 방안을 강구할 수 있다. 가계대출 위험가중치 인상으로 BIS 자기자본비율이 1%p 하락했다면, 예컨대 정부 산업정책적으로 필요한 구조조정 분야에 대출을 늘리거나 출자를 한다면 위험가중치 조정을 통해 자기자본비율이 다시 1%p 회복할 수 있게 하는 것이다. 주택시장의 붕괴 등 엄격한 시나리오를 적용한 스트레스 테스트를 실시해 자기자본비율이 적정 수준에 미달하는 은행을 대상으로 배당 제한 등 감독상 불이익을 주는 방법, 그리고 가계 부문 신용증가율이 일정 수준을 넘는 경우 추가적인 자본 버퍼를 요구하는 가계 부문 경기대응완충자본제도를 도입하는 것은 국제적으로 통용되는 간접적 규제 수단이다. 중요한 것은 이러한 간접적 규제 수단이 충분한 예고를 두어 시행되고 이행 정도에 따른 불이익과 혜택이 충분히 사전에 예측 가능하도록 하는 것이다.

셋째, 전세자금대출이 갭투자에 악용되는 것을 방지할 필요가 있다. 이제는 전세자금대출에 대한 공공기관 보증 등의 지원 조치를 월세 보증으로 변경하여 월세 부담을 낮추는 것이 더 바람직하다. 공공기관의 전세보증을 100%에서 90~95%의 부분 보증으로 바꾸는 것은 좋은 출발이지만, 충분한 조치는 아니다. 전세자금대출에 대해서는 원금상환 부분을 제외한 이자 부담분이라도 DSR에 편입시키는 것이 필요하다. 더 나아가 전세자금대출 시 사실상 임대주의 부채가 증가하는 것이므로 임대주의 신용정보로 등록하는 것도 강구할 수 있다. 다만, 갑작스럽게 조건부 전세자금대출을 중지하는 조치는 시장의 왜곡을 가져오므로 바람직하지 않다. 시장에서 예측 가능하게 충분한 예고를 두며 일관성 있게 정책을 추진하는 것이 중요하다.

넷째, 디딤돌대출과 같은 정책성 대출은 취약한 실수요자의 지원 및 출생 장려 등 정책의 일관성을 위하여 금리 혜택 및 대출 한도 확대 등이 계속 제공될 필요가 있다. 다만, 은행 자금을 재원으로 취급해 실질적인 가계부채의 증가 효과가 있거나, 차주의 채무불이행 시 리스크를 은행이 어떤 형태든 부담한다면 동등한 DSR 규제를 적용하는 것이 필요하다. 은행의 리스크관리 및 심사가 필요한 것이다.

한국의 **부동산PF** 익스포저의 경상GDP 대비 규모는 이미 저축은행 사태를 야기한 2008년 수준의 1.5배에 달한다. 2011년 저축은행 사태에 앞서 부동산 PF 대출은 2008년 말에 76.8조 원(한국은행 집계)~83.1조 원(KDI 추정)의 최고 수준에 달했는데 이는 당시 경상GDP의 6.4~6.9%의 수준이었다. 이에 비해 2023년 말 현재 부동산PF 익스포저는 231.1조 원(금융위 집계)으로 경상GDP 대비 9.6%에 달했다. 이제 과거처럼 부실화된 부동산PF를 환매조건부로 형식적으로 매각하며 "좋아질 때까지 시간을 벌기"는 적절하지 않다. 감당하기 어려운 경제적 부담을 뒤로만 미루는 것일 수 있을 뿐 아니라 사업성 평가가 엄정하지 못해 자금중개 기능이 미흡했을 경우에 대한 교훈이 체화되지 못하기 때문이다. 향후 부동산PF가 사업성 평가에 근거하여 건전하게 발전하기 위해서는 **시행사, 금융기관과 보증 제공 시공사가 공평하게 손실을 분담하는 재구조화를 통해 정상화 및 정리를 추진하도록 절차와 유인 체계를 확립할 필요가 있다.** 부동산PF 재구조화 시 각종 법적 불확실성을 해소할 수 있도록 제도적으로 지원할 필요도 있다. 공정한 재구조화의 관행이 확립된다면, 부동산PF 시행사의 자기자본비율 제고 등 지금 논의되는 제도적 개선 방안의 상당 부분은 시장규율을 통해 자연스럽게 정착될 수 있을 것으로 기대된다.

다만, 급격한 부동산PF의 부실화 및 손실처리 시 취약한 금융회사와 건설사를 중심으로 금융 불안이 야기될 수 있으므로 **가계부채를 늘리지 않는 건설 수요 및 공급 대책을 강구하여 시장의 안정을 도모해야 한다.** 이를 위해 가계부채를 늘리는 기존의 전세 위주의 임대시장을 기관투자가 중심의 안정적인 주택임

대시장으로 전환함으로써 건설 수요를 진작하는 것이 필요하다. 예컨대, 보험회사의 주택임대업 영위는 개인 간 전세제도로 인한 문제점을 극복하며 안정적인 임대주택을 공급한다는 공익적 목표와 함께 인플레 위험을 헤지할 수 있는 보험회사의 장기 안정적 자산운용 수단으로서의 역할이 기대된다. 그러나 주택임대사업의 낮은 수익성, 지급여력비율 악화, 보험회사의 전문성 부족, 민원 및 부동산투기 소지 등 평판 리스크 우려, 정부 부동산정책의 잦은 변경에 의한 불확실성 등으로 인하여 그간 활성화되지 못했다.[31] 정부는 최근 보험회사의 주택임대사업 직접 영위를 허용하고 주택임대사업을 위한 자회사 설립을 허용하는 내용의 법령 개정 방침은 밝혔으나, 보험회사의 수익성 및 건전성에 대한 우려 해소 방안, 정책 신뢰성의 확보 방안 등은 미흡한 실정이다. 기업형 민간주택임대업에 대한 명확한 정책 지원 방침의 천명과 일관성 있는 정책 추진이 필요하며, 임대료 및 건축 규제의 완화가 필요하다. 더 나아가 보험회사의 주택임대사업에 대해 공공기관이 일정 수수료를 받아 최저 임대수익률을 보장하고 일정 기간 임대 후 매각옵션을 부여함으로써 보험회사의 지급여력비율 산정 시 불이익을 해소하는 방안도 고려할 수 있다.

우리나라는 국민경제의 근간이 되는 **중소기업과 자영업자**의 안정적 발전을 위해 국가가 적극 나서야 한다는 사회규범적 지원 필요성에 근거해 그동안 정책금융기관의 보증에 의존한 금융지원 정책을 적극 추진해 왔다. 글로벌 금융위기와 코로나19 극복을 위해 보증 규모가 더욱 늘어났으며, 최근에는 경제 상황이 악화되면서 부도위기에 직면한 자영업자 및 좀비기업의 재기 및 구소조정이 지연되면서 보증 및 금융부채가 고정화되는 상황이다.

한국의 외감기업 중 한계기업 비중은 2017년을 저점으로 지속적으로 상승하고 있다. 한계기업은 이자보상배율(영업이익/총이자비용) 3년 연속 1 미만이어서 영업이익으로 이자를 지급할 능력이 안 되는 기업을 의미한다. 또한 이자

---

31 최성일·맹주희, 「보험회사의 주택임대사업 영위」 (보험연구원 CEO Report, 2024.7.16).

그림 6-3 외감기업중 한계기업* 비중** 추이

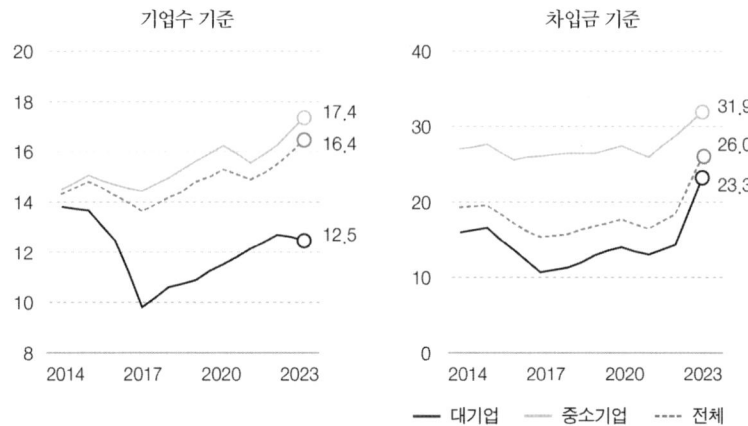

주: * 이자보상배율(영업이익/총이자비용) 3년 연속 1 미만 기업.
  ** 각 연도별 분석 대상 외감기업 수 및 기업 보유 차입금 대비.
자료: 한국은행, 「금융안정 상황」(2024.9).

보상배율이 1을 하회하는 취약기업 비중도 2023년 말 41.4%에서 2024년 6월 말 44.8%로 상승했는데, 대기업(29.2%→30.8%)보다 중소기업(55.2%→59.8%)의 상승 폭이 훨씬 크게 나타났다.32

한계기업이 정리 및 구조조정을 통해 재무구조를 개선하지 못하는 경우 과잉 대출에 따른 채무상환 부담으로 수익성 높은 투자기회가 있어도 투자를 않는 과소투자를 야기할 뿐만 아니라, 정상 기업에도 부정적 영향을 미치는 '외부효과(congestion effect)'가 있는 것으로 알려져 있다. 회생 불가능한 기업에 한정된 자원이 투입됨으로써 여타 기업의 사업기회를 박탈하고 신규 진입이 억제되어 경제성장 저하를 초래하는 것이다. 특히, 한국과 같이 대규모 신용보증제도를 운영하는 경우 기업 간 신용배분이 활발하지 못해 상황이 더욱 악화될 우려가 있다. 한국은행의 분석에 따르면, 업종 내 한계기업 비중이 10%p 상승

---

32 한국은행, 「금융안정보고서」(2024.12).

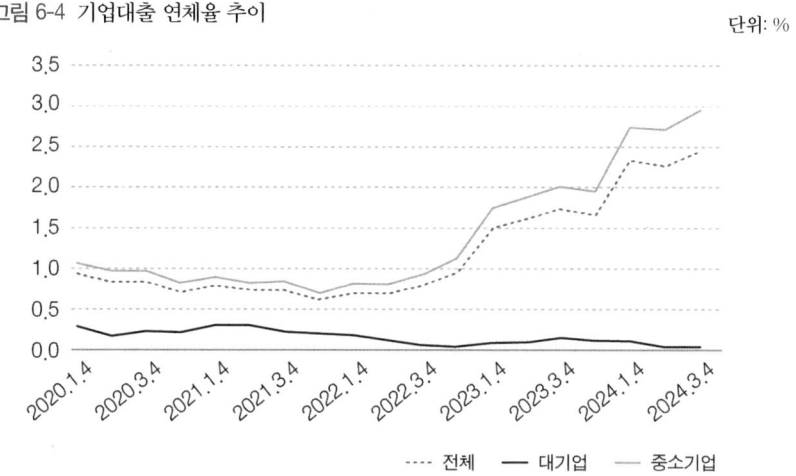

그림 6-4 기업대출 연체율 추이   단위: %

자료: 한국은행, 「금융안정보고서」(2024).

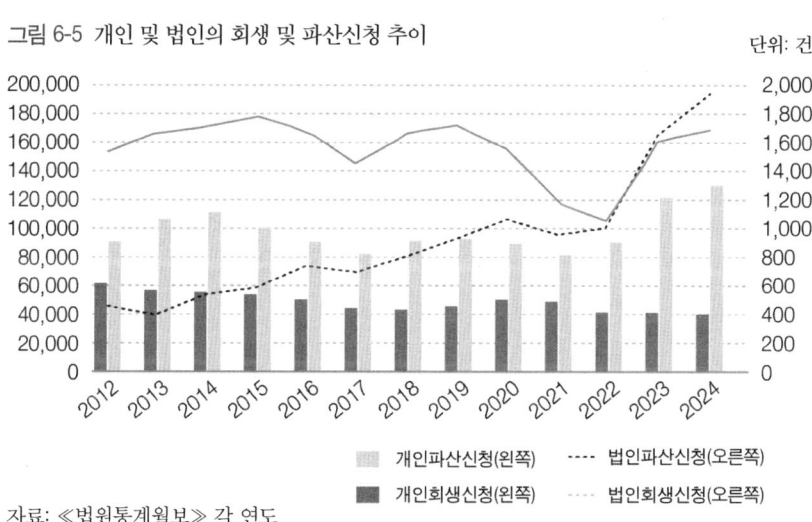

그림 6-5 개인 및 법인의 회생 및 파산신청 추이   단위: 건

자료: ≪법원통계월보≫ 각 연도.

할 경우 정상 기업의 매출액 증가율과 총자산영업이익률은 2.04%p 및 0.51%p, 총자산 대비 영업현금흐름비율은 0.26%p 하락하는 것으로 나타났다.[33]

한계기업 비중이 2017년부터 일찍 상승세를 보였음에도 불구하고 기업대출

제6장 | 금융혁신을 위한 규제 및 감독 **149**

연체율은 안정적으로 낮은 수준을 보이다가 2022년에 들어서야 비로소 빠르게 상승하기 시작했다. 법인 회생 및 파산신청도 2022년을 기점으로 급격하게 상승했다. 한국뿐 아니라 전 세계적으로 코로나19 위기 발생 이후 한동안 기업 도산 신청이 늘지 않은 것으로 나타났다. 이는 각국 정부가 재정 및 금융 지원 정책을 실시해 기업 재무구조 개선 효과가 있었던 데다, 기업 도산을 늦출 수 있도록 채무상환 유예 등의 각종 도산 유예조치를 취한 데 주로 기인한다.[34] 한국의 금융 당국 또한 2020년 4월 금융권과 공동으로 코로나19 피해 중소기업 및 소상공인을 대상으로 6개월 시한의 만기 연장 및 상환유예 조치를 실시하고 이후 반기별로 반복적으로 연장하다가 2022년 9월에 비로소 금융권 자율협약으로 전환한 바 있다. 동 조치에 따른 채권은 2022년 6월 말 기준 총 141조 원으로 이 중 만기 연장이 124.7조 원, 원금유예 12.1조 원, 이자유예 4.6조 원에 달했다. 코로나19 이후 채무상환 유예 조치 등을 통해 필요한 기업 구조조정을 이연했는데, 이제 비로소 기업 파산 및 연체 등으로 현재화되고 있음을 알 수 있다.

이제는 정부기관의 보증을 통해 부채를 늘리면서 경제 상황이 좋아지기를 기다리는 것은 한계가 있다. 금융권은 2022년부터 이미 중소기업과 자영업자에 대한 신용공여를 자제 중이다. 중소기업에 대한 대출증가율은 2022년 6월 말 16.2%에서 지속 하락해 2024년 6월 말에는 2.9%에 그쳤다. 기업신용/경상GDP는 2023년 3/4분기 114.8%를 정점으로 2024년 2/4분기에는 111.6%로 하락했다. 가계부채보다는 늦지만 기업신용도 디레버리지가 시작된 것이다. 금융회사 자체의 신용관리 방식이 부실 우려 기업에 대한 익스포저를 조금씩 줄여 시간을 갖고 충격을 줄이는 효과는 있다.

그러나 **지금 절실하게 필요한 것은 금융회사가 자영업자와 중소기업의 잠재**

---

33   한국은행, 「금융안정 상황」.
34   World Bank, "The Calm Before the Storm: Early Evidence on Business Insolvency Filings After the Onset of COVID-19", Covid-19 Notes(2021).

부실에 대하여 보다 적극적으로 구조조정을 할 수 있도록 지원에 나서는 것이다. 새출발기금 활용과 프리워크아웃, 기촉법 적용 등을 통하여 적극적인 채무 구조조정을 실시하도록 유도할 필요가 있다. 다만, 코로나19 발생 이후 지금까지 어려움을 겪는 자영업자와 중소기업의 이자 감면, 만기 연장 등을 통해 상환 부담을 완화하여 재기를 지원했다면, 이제는 사업 재편과 연계해 채무 구조조정 지원 체계를 확립할 필요가 있다. 업종 변경, 디지털 전환, 경영효율화 등 사업 조정을 통하여 생존 가능한 기업에 대해서는 채무상환 부담을 경감해 경쟁력을 제고시키는 반면, 그렇지 않은 기업에 대해서는 정리 금융을 통해 폐업과 함께 재취업 및 창업을 지원하고 사업권 매각 및 사업 자산 유동화 등을 통해 사업의 일부를 정리한 후, 경쟁력 있는 사업으로 집중할 수 있도록 지원할 필요가 있다. 아울러 차입에 과도하게 의존하는 중소기업의 재무구조를 자본 중심으로 변경하는 정책을 일관성 있게 추진하는 것이 필요하다. 예컨대 모태펀드와 사다리펀드를 통한 창업 지원정책을 보강하고, 어렵더라도 관계형금융을 통해 은행이 거래기업에 대한 지분투자를 활성화하는 방안을 모색할 수 있을 것이다.

은행의 자영업자 및 중소기업의 구조조정 지원을 위해 **사업 재편 기업에 대한 채무 구조조정 목적의 대출뿐 아니라 출자전환, 지분투자에 대해서는 규제상으로도 유인 체계를 마련할 필요가 있다.** 예컨대, 앞서 제기한 것처럼 은행의 BIS 자기자본비율 계산 시 가계대출에 대해서 국제기준보다 엄격한 위험가중치를 적용하고, 그로 인하여 증가한 위험가중자산 범위 내에서 구조조정 익스포저에 대해 낮은 위험가중치를 적용함으로써 위험가중자산을 다시 줄일 수 있도록 하는 것이다.

7. 격변하는 환경 변화에 대응하는 금융혁신

지금 우리 경제 및 금융 환경은 유례없는 격변을 맞이하고 있다. 세계경제

포럼(WEF; World Economic Forum)은 2024년에 이어 2025년에도 세계 경제의 4개의 구조적인 리스크 요인을 지적했다. ① 지구 온난화와 관련된 리스크(Climate change), ② 인구의 크기, 성장 및 구조의 변화(Demographic bifurcation), ③ AI 등 선도기술의 발전 경로(Technological acceleration), ④ 지정학적 권력의 집중 및 원천의 변화(Geostrategic shifts)가 그것이다.[35]

WEF는 **기후 리스크**가 장기적인 우려에서 이제 단기적으로 시급한 리스크로 변모했다고 지적했다. 극단적인 날씨에 의한 재해가 점차 확대되고 있기 때문이다. 그렇지만 기후 리스크의 대응의 시급성과 방법에 대해서는 이견이 불거지는 상황이다. 유럽국가에서의 극우파의 약진과 미국에서의 트럼프의 재집권 등으로 전 세계적으로 당초 계획된 효과적인 기후대응이 지체되며 지구 온난화의 중요한 전환점에 보다 빨리 도달할 가능성이 커지고 있다. 또한, **인구구조의 변화**로 전 세계적으로 세대 간 양극화의 문제가 불거진 가운데 우리에게는 저출생과 고령화가 가장 절박한 구조적 리스크로 다가오고 있다. 생산인구의 감소는 생산성의 빠른 개선 없이는 경제성장의 정체를 가져와 경제의 역동성을 떨어뜨릴 것이다. 금융의 혁신은 기후변화와 고령화로 인한 리스크를 수동적으로 관리하는 것뿐만 아니라 기후 리스크와 고령화의 인구구조적 문제를 완화하는 능동적 역할도 할 수 있도록 접근할 필요가 있다. 여기에서는 4개의 구조적 리스크 요인 중 AI 등 기술 발전과 지정학적 변동의 2개의 구조적 변화에 따라 금융회사의 혁신에 어떻게 접근해야 하는지를 살펴보도록 하겠다.

2024년 바젤은행감독위원회는 **금융의 디지털 전환**과 관련해 ① API(Application Programing Interface), ② AI와 머신러닝(ML), ③ 분산원장기술(DLT), ④ 클라우드컴퓨팅, 이 4개의 기술이 금융산업에 큰 영향을 미치는 가운데, 새

---

35 World Economic Forum, "The Global Risks Report 2024"(2024); World Economic Forum, "The Global Risks Report 2025"(2025).

로운 경쟁자와 비즈니스 모델이 출현하고 있다고 지적했다.[36] 이 중에서 특히 우리에게는 ChatGPT의 출시 이후 생성형 AI가 가져올 산업 전반의 혁신적 변화에 대한 시장의 기대가 크며, 빅테크에 의한 금융플랫폼 참여에 따른 새로운 금융산업 경쟁 구도가 현안으로 대두되고 있다.

금융의 디지털 혁신은 고객의 선택권과 편의를 제공할 뿐 아니라 정보의 비대칭성과 비효율성을 개선하여 자금중개 기능을 제고할 것이 기대된다. 그러나 다른 한편으로는 금융의 디지털 혁신은 새로운 리스크를 가져온다. 디지털 전환의 불확실성과 경쟁 심화, 인공지능 모델의 투명성 및 공정성 부족, 사이버 공격의 증대, 디지털 자산 및 스마트계약 등 새로운 기술에 대한 법 적용의 불확실성, 데이터의 신뢰성과 보안에 대한 우려, 그리고 상호 연결과 전염 위험이 증대되면서 나타나는 금융안정 리스크가 그것이다. 특히, 생성형 AI가 금융 분야에 활용되면서 예측형 AI(predicative AI)에 있었던 편향되고 윤리적으로 문제되는 콘텐츠 생성 문제, 의사결정의 불투명성 등의 문제에 더하여 '환각 문제'(hallucination)로 인해 부정확한 정보가 생성되는 것이 중요한 리스크로 부각되었다.

디지털 혁신에 따른 혜택을 온전히 향유하기 위해서는 **혁신을 위한 여건을 조성하면서 혁신에 따른 리스크와 부작용을 통제하여 책임 있는 혁신이 이루어지도록 규제와 지원이 균형을 이루는 접근이 필요하다.** 이를 위해서 두 가지 과제를 강조하고자 한다. 첫째, 책임 있는 혁신을 위하여 디지털 혁신을 위한 거버넌스 구축을 중심으로 감독 체계를 운영하는 것이다. 둘째, 혁신의 생태계 구축을 위하여 규제샌드박스를 보다 전향적으로 개선해 운영하는 것이다. 아울러 디지털 혁신에 따른 새로운 사업 모델의 대표적 예인 빅테크 등의 금융플랫폼에 대해 구체적인 대응 방안을 다뤄보도록 하겠다.

금융회사가 혁신이라는 구실로 소비자 보호와 건전성 확보를 위한 규제 본

---

36 Basel Committee on Banking Supervision, "Digitalisation of finance"(2024).

연의 취지를 벗어나는 것을 방지해야 한다. 이를 위해 원칙 중심의 규제를 통해 금융회사의 지배구조가 제대로 작동하도록 함으로써 바람직한 내부통제와 조직문화가 자리 잡도록 하여야 한다. 마찬가지로 **생성형 AI와 같은 디지털혁신에 수반되는 리스크관리를 위해서는 이른바 거버넌스가 중요하다.** 여기서 거버넌스는 AI, 데이터 활용, 디지털 서비스 운영 등에서 나타나는 윤리적·법적·기술적 리스크를 식별, 평가, 대응하는 명확한 관리정책과 절차를 수립하고, 의사결정을 위한 리스크관리위원회 등을 구성해야 하는 것을 의미한다. 예컨대, 데이터 거버넌스는 금융회사가 데이터 품질, 보안, 프라이버시와 사용에 대한 정책 및 표준을 만들고 데이터 관리 관련 의사결정을 하는 위원회 등을 구성하는 것을 의미한다.

AI 및 디지털 기술이 금융산업에 미치는 영향은 긍정적이지만, 잘못된 운영은 금융시장 안정성과 소비자 보호에 위협이 될 수 있다. 특히 AI의 경우 편향성, 데이터 프라이버시 문제, 알고리즘의 설명 가능성 부족, 사이버 보안 위협 등 다양한 리스크가 존재한다. 이러한 리스크를 방지하기 위한 생성형 AI의 리스크관리를 위한 거버넌스에는 AI가 생성한 정보의 정확성을 검증하기 위한 프로세스를 구축하여 생성된 정보를 사람이 검토하고 승인하는 등의 절차를 마련해야 하며, AI 사용에 대한 윤리적 가이드라인을 제정하고, AI 모델 학습의 편향을 최소화하기 위한 데이터를 사용하도록 하는 한편, AI 사용에 대한 윤리적 검토와 평가를 담당하는 위원회를 구성하는 것 등이 포함될 것이다.

감독 당국은 설명 가능성(Explainability), 책임성(Accountability), 공정성(Fairness), 데이터 프라이버시(Data Privacy) 등의 핵심 원칙을 포함하는 리스크관리 원칙을 마련해야 한다. **금융회사 스스로 AI 및 디지털 혁신 거버넌스를 내부적으로 구축하도록 가이드라인을 제공하고, 지속적으로 금융회사의 거버넌스 체계를 평가하고 감독하는 접근이 필요하다.** 이는 혁신에 따른 리스크를 금융회사 스스로 관리하도록 하는 혁신 친화적인 원칙 중심의 규제감독의 일환인 것이다.

규제샌드박스는 신산업·신기술이 기존의 법령과 부합하지 않아 출시되지 못할 때, 일정한 지역·기간·규모 내에서 허용함으로써 법령을 개선할 필요가 있는지 가늠해 보도록 하는 제도다. 엄격한 포지티브 규제 체계를 기본으로 하는 우리나라의 금융 분야에서는 규제샌드박스가 새로운 사업 모델을 가능하게 하는 가장 실효성 있는 제도이다. 그러나 법령의 제·개정으로 이어지는 비율이 낮아 오히려 참여하는 회사에 불확실성을 초래하고 있는 것이 가장 큰 문제이다. 이에 정부는 2021년 9월 실증특례를 부여하는 경우 실증 결과 안정성이 입증되었으나 법령 정비 지연으로 사업 중단이 우려가 있는 경우에는 임시허가로 전환하고, 실증특례 연장을 통해 법령 정비 시까지 사업을 계속할 수 있도록 하는 한편, 관련 부처는 즉시 법령의 제정·개정에 착수하도록 절차를 개선했다. 그러나 규제 개선 의무를 부여함으로써 오히려 관련 부처가 특례 사업을 지정하는 데 소극적인 것으로 나타나고 있다.[37] 특례 시 부작용이 발생할 경우에 대한 책임 우려로 과도하게 조건을 부과하기도 한다. 정부는 2024년 8월 이해관계자 간의 조정을 개선하는 내용을 중심으로 규제샌드박스 운영 개선 방안을 마련했는데 아직까지는 소기의 효과를 기대하기는 어려워 보인다.

규제샌드박스를 활성화하기 위해서는 보다 혁신적인 조치가 필요해 보인다. 예컨대 우선 규제 특례를 부여하는 기관 및 공무원의 **면책을 규정**하여 보다 적극적인 규제 특례 인정이 가능하도록 하는 방안을 고려할 수 있다. 아울러 일정 기한 내 규제 특례의 안정성 및 효과성을 입증하도록 하기보다는 관련부처가 일정 기한 내 규제 특례의 문제점을 공식적으로 제기해 특례 인정 중단 조치를 하지 않는 한 관련법규의 재개정 시까지 규제 특례가 인정되도록 하는 등 **규제샌드박스의 예측 가능성 및 지속성을 더욱 늘려가는 것이 필요해 보인다.**

빅테크의 금융플랫폼 진입은 금융의 디지털 전환과정에 나타난 가장 큰 산업구조적 변화다. 정부는 금융플랫폼에 대한 법규를 정비하지 않은 상태에서

---

37 양용현·김두얼, "효율적이고 유연한 규제", 「한국경제 생산성 제고를 위한 개혁방안」(KDI 컨퍼런스 보고서, 2024.12.11).

2022년 8월 규제샌드박스로 영업을 허용한 바 있다. 전 세계적으로 빅테크의 금융업 진입은 주로 기존의 플랫폼을 금융으로 확장해 이루어진다. 이러한 빅테크 금융플랫폼은 소비자의 선택권을 제고하고 탐색 비용을 떨어뜨릴 뿐 아니라, 금융포용성을 증대시키는 혜택이 있다. 그러나 이른바 "데이터 축적-네트워크 효과 강화-고객활동 증대의 순환과정(Data-network-activities loop, DNA loop)"을 통해 점점 집중이 심화되며 승자독식의 자연 독점적 성격을 띤다. 또한, 빅테크 플랫폼이 우월한 교섭력과 외관을 갖고 있음에도 불구하고 금융상품중개업자와는 달리 금융상품 판매에 따른 책임 소재는 아직 명확하지 않다. 이에 더해 대형화된 빅테크 금융플랫폼에서 티메프와 같은 채무불이행 사태가 발생한다면 금융 안정이 위협받는 시스템 리스크로 발전할 우려도 있는 것이 사실이다.

한국의 금융플랫폼은 경제력 및 시장지배력 집중의 문제가 있지만, 아직까지는 시장의 역동성을 저해할 정도로 우려되는 상황은 아닌 것으로 판단된다. 네이버와 카카오는 2021년 이후 상대적으로 저조한 주가로 인해 시가총액 비중도 정점 대비 크게 하락한 상태이다. 따라서 현 단계에서는 **소비자 편익을 제고하는 긍정적 효과를 살리면서 금융플랫폼의 진전 정도에 맞춘 유연한 규율 방안을 준비하는 것이 필요하다.** 이를 위해 ① 샌드박스로 시범 운영 중인 금융플랫폼업을 정식으로 제도화 추진을 할 필요가 있다. 만일 빅테크 플랫폼의 금융안정 및 건전성에 대한 규율이 미흡하다고 판단될 경우에는 ② 금융회사의 빅테크에 대한 판매의존도를 방카슈랑스와 같이 제한하는 간접 규제 방안을 모색하고, ③ 나아가 빅테크 플랫폼으로 하여금 금융 부문을 분리(segreagation)하도록 하여 금융감독을 적용하거나 금융복합기업집단에 규제를 빅테크에 확대 적용(inclusion)하는 것을 고려할 필요가 있다.[38]

한편, 최근의 **지정학적 변화**는 우리 경제에 큰 도전이다. 미중 패권경쟁으로

---

[38] 최성일·이승협, 「금융부문 플랫폼화에 따른 리스크와 정책방향」, 『디지털 전환에 따른 금융의 혁신과 개혁 방안』(한국개발연구원, 2022).

불거진 보호무역 정책과 분열은 국제적 거버넌스를 통한 문제해결 능력의 약화를 초래했다. 기술혁신이 경제발전의 동력이자 국방력의 중요한 원천으로 인식되면서 AI 등 기술 확보를 위한 국가 간 산업지원정책 및 보호무역주의가 자유무역주의를 대체하고 있는 실정이다. 이제 지정학적 변화를 따라갈 수 있는 산업정책이 긴요하다. 정책적으로 전략적 산업육성을 지원하는 것은 정책금융 본연의 역할이다. **구조조정이 필요한 분야에 정부기관 보증 및 정책자금 지원이 장기간 고정되어 변화의 활력을 잃고 있는 상태에서 벗어나야 한다. 산업정책적으로 필요한 분야에 정부기관 보증 및 정책자금이 집중되도록 전환할 필요가 있다.**

전 세계는 글로벌 금융위기를 겪고 나서 G20와 금융안정위원회(Financial Stability Board, FSB)를 구성해 위기 재발을 방지하기 위하여 글로벌 금융규제 기준을 대폭 강화했다. 은행권은 바젤III를 도입하여 은행의 최저자본수준을 대폭 강화한 것이 그 예다. 그러나 지금의 G20와 FSB, 바젤은행감독위원회 등은 그 전과 같은 협력을 통해 글로벌 금융안정을 지킬 역량을 가지고 있는지는 우려가 되는 현실이다. 금융은 전 세계적으로 연결되어 리스크가 더욱 전염되고 크게 확산되는데, 리스크관리 및 감독은 각자도생으로 여겨진다. **이제 우리나라의 금융규제도 국제기준을 기계적으로 따르기보다는 우리나라 실정에 맞추어 정비하고 수정하는 것이 어느 정도는 필요하다.** 전략적 산업정책을 지원하기 위한 민간 금융회사의 금융활동에 대해서는 규제상의 혜택을 주는 방안도 전향적으로 고려해 볼 수 있다.

8. 맺음말

바람직한 금융혁신은 금융산업의 발전만을 의미하는 것은 아니다. 한정된 자원을 보다 효율적으로 배분함으로써 거래고객의 편의와 후생을 제고하고 실물경제 발전을 뒷받침해야 한다. 금융은 대표적인 규제산업이므로 금융혁신을 진작하기 위해서는 규제 및 감독이 혁신 친화적으로 정비될 필요가 있다. 금융 과잉과 불안을 초래하는 탐욕적인 금융혁신이 아니라 금융 본연의 자금중개 기능을 제고할 수 있는 책임 있는 금융혁신을 뒷받침하기 위해서는 원칙 중심의 규제 및 감독이 정착될 필요가 있다. 원칙 중심의 규제 및 감독은 법규를 고치는 것으로 정착될 것을 기대하기는 어렵다. 감독 당국의 공정성이 중요하며 이를 바탕으로 감독 당국의 판단에 대한 금융회사의 신뢰 형성과 사법 당국의 전향적인 수용이 요구된다.

감독 당국의 공정성을 확립하기 위해서는 감독 당국의 지배구조가 독립성과 책임성을 갖도록 개편되어야 한다. 금융감독 당국이 민간기구 또는 공무원 조직이냐, 쌍봉형 또는 통합형이냐의 논의보다는 금융산업정책과는 분리되어 온전히 감독 책임을 갖는 금융감독기구가 독립적인 최고의사결정기구를 갖도록 하는 것이 중요하다. 감독 당국이 바람직한 지배구조를 갖는다면 감독을 통해 금융회사도 사외이사가 제 역할을 하는 지배구조 개선이 유도되고 일반기업도 금융회사와의 거래를 통해 지배구조 개선이 이루어지는 '지배구조 연계'가 기대된다. 책임 있는 금융혁신은 결국 금융회사의 조직문화에서 비롯되므로 지배구조의 개선은 중요한 의미를 갖는다.

우리는 지금 가계부채, 부동산PF, 중소기업과 자영업자의 어려움 등의 금융 불안 요인을 안고 있으며 기후변화, 저출산, AI와 디지털 전환, 지정학적 리스크 등 거대한 구조적 변화와 직면했다. 그간 부동산담보와 보증을 통해 양적으로 빠르게 성장한 한국 금융산업은 이제 본연의 자금중개 기능 발전을 통한 혁신적인 대응이 필요하다. 이는 감독 당국의 지시 및 통제로 추진되기는 어려우며 금융회사의 경영의 자율성과 창의적인 노력을 통해 대응할 필요가 있다. 개선된 지배구조와 조직문화를 통해 본연의 자금중개 기능을 제고함으로써 신뢰를 회복하는 금융회사 스스로의 금융혁신을 이끌기 위해서는 그에 걸맞은 간접적인 규제 수단과 유인 체계를 마련하는 것이 필요하다.

제7장

자본시장 선진화와 국가전략투자기구의 설립

한상범 | 경기대학교 경제학부

1. 혁신경제와 자본시장의 역할

2024년 자본시장 뉴스 면을 1년 내내 장식했던 사건 중 하나는 고려아연과 영풍 간의 경영권 분쟁이다. 현재 이 분쟁이 어떤 방식으로 마무리될지는 불투명하지만, 그 결과가 미칠 영향은 상당할 것으로 보인다. 결과가 어떻게 나오든 이는 한국 자본시장의 현재 수준과 상황을 상징적으로 보여줄 것이다. 고려아연 사태는 단순한 경영권 분쟁을 넘어 한국 자본시장과 기업 경영구조에 대한 근본적인 문제를 드러낸다. 기업 지배구조 개선의 필요성, 자본시장의 신뢰도와 안정성, 그리고 법·제도 및 규제 개선의 필요성을 재확인시켜 주며, 한국 자본시장이 왜 여전히 저평가(디스카운트)되는지 그 단면을 보여주기 때문이다.

해방 이후 자본시장의 맹아 단계에 머물던 한국 자본시장은 1970년 이후 정부의 적극적인 자본시장 육성 정책, 금융정책 결정 담당자의 치열한 고민, 그리고 금융위기를 경험하면서 양적 규모나 질적 수준에서 눈부신 발전을 이루었다. 우리나라 자본시장의 발전은 은행 시스템의 발전과 함께 고속 경제성장의 밑거름이 되었다. 천연자원이나 조상으로부터 물려받은 유산이 많지 않은 한국에서 지속가능성장을 위한 혁신경제의 동력은 기본적으로 기업으로부터 나온다. 혁신경제에서 자본시장은 기업의 성장과 기술혁신을 위한 중요한 자금을 공급하는 핵심적인 역할을 한다. 자본시장이 활성화되면, 초기 단계에서 자금 조달이 어려운 혁신적인 스타트업과 중소기업이 보다 쉽게 자금을 확보하고, 위험 자본이 효율적으로 배분되어 혁신적인 기술 개발과 산업이 성장할 수 있는 환경이 마련되어 경제성장의 주요 동력이 된다.

그러나 모든 나라의 자본시장이 의미 있는 발전을 이루는 것은 아니다. 개도국 중 많은 나라가 제도화된 주식시장을 갖고 있으나 자본시장 본연의 역할을 제대로 수행하는 주식시장은 그리 많지 않다. 이는 자본시장이 제대로 작동하기 위해서는 대출과 같이 신용에만 의존하는 은행 시스템과는 달리, 자본시장과 관련된 강력한 법체계의 확립, 효율적 자본시장 인프라의 확보, 거시경제적 안정성, 시장 규모 등의 선결 조건[1]이 갖춰져야 하기 때문이다. 이 글에서는 편의상 자본시장의 발전단계를 2단계로 나누어, 이러한 선결조건을 만족하고 자본시장이 경제성장에 기여하기 시작하는 단계를 '자본시장 발전 1단계'라고 부르기로 한다. '자본시장 발전 2단계'는 미국과 영국 등과 같이 자본시장이 고도화된 단계로 금융혁신을 통해 다양한 금융 상품과 서비스가 제공되고, 거래비용은 낮고 유동성은 풍부하며, 엄격한 규제와 감독하에 시장 투명성과 투자자 보호가 확보된다. 선진국의 자본시장은 풍부한 유동성을 바탕으로 기업들에게 자본을 효율적으로 조달할 수 있는 수단을 제공하여 새로운 유니콘 기업의 탄생을 돕고 산업의 동태적인 변화와 퇴출을 통해 지속가능한 경제성장을 이룬다.

불행하게도 현재 한국은 굉장히 어려운 과정(다양한 정책실패의 경험과 우연적인 정책의 성공, 외환위기 극복과정에서 선진 제도의 급격한 도입 등)을 겪으며 "자본시장 발전 1단계"에 오래전에 진입했음에도 여전히 이 단계를 탈피하지 못하고 있다. 기업의 가치는 저평가되어 있고, 투자자와 소비자 보호는 미흡하며 모험 자본 조달을 통한 혁신적인 유니콘 기업의 등장은 저조하며, 저성과 기업의 신

---

[1] Ross Levine, "Finance and Growth: Theory and Evidence," *NBER Working Paper Series*, 10766(2004).

속한 퇴출과 산업구조의 변혁은 요원해 보인다. 일본의 자본시장도 잃어버린 30년을 겪으면서 우리나라의 자본시장 상황과 별반 다르지 않았으나 2002년 및 2015년 이사의 충실의무를 강화하고 기업의 투명성을 높이는 상법 개정을 통해 매우 적극적인 기업 지배구조 개선 노력을 펼치면서 기업의 가치가 상승하고 주식 거래가 활발해지고 있다.

2. 자본시장의 저평가(디스카운트)와 기업 지배구조 문제

자본시장이 저평가되었다는 의미는 기업의 본질가치(fundamental value)를 시장에서 제대로 평가받지 못하는 기업이 매우 많다는 것이다. 자본시장은 기업들이 기업의 가치를 평가받을 수 있는 중요한 장이다. 거래소 상장 후, 기업은 자본시장에서 시장의 평가를 받게 되는데 이는 기업의 경쟁력을 강화하는 데 중요한 역할을 한다. 혁신적인 기술을 개발한 기업들이 자본시장에서 높은 가치를 인정받을 경우 해당 기업은 시장에서 더 많은 투자를 유치할 수 있으며, 이는 혁신 경제의 발전을 촉진한다. 또한, 자본시장이 발전하면 개인 투자자와 기관 투자자가 혁신적인 기업에 참여할 수 있는 기회를 갖게 된다. 이러한 투자자의 참여는 기업이 새로운 기술을 상용화하고, 시장에 출시하는 데 필요한 자금을 조달하는 데 중요한 동력이 된다. 반면에 자본시장이 저평가되면 시장의 수익률이 낮아져 투자자들이 국내시장을 외면하고 미국 등의 해외 시장으로 빠져나가게 되고, 이에 따라 국내 기업은 자본시장을 통한 자금 조달이 어려워진다.

자본시장 저평가의 원인은 시장 참가자에 따라 다양하게 제기된다. 국민의 힘과 정부는 저평가의 원인이 매우 높은 상속세에서 기인한다고 판단해 상속세율을 낮추는 방안을 해법으로 제시한다. 투자자들은 매우 낮은 배당 성향이 원인이라 주장하고 많은 배당금 지급과 자사주 소각, 그리고 배당세 감세를 주장한다. 반면에 민주당과 소액주주들은 문제의 원인이 기업 지배구조에 있다고 보고 상법 개정을 통한 해결책을 제시한다. 혹자는 북한과 대치하고 있는 지정학적 리스크가 주식시장에 반영되어 시장이 저평가되었다고 주장한다.

이 모든 이유가 우리나라 자본시장의 저평가와 직간접적으로 연관되어 있지만, 가장 핵심적인 원인은 경영권을 가진 대주주 중심의 기업 지배구조에 있다. 전체 주주의 이익을 극대화해야 할 주식회사의 경영이사진들이 자신들의 사적 이익을 추구함으로써 주주의 가치와 회사의 가치를 훼손하기 때문이다. 이러한 경영 관행은 사실 우리나라 특유의 가족 중심 재벌 체제의 기업 지배구조의 특징으로부터 연유한 바 크다.[2]

3. 고려아연 경영권 분쟁을 통해 본 기업 지배구조의 개선

최근 대주주 중심의 기업 지배구조 문제가 크게 드러난 대표적인 사례가 서두에 언급한 고려아연의 경영권 분쟁이다. 이 분쟁은 고려아연의 대주주이자 경영권을 가진 최윤범 회장과, 사모펀드인 MBK와 손잡고 고려아연의 경영권을 인수하려는 최대주주 영풍과의 갈등에서 비롯되었다. 이 경영권 분쟁에는 두 가지 주요 이슈가 있다. 첫째, 고려아연의 지배주주인 최종범 회장의 사적 이익 추구와 관련된 경영권 유용의 문제, 둘째, 사모펀드가 개입된 인수합병에 대한 논란이다.

무리하게 사업 확장에 나섰던 3세 경영인인 최종범 회장은, 최대주주인 영풍의 경영권 획득을 저지하기 위해 매우 편법적이며 규제의 사각지대를 이용한 공정하지 못한 행위[3]를 벌였다. 이러한 행위는 비지배주주들의 이익을 심각

---

[2] 이들의 특징은 계열사 간 내부거래, 소액 주주의 권리 침해, 이해상충 문제, 의사결정 과정의 투명성 부족 등으로 요약된다.
[3] 최종범 회장은 영풍의 의결권을 제한하기 위해 2025년 1월 임시주총에서 상호주를 이용하는

하게 침해하는 동시에 선진 기업 지배구조의 형성과 발전을 현저히 훼손하고 있다. 물론 영풍과 MBK도 고려아연 경영권 인수에 성공한다고 해서, 그들이 고려아연의 지속가능한 발전을 위해 대규모 투자를 진행하고 장기적으로 기업 가치를 높이기 위한 경영을 할지는 알 수 없다. 실제로 사모펀드가 자주 받는 비판처럼, 그들은 핵심 자산을 매각하고 단기적 성과에만 치중할 수도 있다.

이처럼 대주주가 지배력을 유지하고 사적 이익을 추구하면서 회사와 주주에게 부담을 주는 부적절한 기업 지배구조를 개선하고, 저평가된 한국 자본시장의 가치를 높이기 위해서는 종합적인 제도적 개혁이 필요하다. 지금 국회에서는 소수 주주 및 일반 투자자 보호를 강화하기 위해서 상법 개정안에 대한 논의가 활발하게 이루어지고 있다. 이 논의의 중심에는 상법 제382조의3에서 규정한 이사의 충실의무를 '회사'뿐만 아니라 '주주'에게도 확대 적용하는 내용이 포함된다. 이 개정안이 통과될 경우,[4] 이사회의 권한이 강화되어 고려아연 분쟁에서처럼 주요 주주의 이익을 우선하는 것과 같은 경영 결정이 법적 제재를 받게 될 가능성이 높아지며, 이는 전체 주주가치 제고에 반하는 의사결정을 어렵게 할 것이다. 여기서 주주가치가 제고된다는 것은, 경영 이사진의 경영 의사결정이 기업의 수익성과 성장성을 향상시켜 기업의 본질적 가치를 높이고, 결과적으로 시장에서 공정한 평가를 받게 된다는 의미이다.

이사에게 주주에 대한 충실의무가 부여되면, 이사의 경영 활동이 위축될 수 있

등의 방법을 사용했다. 상호주란 두 회사가 서로 상대방의 주식을 보유하는 것을 말하며, 주식 교환이나 순환출자를 통해 이루어진다. 상호주는 10%를 초과할 경우 의결권을 행사할 수 없다. 고려아연의 경우 상법상 손자회사가 모회사 지분 취득 시 모회사의 의결권 행사가 금지되는 규정과 '공정거래법상' 순환출자 금지 의무 위배 규정을 활용했다. 2025년 3월 법원은 이러한 의결권 제한이 위법하다고 판단했다. 또한 고려아연은 회사 자금뿐만 아니라 2조 6,545억 원(2023년 당기순이익의 다섯 배에 해당)을 차입해 막대한 프리미엄을 부담하며 자사주를 매입한 결과, 재무구조가 크게 악화되었다. 이 과정에서 주주가치도 상당히 희석되어 일반 주주들이 손해를 보게 될 가능성이 높아졌다.

4   2025년 3월 중순 현재 국회에서 관련 법안이 민주당 주도로 통과되었으나, 대통령 권한 대행의 거부권 행사 여부가 불확실한 상태다.

다는 우려가 있다. 이는 이사가 주주로부터 명시적으로 위임을 받지 않은 사무를 처리하거나 위임받은 범위를 넘어서 활동할 경우, 형법상 배임죄로 처벌될 수 있기 때문이다. 따라서 배임죄를 민사소송으로 다룰 수 있도록 제도를 개선할 필요가 있다. 피해가 발생한 경우, 형사처벌 대신 손해배상 조치를 통해 법의 실효성을 제고하는 것이 더 적절할 수 있다.[5] 또한, 주주가 피해를 입었을 때 신속하고 전문적인 구제를 받기 어려운 현 상황을 고려해, 기업만 전문적으로 다루는 상사전문법원의 설립을 적극적으로 검토할 필요가 있다.

4. 주주 자본주의에서 이해관계자 자본주의로

이번 상법 개정안이 한국의 기업 지배구조를 재정비하고 자본시장의 저평가 문제를 개선하는 데 중요한 역할을 할 것으로 기대되지만, 이 논의의 기반이 되는 것은 미국에서 발전한 주주 자본주의(shareholder capitalism)인 점에 유의해야 한다. 주주 자본주의는 기업이 주주의 이익을 최우선으로 고려해야 한다는 경제 철학 및 경영 전략이다. 이 개념은 기업이 주주가치를 극대화하는 것을 목표로 하며, 이를 통해 주주들에게 최대한의 수익을 환원하려고 한다. 그런데, 주주 자본주의의 주요 문제점 중 하나로 단기적인 성과에만 중점을 두어 자칫 장기적인 기업 성장과 지속가능성을 해칠 수 있다는 지적이 있다. 주주 자본주의의 부정적 영향은 2007년 글로벌 금융위기에서 명확하게 나타났다. 이 위기는 금융회사들이 고위험 대출을 확대하고, 이를 기반으로 한 파생 금융상품을 과도하게 판매하고 유통하면서 수익을 단기적으로 극대화하려는 경제적 동기에서 비롯되었다. 따라서 기업 지배구조를 개선하기 위해 도입된

---

5   ≪한겨레신문≫, "민주공화국처럼 회사도 위임받은 권한 '주주에 충실' 제도화해야", 2025년 2월 12일 자.

이사의 주주 충실의무가 자칫 주주 자본주의의 부작용으로 이어져 단기적인 이윤 추구가 환경, 직원, 기업의 사회적 책임과 같은 다른 중요한 요소를 소홀히 할 수 있음도 인지해야 한다.

미국에서는 이제 주주 자본주의에서 이해관계자 자본주의(stakeholder capitalism)로의 전환이 진행 중이다.[6] 2019년, 미국의 주요 기업 CEO들로 구성된 비즈니스 라운드테이블은 성명서를 발표했다. 이 성명서에서 그들은 기업이 주주들만을 위해 존재해서는 안 되며, 고객에게 가치를 제공하고, 직원들에게 투자하며, 공급자들과 공정하게 거래하고, 소속된 공동체를 지원해야 한다고 주장했다. 이 변화는 많은 기업들이 주주의 이익뿐만 아니라 직원, 고객, 지역 사회 및 환경과 같은 넓은 이해관계자 그룹의 이익을 고려하도록 요구하는 경향이 강화되면서 나타났다. 이는 기업의 의사결정 과정에서 다양한 이해관계자들의 이익을 통합하고, 장기적으로 지속가능한 성장을 추구하는 데 중요한 역할을 하고 있다.

프랑스는 2019년에 개정된 상법인 PACTE 법을 통해 기업이 사회적·환경적 영향을 고려하도록 법적 요구를 강화했다. 이러한 변화는 기업의 경제 활동이 더 넓은 사회적·환경적 맥락을 반영하도록 유도하는 중요한 법적 진전을 나타낸다. 한국 또한 지속가능한 성장을 위해 장기적으로 유사한 방향으로의 기업 지배구조 개선을 모색해야 할 것으로 보인다.

5. 자본시장 저평가와 인수합병의 활성화

기업 지배구조의 문제에 더해 한국의 자본시장이 저평가되는 또 다른 원인으

---

[6] 이해관계자 자본주의에서 국가의 역할에 대한 논의는 한상범·권세훈·임상균, 「글로벌 ESG 동향 및 국가의 전략적 역할」(대외경제정책연구원 ODA 정책연구, 2021.12.30) 참고.

로 활성화되지 않은 인수합병(M&A) 문화를 들 수 있다. 고려아연 경영권 분쟁에서도 논란의 중심에는 사모펀드(PEF)에 의한 M&A 시도가 있다. 고려아연 사례는 영풍이 고려아연의 1대 주주이므로 영풍과 MBK 사모펀드의 지배권 획득 시도가 적대적 M&A라고 보기는 어렵지만, 일반적인 인식은 이를 적대적 M&A 시도로 받아들이는 경향이 있는 것으로 보인다.

한국은 고도성장기에 자본시장에서 기업공개 및 유상증자를 촉진하기 위한 정책을 추진하면서, 대주주의 경영권을 제도적으로 보호하기 위해 지분 공시면제와 적대적 M&A 금지 정책 등을 시행했다. 이러한 정책은 1997년 외환위기 이후, IMF의 권고로 기업 지배구조 개혁이 이루어지면서 적대적 M&A를 가능하게 하는 제도 개선[7]이 이루어졌다. 정부의 이러한 노력에도 불구하고 한국에서는 적대적 M&A가 성공한 사례[8]는 아직 없다. 이는 한국에서 M&A 시장이 근본적으로 활성화되지 않는 주요 원인 중 하나인, M&A에 대한 매우 부정적인 인식과 관련된다. 그러나 적대적 M&A는 선도 악도 아니며,[9] 인수 대상 기업의 경영진이 인수에 반대하는 상황에서도 인수를 하려는 이유는 인수를 통해 기업의 비효율을 개선하고 생산성을 향상시켜 기업의 가치를 높이며 주주에게 더 큰 수익을 반환할 수 있는 기회를 제공할 수 있다고 보기 때문이다. 현 경영진과 새로운 인수 희망자 중 누가 기업의 지배구조를 개선해 기업의 투명성과 효율성을 높이고, 혁신을 통해 기업가치를 증진시킬 수 있는지는 자본시장이 판단하도록 하면 된다. 이러한 점에서 M&A시장의 역할이 기업 지배구조 개선을 위해서는 매우 중요하다. 새로운 인수자가 전문 경영 기술을 도입해 경

---

7   적대적 M&A를 가능하게 하는 제도적 기반을 마련하기 위해 의무공개매수 제도를 폐지하고 외국인이 1/3 이상의 주식을 취득할 경우 이사회의 결의를 요구하는 제도도 폐지했다.
8   주목할 만한 적대적 M&A 시도가 3번(소버린자산운용의 SK 지배구조 개선 요구, KCC의 현대엘리베이터의 적대적 M&A 시도, 칼 아이칸 연합의 KT&G의 적대적 M&A 시도) 있었으나 모두 성공하지 못했다.
9   ≪한겨레신문≫, "고려아연 경영권 분쟁' 부른 적대적 인수합병… 선도 악도 아니다", 2024년 12월 18일 자.

영을 개선하고 장기적인 성과를 향상시킬 수 있다면 그 기업의 기업가치와 주주가치는 증가할 것이고, 이러한 변화는 한국 자본시장의 저평가 문제를 해소하는 데 기여할 것이다.

일부에서는 한국의 M&A 제도가 방어하는 측에 불리하다며 경영권에 대한 위협이 심각하다고 주장한다. 이에 따라 M&A 방어제도의 강화를 요구하고 있다. 경영권 방어수단으로 현재 상법에서 허용하지 않는 차등의결권주식, 황금주, 포이즌 필 등의 제도 도입이 필요하다고 주장한다. 그러나 현재 기업들은 자사주 취득 한도가 폐지되어 적대적 M&A에 대한 방어수단으로 사용할 수 있고 계열사 간의 교차 보유도 가능하다. 또한, 차등의결권주식은 별도의 제도 도입 없이도 주요 주주가 보유한 주식 가치를 신규 주식보다 높게 평가하는 방식으로 이미 구현될 수 있으므로, 추가적인 제도적 도입이 필요하지 않다고 판단된다.[10]

현재까지 적대적 M&A가 성공한 사례가 없다는 점에서도, 우리나라의 M&A 방어수단과 공격수단 사이에는 이미 일정 수준의 균형이 이루어져 있다고 볼 수 있다. 따라서 주식 가격 하락과 같은 부작용을 초래할 수 있는 포이즌 필과 같은 강력한 방어책을 추가로 도입할 필요성은 낮아 보인다. 이는 현 주주들에게도 피해가 갈 수 있는 제도이므로, 더 신중한 접근이 필요하다. 오히려 적대적 M&A에 대한 너무 큰 사회적 반감을 완화하고, M&A 시장을 활성화하는 방향으로 정책을 재조정하는 것이 자본시장의 저평가 문제를 해결하는 데 더 도움이 될 것이다. 또한, 기업들이 M&A 위협을 우려하는 것 자체가 시장에 적설한 M&A 압력이 존재한다는 긍정적인 신호로 해석될 수 있으며, 이는 기업들이 자신의 가치를 높이기 위해 경쟁적인 환경에서 적극적으로 노력하도록 하는 긍정적인 작용도 한다. 이러한 점을 고려할 때, M&A 시장의 활성화는 경쟁

10　윤석열 정부에서는 2023년 상법상 주식회사의 1주 1의결권 원칙에 대한 예외로 비상장 벤처기업의 창업주에 대해서는 복수의결권주식의 발행을 허용하는 '벤처기업육성에 관한 특별조치법'의 개정이 이미 이루어졌다.

을 촉진하고 기업가치를 향상시키는 데 기여할 수 있다.

6. 산업정책의 중요성이 재조명되는 시대: 미국의 국가투자청 구상

재집권에 성공한 트럼프 대통령은 취임 첫날 미국 최초의 연방 국부펀드(sovereign wealth fund) 도입을 언급했다. 이 언급이 다소 뜬금없었던 이유는 국부펀드의 목적, 초기 펀드 규모, 재원 조달 방안 등에 대한 구체적인 설명이 전혀 없었기 때문이다. 트럼프는 이 국부펀드를 그린란드 구매에 활용할 계획을 가지고 있을 수도 있다. 그러나 이러한 움직임은 바이든 행정부에서 부각된 산업정책의 귀환과 깊이 연관되어 있는 것으로 파악된다. 이는 미국이 국부펀드를 활용해 첨단기술, 인프라, 방위산업 등 핵심 산업 분야에 직접 투자함으로써 외국의 국가 주도 투자에 대응하고, 미국 경제의 장기적 경쟁력과 주도권을 확보하려는 전략적 의도에서 비롯된 것으로 해석할 수 있다.

트럼프의 제안은 바이든 행정부가 도입한 인플레이션 감축법(IRA) 및 CHIPS 법을 통해 보조금, 세금 인센티브, 규제 완화와 같은 산업정책을 활용한 방식을 확장하는 정책 아이디어로 볼 수 있다. 이는 신자유주의를 넘어서는 새로운 정책적 접근을 제시하는 것인데, 바이든 행정부 시절에도 이미 자본시장과 연계된 직접 지분투자와 같은 산업정책 구상이 깊이 있게 연구된 바 있다. 이러한 접근은 민주당이나 공화당 불문하고 미국이 일종의 국가 자본주의적 관점에서 보다 적극적인 산업정책을 미국의 새로운 국가 발전 전략으로 인식하고 있음을 나타낸다.

2020년대 초반부터 바이든 행정부 내에서 국가투자청(National Investment Authority, NIA)의 설립 논의가 있었는데, 이는 주로 코넬대학교의 교수인 사울 오마로바(Saule Omarova)[11]에 의해 제안되고 발전했다. 오마로바의 제안은 2021년에 그녀가 바이든 행정부에서 은행을 감독하는 통화감독청장(Office of the

Comptroller of the Currency, OCC) 후보로 지명되면서 더욱 주목받기 시작했다. 그러나 그녀가 구소련 출신이라는 이유로 공화당과 언론의 심한 반대에 부딪혀 오마로바는 결국 낙마했으며, 국가투자청(NIA) 설립 논의도 중단되었다.

NIA는 미국의 장기적인 경제성장을 촉진하고 자금을 지원하기 위해 20세기 초반 뉴딜 시대의 재건금융공사(Reconstruction Finance Corporation, RFC)를 모델로 하여 제안된 새로운 연방 기관이다. 공공 및 민간 자본을 대규모 장기 프로젝트에 동원하고 투자하는 것을 목표로 한다. 조직구조는 재건금융공사 또는 우리나라 산업은행과 유사한 기능의 국가인프라은행(National Infrastructure Bank, NIB) 및 국부펀드(Sovereign wealth funds)와 유사한 기능의 국가자본관리공사(National Capital Management Corporation, NCMC)의 구성을 제안하고 있다.

오마로바 구상은 NIA를 통해 국가 주도로 금융정책과 산업정책을 재구성함으로써 기존 금융시장의 한계를 넘어 대규모 인프라 및 기술혁신 프로젝트에 필요한 자본을 효율적으로 배분하는 방안을 제시하고자 했다는 것이다. 이 구상에서 특히 중요하게 여겨진 것은 NIA의 투자 의사결정의 독립성과 투명성을 확보할 수 있도록 NIA 이사회 지배구조를 설계한 점이다. NIA 이사회는 9명의 이사로 구성되며, 이들은 상원의 동의를 받아 대통령에 의해 임명된다. 또한 재무부 장관과 연방준비제도이사회 의장도 명예직 이사로 참여하도록 계획되었다. 이사회의 주요 책무는 국가투자전략을 설계하고 자본시장을 통해 NCMC로 하여금 실행하도록 하는 것이었다. 이 전략은 국내 생산 및 제조 역량의 장기 개발, 고임금 일자리 창출, 고품질의 필수 공공 인프라의 보편적 제공, 인종 및 지역 간 삶의 질과 웰빙 격차 해소, 저렴한 주택에 대한 광범위하고 공평한

---

11 Saule T. Omarova, "The National Investment Authority: An Institutional Blueprint", *Cornell Legal Studies Research Paper*, 24-01, Berggruen Institute(2022); Robert Hockett and Saule Omarova, "Private Wealth and Public Goods: A Case for a National Investment Authority," *Journal of Corporation Law*, 43(3)(2018).

접근성 제공, 저탄소 배출 경제로의 전환, 국가 목표를 지원하는 첨단기술 개발 등이 포함된다.

이러한 이사회 구조는 NIA가 연방준비제도(연준)와 재무부에 준하는 위상을 확보하도록 설계된 것으로 파악된다. 특히, 재정 및 예산에 대한 불확실성과 과도한 정치적 간섭으로부터 NIA의 독립적인 투자 결정을 보호하기 위해 초기에는 의회의 예산 배정을 통해 재원을 마련하되, 이후에는 민간자금을 포함한 자체 자금 조달 방식으로 재원을 마련하도록 했다.

이와 함께, 연방 차원의 유동성지원을 명문화해 NIA의 자본 비용을 낮추고, 장기적인 사회경제적·환경적 및 기타 공공의 이익을 창출할 수 있는 대규모 투자 역량을 강화하기 위한 제도적 장치를 마련했다. 연준은 NIA가 발행한 채권을 매입해야 할 뿐만 아니라 NIA를 위한 유동성지원장치(The Federal Reserve Liquidity Support)를 제공하고, 재무부는 NIA에 신용공여한도(Treasury Credit Line)를 설정해 지원하도록 했다.

NIC의 하위 조직인 NCMC는 국부펀드의 유형 중 '개발형 펀드(development fund)'와 유사한데, 자본시장에서 자산관리(asset management)와 에쿼티금융(equity financing)을 직접 담당한다. 이 조직의 목적은 기존의 민간 투자나 공공재정 지출을 대체하거나 경쟁하기 위한 것이 아니다. 오히려 높은 불확실성, 예상을 뛰어넘는 거대한 투자 규모, 그리고 장기간에 걸친 이익 분산으로 인해 기존의 사적 자본시장을 통해서는 자금 조달이 어려운, 인내자본이 필요한 프로젝트를 대상으로, 직접투자 형태로 자금을 지원하도록 계획되었다. 그 결과, NCMC는 중요 공공 인프라 자산에 투자하는 주식 또는 벤처캐피털 펀드의 관리자(General Partner, GP) 역할을 수행한다.

이와 같이 오마로바는 NIA의 책무, 지배구조, 조직, 재원 조달 방안 등을 매우 세밀하게 구상했는데 그 이유는 첫째, NIA를 통해 대규모 국가 프로젝트들이 자본시장을 통해 효율적으로 직접 자금을 조달하고 실행될 수 있도록 하기 위해서다. 이는 기술혁신, 인프라 개발, 환경 지속가능성 등과 같은 중요 분야에서 기업 및 산업 경쟁력을 강화하려는 미국의 산업정책 목표를 달성하는 데 필수적이다. 둘째, 투명하고 독립적인 운영을 보장해 공공 자금의 남용을 방지하고, 정치적 간섭 없이 장기적이고 지속가능한 투자를 유도하기 위함으로 판단된다.

7. 한국형 국가전략투자기구의 설립 모색

미국이 민주당과 공화당을 막론하고 적극적인 산업정책을 추진하며, NIA 설립이나 연방 국부펀드 도입과 같이 자본시장을 직접적으로 활용하는 새로운 방식을 채택하려는 전략은, 제조업 중심으로 발전해 온 한국에 많은 시사점을 준다. 이러한 접근 방식은 국가 차원에서 경제 활성화와 산업 경쟁력 강화를 위해 자본과 자원을 직접적으로 동원하는 모델을 제시하며, 한국도 이러한 전략을 참고해 자국의 산업정책을 강화하고 혁신을 추진할 수 있는 방안을 모색할 수 있다.

트럼프 집권 이후로 세계 여러 국가가 자국 중심의 정책을 강화하는 가운데, 한국 정부 역시 산업정책의 일환으로 자본시장을 활용해 직접 투자하고 기업의 지분을 소유 및 운영하는 전략에 대해 심도 있게 고민할 필요가 있다. 글로벌 경쟁이 갈수록 치열해지는 상황에서 국가가 산업을 적극적으로 지원하고 경쟁력을 강화하는 것이 중요해졌다. 중국과 같은 국가들이 국가 주도의 산업정책을 통해 글로벌 시장에서 유리한 위치를 선점하는 사례가 늘면서, 미국을 포함한 다른 선진 국가들도 유사한 접근 방식을 고려하기 시작한 것으로 보이기 때문이다.

이러한 국가 전략의 채택은 국가의 이익을 보호하고 증진하는 데 크게 기여할 수 있을 것이다. 그 이점으로는 첫째, 경제 안정성과 자주성 확보. 정부가 직접 투자하고 운영에 참여함으로써 국가는 경제안보를 강화하고 외부의 경제적 충격에 대한 취약성을 감소시킬 수 있다. 특히 에너지, AI, 국방과 같은 핵심

산업에서 국가의 개입은 기술 이전을 촉진하고, 국내 산업의 경쟁력을 높이며, 국제 시장에서의 독립성을 유지하는 데 중요하다. 둘째, 정부는 기업에 비해 단기적 이익보다 장기적인 국가 발전 목표에 집중할 수 있다는 점이다. 이를 통해 정부는 경제성장, 고용 창출, 지속가능한 개발 등의 사회적·경제적 목표를 추구하는 데 더 큰 자원을 할당할 수 있다. 또한, 정부의 투자는 민간 부문이 주저하는 리스크가 큰 투자를 감행할 수 있는 기반을 마련해 준다. 셋째, 정부가 연구개발(R&D)과 혁신적 기술 개발에 필수적인 자금을 제공함으로써 과학적 및 기술적 진보를 촉진할 수 있다는 것이다. 이는 민간 부문에서 충분한 투자를 이끌어내기 어려운 새로운 기술이나, 시장이 아직 준비되지 않은 분야에 정부가 중요한 역할을 할 수 있도록 한다. 넷째, 정부는 사회적·환경적 목표를 달성하기 위해 직접 투자할 수 있다는 것이다. 이는 경제적 이익뿐만 아니라 환경 보호, 고용 기회 확대, 지역균형발전, 불평등 해소 등 광범위한 국가 목표를 지원하는 데 기여할 수 있게 된다. 특히 기능을 확대해 일반 국민들이 참여할 수 있는 사회자산펀드(social welfare fund)를 고안하여 다양한 정책 기능을 수행할 수도 있다.[12] 따라서 국가투자청과 같은 국가기관을 활용한 적극적인 산업정책 수행은 국가 경제의 지속가능한 성장과 국민의 삶의 질 향상을 위한 중요한 도구로 기능할 것으로 판단된다.

AI 연구개발에 대한 투자 규모를 미국[13]과 비교하면, 네이버는 2조 원을 투자할 계획인 반면, 아마존은 84조 원을 투자한다고 한다. 이는 국가의 핵심 기술인 인공지능 개발이 막대한 자금을 요구하는 분야임을 보여주며, 이를 국내 한 기업이 단독으로 부담하기에는 상당한 어려움이 있음을 나타낸다. 이는 우리나라에도 국가투자청(NIA)과 같은 국가기관의 도입이 필요함을 시사한다. 이

---

12 이와 관련해서는 권세훈·한상범, 「사회자산펀드와 중소기업 지원전략」(경기도경제과학진흥원 정책보고서, 2021) 참조.
13 ≪머니투데이≫, "'AI R&D' 아마존 84조 vs 네이버 2조… '정면승부 어려워' 돌파구는", 2024년 12월 22일 자.

글에서는 이 국가기관의 명칭을 가칭으로 한국형 '국가전략투자기구(Korea Strategic Investment Authority, KSIA)'라고 명명해 본다. 이는 '청'이나 '처'로 명명하기에는 해당 기관의 지배구조적 위상이 보다 높은 수준으로 설정될 필요가 있기 때문이다.

한국은 이미 국부펀드를 보유하고 있으므로 이를 활용할 수 있는 방안을 고민해 볼 수도 있다. 우리나라의 유일한 국부펀드인 한국투자공사(KIC)는 재원이 외환보유고로 한정되므로 '외환운용수익률 제고 펀드'로 분류한다. 보유 외환을 활용하여 운영되므로 국내 상장기업과 벤처회사, 국내 대체 자산에 투자할 수 없다. 외환보유고는 금융안정과 금융위기 시 매우 중요한 역할을 하므로, 환전을 허용하고 한국투자공사의 책무를 수정해 국가전략투자기구(KSIA)과 같은 역할을 수행하도록 하는 것은 제도적으로 쉬운 일은 아닐 것으로 판단된다.

따라서 이와 같은 기관을 설립할 경우, 국내 산업정책을 실행할 수 있는 독립적인 또 다른 국부펀드를 도입하거나 또는 오마로바가 제안한 국가투자청 모델을 고려하는 것이 적합할 것으로 보인다. 이 과정에서 가장 중요한 것은 이 새로운 국가기관의 지배구조를 어떻게 설계하고 자금을 어떻게 조달할지에 대한 문제다. 한국투자공사가 행정부의 특정 부서에 영향을 받는 것과는 달리, 의사결정의 독립성과 자율성이 보장될 수 있는 방식으로 지배구조를 설계해야 한다. 또한 재원 조달의 경우, 정부 예산에 의존하지 않는 독립적인 자금 조달 방안을 마련해야 한다. 이러한 구조를 효과적으로 설계하기 위해서는 국가적인 차원의 지혜가 요구된다.

제8장

인구위기: 축소사회의 대응 전략

이강호 | KAIST 문술미래전략대학원

1. 피할 수 없는 인구 감소, 축소사회의 개막

지금으로부터 50년 전 초등학교 선생님이 하신 말씀이 생각난다. "선진국이 되려면 영국처럼 5,000만 명은 되어야 선진국이 될 수 있다." 50년 전인 1975년 인구가 3,500만 명이었다. 당시 영국 인구는 5,600만 명이었다. 우리나라 인구는 꾸준히 증가하여 2012년 5,000만 명을 넘어섰고, 2020년에 정점에 이르렀다. 그동안 경제성장도 괄목할 만큼 이뤄졌다. 우리나라는 1996년 선진국 그룹으로 간주되는 경제협력개발기구(OECD)의 29번째 회원국이 되었고, 2020년에는 GDP가 세계에서 10번째인 국가가 되었다. 50년 전 선생님이 말한 선진국이라고 할 만하다. 인구가 늘어나면서 경제성장도 이루어졌다. 인적 자원을 제외하고 다른 자원이 없는 상황에서, 근면하고 성실한 사람들이 열심히 일해서 이만큼 경제성장을 이루었다는 평가를 받고 있다. 그러나, 인구 증가만으로 이만큼 경제성장을 이뤘다는 증거는 없다. 다만 인적 자원이 충분하다는 전제하에 경제정책을 추진해 왔고, 경제규모는 커져왔다.

그러나 2021년 대한민국은 역사적인 변곡점을 맞이했다. 오랜 기간 지속되어 온 인구 증가 추세가 멈추고, 마침내 인구 감소의 시대가 시작된 것이다. 2020년 5,184만 명을 정점으로 감소하기 시작하고 있다. 감소 폭은 갈수록 확대될 예정이다. 통계청에 의하면 2072년에는 2020년 정점 대비 30.1%나 감소한 3,622만 명으로 전망된다. 이는 1세기 전인 1972년 인구와 비슷한 수준이다. 단순한 숫자놀음이 아니라, 우리 사회 시스템 전체를 근본적으로 재설계해야 할 거대한 변화의 서막을 알리는 신호탄이다. 인구 감소는 이미 예견된 미래이지만, 그 현실이 눈앞에 닥쳐왔을 때의 무게감은 실로 막대하다. 반면, 세계 인구는 2080년 중반 103억 명까지 계속 증가한 이후 감소할 것으로 UN은 전망하고 있다.[1]

또한, 저출생과 고령화의 가속으로 인구구조도 급변하고 있다. 우리나라는 2024년 말에 고령 인구 비율이 20%를 초과하여 초고령사회가 되었다. 이러한 고령화 속도는 세계에서 유례를 찾아보기 어려울 정도로 빠르게 진행되고 있다. 2072년에는 47.7%로 증가할 것으로 전망된다. 이는 생산연령인구보다 더 많은 고령 인구가 된다. 고령 인구 숫자를 보더라도 현재 1,000만 명 수준이나, 2050년 1,891만 명까지 계속 늘어날 것으로 전망된다. 그 이후에는 고령 인구 비율은 증가하지만, 절대인구의 감소로 고령 인구도 감소할 것으로 예상된다. 반면 전 세계 인구는 선진국들은 이미 초고령사회가 된 국가가 많으나, 개도국의 인구 증가로 전체적으로는 고령화가 서서히 진행되어 2070년에야 초고령사회가 될 것으로 UN은 전망한다.

이와 같은 인구 감소에 의한 축소사회의 도래와 고령화의 가속은 노동력 감소, 소비 위축, 복지 부담 증가 등에 의한 경제성장을 둔화시키고 사회적 부담을 가중시키게 될 것이다.[2] 지금까지 인구 증가를 전제로 한 경제성장 정책은 큰 변화를 맞이하게 되었다. 인구 감소 시기에 맞는 경제정책이 필요하고, 인구 감소에 따른 사회경제적 변화를 반영한 근본적인 정책 변화가 필요한 상황이다.

---

1 UN, "World Population Prospects 2024"(2024), p.3.
2 Matthias Doepke, "Falling birthrates and economics," *BARRON'S Magazine*(2024.4.8).

2. 축소사회와 경제적 도전

1) 멈추지 않는 초저출생과 인구 감소

대한민국의 인구 감소는 세계적으로 유례를 찾기 어려운 '초저출생' 현상을 보이고 있다. 1960년대, "덮어놓고 낳다 보면 거지꼴을 못 면한다"라는 표어가 유행할 정도로 출산 억제 정책을 추진했다. 1962년 합계출산율은 5.6명에 달했다. 그러나 불과 60여 년이 지난 2024년 우리나라의 합계출산율은 0.75명으로 전 세계에서 가장 낮은 수준을 기록했다. 심각한 것은 세계에서 유례를 찾기 어려울 정도로 빠르게 저출생 현상이 가속화되고 있다는 것이다.[3] 〈그림 8-2〉에서 볼 수 있듯이 OECD 국가들보다 압도적으로 빠르게 저출생이 진행된 것을 알 수 있다. 출생아 수를 보면, 1970년대 초만 해도 연간 100만 명 이상의 아이들이 태어났으나, 2002년부터 15년간 출생아 수가 40만 명대로 감소했다. 2017년에는 35.7만 명, 2024년에는 23.8만 명으로 급감했다.

이러한 출생아 수 감소는 여러 가지 문제를 낳고 있다. 첫째, 일할 사람이 부족하게 된다. 생산연령인구(15~64세)가 빠르게 감소하고 있다. 특히 출생아가 급감하기 시작한 2002년생들이 취업시장에 곧 진입하기 시작할 예정이다. 이들이 본격적으로 취업하게 되는 2~3년 후에는 일본에서 겪었던 것과 같이 구인난이 가중될 것으로 예상된다. 신규 취업 핵심인구(25~29세)가 2023년에 비해 2030년까지 82만 명이 감소할 것으로 전망된다. 전체 생산연령인구 감소(240만 명) 중 34.1%를 차지할 정도로 신규 취업 인구의 진입이 급속히 줄어들게 된다.

둘째, 학령인구 감소가 심화된다. 초중고등학교와 대학으로 구분해서 볼 필

---

[3] David Coleman & Stuart Basten (2015) The Death of the West: An alternative view, Population Studies, 69:sup1

그림 8-1 총인구와 합계출산율 추세

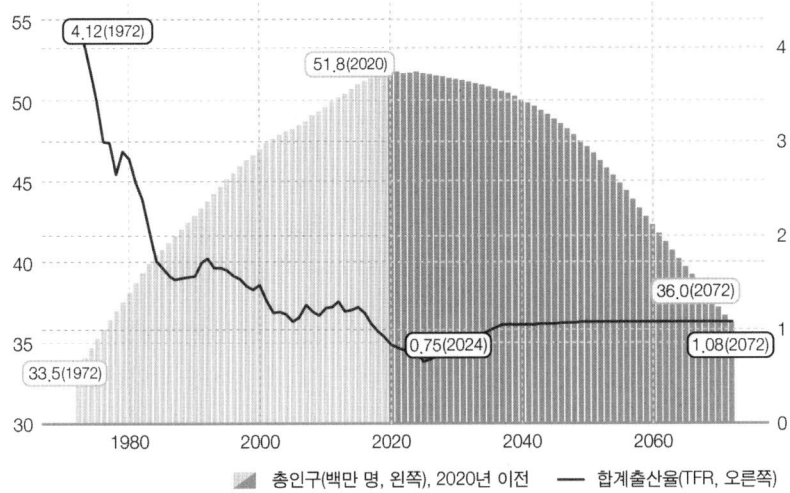

주: 2024 합계출산율은 추정치.
자료: 통계청 KOSIS 데이터 재구성(2025.2.20).

그림 8-2 합계출산율 비교

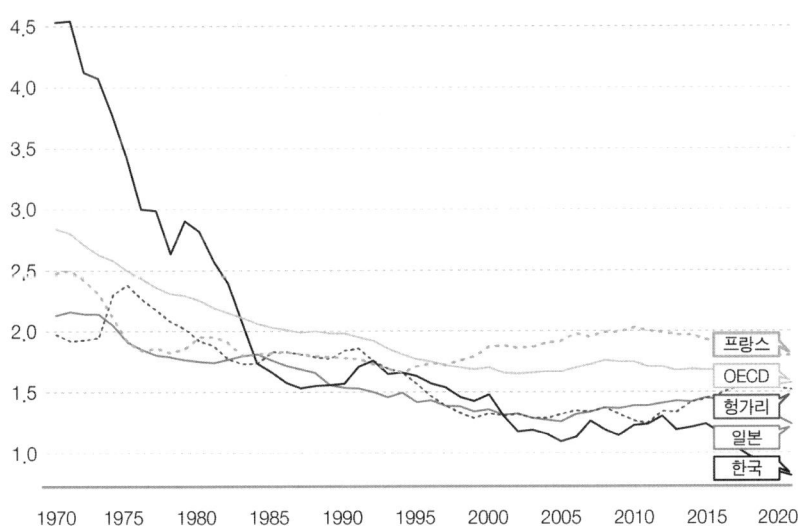

자료: OECD Data(2024.6.12); https://www.oecd.org/en/data/indicators/fertility-rates.html
 (검색일: 2024.6.12).

요가 있다. 초중고는 출생아 수가 급감하기 시작한 2002년 생이 진학하기 시작한 2009년 이후 학생 수가 크게 감소했다. 학급당 학생 수가 OECD보다 2배 이상이었는데, 이제는 OECD 평균보다 더 낮아졌다. 2017년부터 다시 출생아 수가 급격히 낮아지고 있다. 이들이 2024년부터 초등학교에 진학하게 됨에 따라 제2의 초등학교 학생 수 부족 문제가 심화되고 있다. 지금도 교직원 수가 학생 수보다 많은 학교들이 많다. 통폐합 또는 폐교하지 않을 수 없는 상황이다. 대학교도 정원에 비해 진학하는 학생 수가 부족한 상황이다. 대상 인구도 줄고, 대학 진학률도 낮아져서 대학 정원을 채우기가 갈수록 힘들어지고 있다. 초중고등학교는 교육비특별회계에 의해 정부 예산으로 교육비를 지원하고 있기 때문에 문제가 외부로 크게 부각되지 않았으나, 대학교는 자체적으로 재원을 조달해야 하기 때문에 보다 심각한 문제를 야기하고 있다.

셋째, 군 병력 자원 부족이다. '국방개혁법'에 의하면 2020년까지 50만 명 수준의 상비 병력을 목표로 했다. 그 이후 목표치는 제시하지 못하고 있다. 국회 예산정책처 회계연도 결산자료에 의하면 상비 병력은 2017년 61.8만 명에서 2023년 47.7만 명으로 줄었다. 향후 병력 자원 확보가 큰 문제다. 출생아 수가 40만 명대로 하락한 2002년생들이 2022년부터 본격적으로 군 복무를 시작했다. 군 복무 기간(육군 18개월)을 감안하여 20세 남성 전체와 21세 남성 인구 반을 합한 군 복무 대상자를 추정해 보면 2025년 군 복무 대상 인력은 33만 명 수준에 불과한 상황이다. 현재도 군 병력이 부족하여 부대마다 정원을 채우지 못해 상당한 결원이 발생하고 있다. 군 병력이 줄어드는 것을 전제로 새롭게 전력 체계를 마련해야 하는 시기이다.

넷째, 초저출생과 수도권 이주로 지방인구 감소가 심각하다. 3만 명 미만 군이 21개가 넘었다. 주민 수는 3만 명에 불과하지만, 공무원은 600명이 넘는 상황이다. 공무원 1인당 주민이 60명꼴이다. 공무원 이외 공공 부문 인력까지 더하면 주민 대비 훨씬 많은 수가 근무하고 있다. 과잉 인력과 과잉 인프라 상황에 있다. 근본적인 개편이 필요한 상황이다.

2) 급변하는 인구구조, 초고령사회라는 거대한 파고

인구 감소와 함께 인구구조 또한 예측보다 훨씬 빠른 속도로 변화 중이다. 영양, 생활환경, 보건의료 기술 발전 등으로 고령화가 빠르게 진행되고 있다. 〈그림 8-3〉은 고령 인구 비율과 고령 인구 수의 추이를 보여준다. 2025년에 65세 이상 고령 인구가 전체 인구의 20%를 초과하는 '초고령사회'가 되었다. 고령사회(65세 이상 인구 14% 이상)에서 초고령사회로 진입하는 데 불과 7년밖에 걸리지 않을 정도로 전 세계적으로도 유례없이 빠른 속도이다. 향후 고령화는 더욱 가속화될 전망이다. 고령 인구도 2023년 대비 2030년에는 350만 명이 증가하고, 2050년에는 947만 명이 증가할 것으로 예상된다. 따라서 2050년에는 고령 인구 비중이 전체 인구의 40%를 넘고, 2072년에는 47.7%로 세계에서 가장 높은 수준이 될 것으로 전망된다.

그림 8-3 고령인 구비율과 고령 인구 수 추이

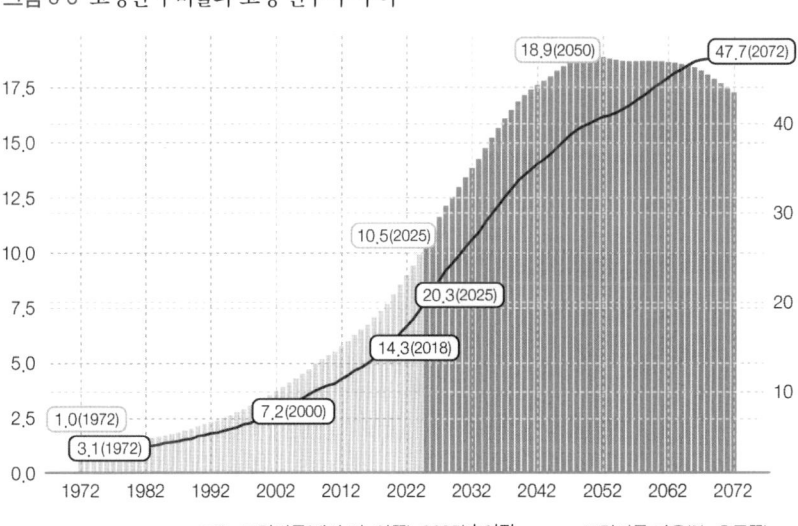

자료: 통계청 KOSIS 데이터 재구성(2025.2.20).

그림 8-4 사망자 수와 출생아 수 추이

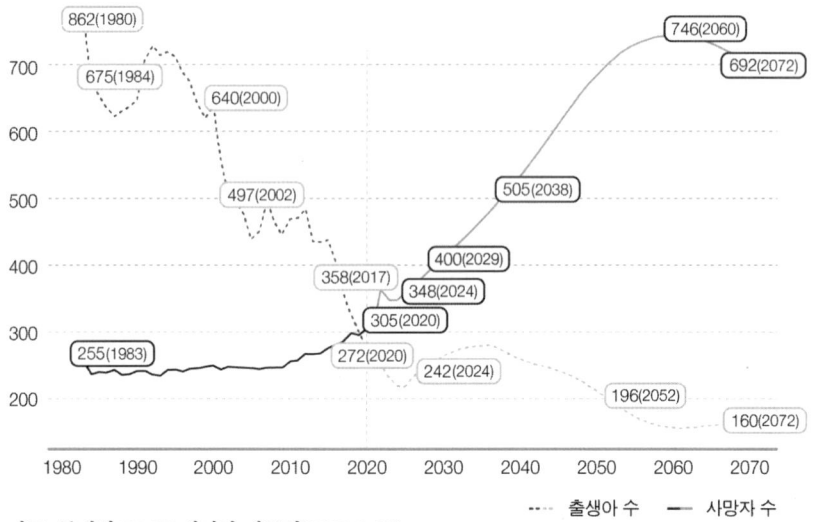

자료: 통계청 KOSIS 데이터 재구성(2025. 2. 20).

〈그림 8-4〉는 사망자 수와 출생아 수 추이를 보여준다. 사망자 수는 1980년대부터 2020년 전까지 20만 명대에서 일정한 수준을 유지했으나, 2020년부터 빠른 속도로 증가하고 있다. 이 때부터 사망자가 출생아 수보다 많아져 인구 감소가 본격화되는 중이다. 2060년 사망자 숫자는 74.6만 명으로 정점에 이를 것으로 전망된다. 반면 출생아 수는 매우 빠른 속도로 감소하고 있다. 2020년에 30만 명 밑으로 떨어진 이후 2052년부터는 20만 명 밑으로 떨어질 것으로 전망한다. 인구 감소 폭이 갈수록 커짐을 알 수 있다. 저출생으로 생산연령인구(15~64세)도 감소하게 되어 2023년 현재 4명이 고령 인구 1명을 부양하고 있으나, 2066년에는 1명이 1명을 부양해야 할 것으로 전망된다. 가족돌봄에서 사회돌봄으로 전환[4]이 이루어지고 있지만, 고령 인구 증가에 따른 돌봄 인력

4　우리나라는 그간 자녀들이 부모 등을 부양했다. 장남이 부모를 부양한다고 해서 상속도 더 많이 받았다. 그러나, 이제는 자녀가 있어도 1~2명에 불과하기 때문에 자녀가 부모를 부양하는 것은 불가능한 상황이 되고 있다. 가족돌봄에서 사회돌봄으로 전환되는 이유다.

부족, 의료비 부담, 국민연금 고갈 등 재정 부담은 갈수록 커질 전망이다. 특히 돌봄 인력 확보는 사회적으로 큰 도전 과제가 될 것이다.

3) 축소사회, 기존 성장 패러다임의 한계

이처럼 대한민국 사회는 인구 감소, 고령 인구 급증, 생산연령인구 급감이라는 인구위기 삼중고를 겪고 있다. 경제 활동의 주축인 생산연령인구(15~64세)는 크게 감소하고 있다. 생산연령인구는 2024년에 전체 인구의 70% 수준이지만, 2050년에는 51.9%로 뚝 떨어질 것으로 예상된다. 2023년 기준 대비 2030년에는 240만 명이 감소하고, 2050년에는 1,212만 명이 감소할 것이다. 2066년이면 생산연령인구가 고령 인구보다 적어질 것이다. 이는 곧 경제 활력 저하, 미래세대 부담 증가, 사회 시스템 유지의 어려움 등 다양한 사회 문제로 직결된다.

우리나라는 지난 수십 년간 인구 증가 시대에 맞춰 성장 중심의 경제정책을 추구해 왔다. 그러나 이제는 인구가 감소하는 '축소사회'라는 새로운 시대적 흐름 속에서 경제성장 전략을 포함한 사회 시스템 전반을 재검토해야 할 시점에 놓였다. 분석에 의하면 합계출산율이 통계청 추정치(1.08명) 보다 OECD 평균치 수준을 유지(0.17~0.20명 더 높은 수준)할 경우 2040년대 후반에 잠재성장률이 0.1~0.2%p 상승할 것으로 예상한다.[5]

특히 생산연령인구의 급감은 기존의 인구 증가를 전제로 한 경제성장 정책의 전면적인 수정을 불가피하게 만든다. 더 이상 과거와 같은 방식으로는 지속가능한 성장을 담보할 수 없다. 인구 증가로 인한 소비 증가, 인프라 및 주택 등의 수요 증가, 언젠가는 개발될 도시 확장 등은 이제 더 이상 지속되기 어렵다. 인구 감소 시대에는 그간 전제로 해왔던 많은 것들이 정반대로 작용하기 때문

---

5 이은경·천동민·김정욱·이동재, 「우리 경제의 잠재성장률과 향후 전망」(한국은행 BOK 이슈 노트 2024-33호, 2024.12.19).

에 이에 맞는 새로운 경제성장 모델을 정립하고, 이를 기반으로 사회 시스템 전체를 혁신해야 한다.

축소사회는 단순히 경제적인 문제에만 국한되지 않는다. 학령인구 감소는 곧바로 초중고와 대학교의 구조조정이라는 심각한 문제로 이어진다. 지방 소멸 위기는 조선시대부터 유지되어 온 시·군·구 단위의 기초지방자치제도의 근간을 흔들고 있다. 병역 자원 감소는 국방력 약화로 이어질 수 있으며, 급증하는 고령 인구를 부양하는 것은 개인과 사회 전체에 막대한 부담으로 작용할 것이다. 국민연금과 건강보험 등 사회보장 시스템의 지속가능성 또한 심각하게 위협받고 있고, 복지 비용 증가에 따른 재정 건전성 악화는 국가 재정 운용에 큰 어려움을 야기할 것이다.

이처럼 축소사회는 우리 사회 전반에 걸쳐 예측하기 어려울 정도의 광범위하고 복합적인 문제를 야기할 것이다. 이제 우리는 더 이상 외면할 수 없는 현실, 바로 '축소사회'라는 거대한 파도에 직면해 있다. 다가오는 미래 사회에 대한 깊이 있는 논의와 함께 적극적이고 선제적인 대응 방안을 모색해야 한다. 대한민국의 지속가능한 미래를 담보해야 한다.

3. 축소사회 대응 전략, 생존과 도약을 위한 해법 모색

1) 경제성장 지속을 위한 패러다임의 전환

대한민국은 전례 없는 인구 감소와 초고령화라는 복합적인 도전에 직면해 있다. 이는 경제 및 사회 시스템 전반의 구조적인 변화를 필연적으로 요구한다. 과거 인구 증가 시대의 성장 방식은 더 이상 지속가능하지 않다. 축소사회라는 새로운 시대적 흐름에 발맞춰 혁신적인 패러다임 전환이 절실하다. 두 가지 방향이다. 급속한 초저출생을 완화하고, 축소사회 적응을 위한 패러다임 전환이다.

그림 8-5 축소사회에서 인구 감소와 경제성장 흐름도

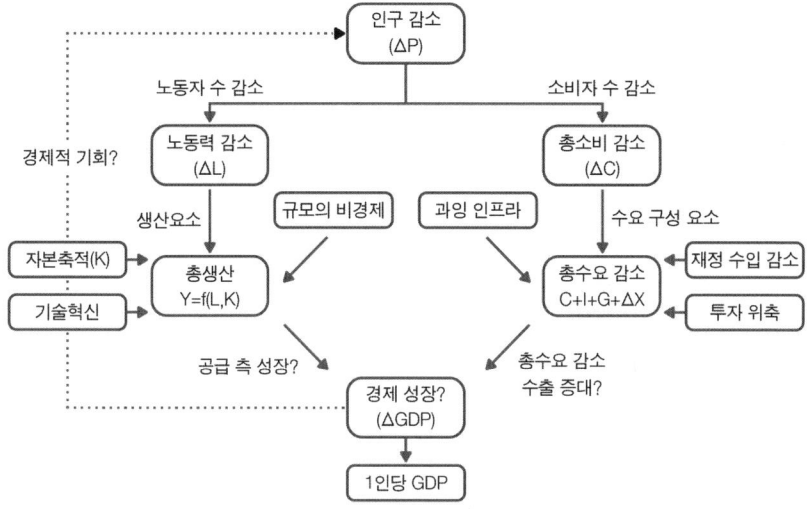

자료: 필자 작성.

인구 감소가 축소사회에 미치는 경제적 영향에 대한 경로를 〈그림 8-5〉에 따라 설명할 수 있다. 먼저 생산 측면이다. 인구가 감소하면 노동자 수 특히 생산연령인구가 크게 감소한다. 우리나라는 생산연령인구가 2072년이면 2023년에 비해 54.7%가 감소할 것으로 전망된다. 노동력 감소는 공급 측면에서 경제성장에 부정적 영향을 미치게 된다. 여기서 반전을 이룰 수 있는 경로는 기술혁신과 자본축적에 의한 성장밖에 없다. 마침 챗지피티(ChatGPT)의 출현 이후 인공지능(AI) 기술에 의한 기술혁신이 크게 대두되고 있다. AI 기술 발전에 의한 생산성 향상으로 우리나라가 처한 생산연령인구 감소를 상쇄할 수 있을 것이다. 유명한 경제학자 슘페터(Joseph Schumpeter)는 기술혁신에 의한 창조적 파괴로 경제발전이 가능하다고 한다.[6] 슘페터의 기술혁신 이론은 국가와 산학연 간

---

6 Joseph Schumpeter, *Capitalism Socialism and Democracy* (New York: Harpe, 1942).

상호작용과 협력을 강조하는 국가혁신 체제로 발전해 우리나라를 비롯한 여러 국가의 발전 전략으로 활용되었다. 2024 노벨 경제학상을 받은 다론 아제모을루(Daron Acemoglu)도 기술혁신은 경제성장의 핵심 동력이라고 했다. 최근 AI에 의한 기술혁신에 대해서도 향후 10년간 AI가 GDP를 0.93~1.16% 증가시킨다고 추정했다.[7]

다른 경로는 수요 측면이다. 인구 감소에 의해 소비자 수가 감소하게 된다. 이는 소비 감소를 초래한다. 인구수 감소에 의한 소비 감소와 더불어 고령 인구 증가로 소비 감소도 발생한다. 고령 인구는 젊은 사람보다 한계소비성향이 낮아서 같은 인구수라고 하더라도 소비가 줄게 된다. 또한 인구수 감소로 학교, 도로, 상하수도, 전기 등 과잉 인프라로 인한 비효율성이 증폭된다. 과잉 인프라 문제는 우리나라와 같이 인구가 급격히 주는 경우 그 비효율성이 매우 커진다. 과잉 인프라 문제를 해결하는 과정에서 많은 저항과 주민들의 고통이 뒤따르게 된다. 한편, 인구 감소에 의한 세금 납부 인구 감소로 재정수입이 줄고, 국민연금과 건강보험과 같은 재정 부족 문제를 유발하게 된다. 이와 더불어서 인구 감소에 따른 투자 위축 가능성도 높아진다. 이렇게 되면 인구 감소에 의한 총수요의 감소로 경제성장에 부정적 영향을 미치게 된다.

이와 같이 인구가 감소하게 되면 경제성장에 부정적 영향을 미칠 가능성이 높다. 한 가지 희망을 품고 대응할 수 있는 것은 기술혁신으로 부정적 영향을 상쇄하고, 지속적인 경제발전을 이룰 수도 있다는 것이다. 인구 감소라는 축소사회에서 적응 과정은 고통스럽고 갈등이 심화하겠지만, 현재 AI 혁명의 시기에 기술혁신은 지속적인 경제성장을 위한 가장 중요한 요인이 될 것이다. AI 기술을 활용해서 기술혁신에 의한 창조적 파괴를 통한 경제성장을 이뤄야 할 것이다. 이때 중요한 것이 국가혁신 체제이다. 국가 전체의 자원이 유기적으로 활

---

[7] Daron Acemoglu, "The Simple Macroeconomics of AI," *Economic Policy*, 40(121)(2025), pp.13~58.

용될 수 있도록 정부를 비롯한 산학연 간 협력체계를 잘 구축해야 한다. 지금까지 경제성장을 위해 추진해 왔던 방식과 다른 패러다임의 전환을 통해 과잉 인프라를 해소하면서 기술혁신에 의한 경제성장을 지속적으로 이뤄가야 한다.

2) 초저출생 극복, 미래세대를 위한 불씨 살리기

대한민국의 합계출산율은 1972년 4.12명에서 2024년 0.75명으로 급격히 낮아지며, 세계에서 가장 낮은 출산율을 기록했다. 초저출생의 빠른 진행으로 인해 대한민국은 인구 감소의 현실에 직면했으며, 노동력 부족, 경제성장 둔화, 사회보장 시스템의 지속가능성 저하 등 다양한 사회·경제적 문제를 초래하고 있다. 저출생 문제를 획기적으로 극복하는 것은 현실적으로 어렵지만, 그 충격을 완화하고 출생률을 점진적으로 끌어올리는 것이 필수적이다. 단기적인 출산율 상승보다 지속가능한 정책을 통해 저출생 현상을 완화하고, 인구 감소 속도를 늦추는 것이 중요하다. 결국, 출생률 급감을 완화하는 것은 인구 문제를 극복하기 위한 가장 기본적인 정책이며, 이를 위해 다각적인 접근이 필요하다. 출산율을 높이기 위해서는 첫째, 경제적 부담 완화, 둘째, 일과 가정의 양립 지원, 셋째, 주거 및 보육 환경 개선, 넷째, 결혼과 출산에 대한 긍정적 인식 변화를 중심으로 실질적인 대책이 마련되어야 한다.

첫째, 출산과 양육에 따른 경제적 부담을 줄여야 한다. 출산과 양육 비용이 커질수록 출산을 포기하는 가정이 늘어날 수밖에 없다. 정부와 기업에서 공동으로 추진할 필요가 있다. 정부에서 시행하고 있는 주요 지원은 아동수당과 부모급여다. 2025년 현재 아동수당은 7세 이하 아동을 대상으로 매월 10만 원씩 지급 중이다. 부모급여는 2024년부터 0세 100만 원, 1세 50만 원을 매월 지급하고 있다. 양육에 따른 경제적 부담을 추가로 줄이기 위해 독일, 프랑스, 영국과 같이 아동수당을 고등학교 진학 때까지 지급하는 방안을 검토해야 할 필요가 있다.

기업의 관심과 지원도 늘고 있다. 부영그룹과 크래프톤은 출산 직원에게 자녀 1인당 1억 원씩 출산장려금 및 육아 지원금을 지급하고 있다.[8] 이 외에도 출산장려금을 지급하는 기업들이 늘어나고 있다. 기업의 참여는 출산을 위한 분위기 조성과 실질적 출산에 큰 영향을 미친다. 기업이 더욱 적극적으로 참여할 수 있는 여건과 분위기 조성이 필요하다.

출산과 양육 비용의 부담을 줄이기 위해서 세제 혜택도 강화되고 있다. 자녀세액공제 연 25~40만 원 감면, 혼인·출산 증여재산 공제 1억 원, 자동차 취득세 50~100% 감면(70~140만 원 한도), 교육비 및 의료비 세액공제(공제율 15%, 한도는 교육비 300만 원, 의료비 700만 원), 기업 출산지원금 전액 비과세 등을 제공한다. 출산 장려를 위한 획기적인 세제 지원으로 프랑스에서 채택한 자녀 수에 따른 합산 균등분할 방식(N분 N승제)의 소득세제를 도입할 필요가 있다. 부모 중 한 명의 소득에 대해 자녀 수만큼 나눠 세액을 산출하는 방식이다.

둘째, 일과 가정의 양립을 위한 환경을 조성해야 한다. 여성의 사회 진출이 크게 늘어나면서 육아와 직장 생활을 병행하기 어려운 현실이 출산율 저하의 주요 요인 중 하나가 되고 있다. 정부도 일·가정 양립을 3대 핵심 분야로 선정하여 추진하고 있다.[9] 육아휴직 시 급여 상한 인상(250만 원), 부모 모두 3개월 이상 육아휴직 사용 시 육아휴직 기간을 각각 1년에서 1년 6개월로 연장, 육아기 근로 시간 단축을 12세까지 주 10시간 부여, 배우자 출산휴가 확대(10일 → 20일), 시차 출퇴근 및 재택근무를 포함한 유연 근무 제도화 등을 시행 중이다.

일·가정 양립 정책은 여성의 사회 진출에 따라 출산을 위한 가장 중요한 요인이다. 공공기관이나 대기업의 경우는 일·가정 양립을 위한 정책이 추진될 수 있는 여건을 갖추었으나, 중소기업의 경우에는 인력 운용에 어려움이 있다. 중소기업에서 관련 제도가 잘 집행되도록 하는 것이 중요하다. 기업 지원을 통해 어디서든 일·가정 양립 여건이 마련되어 출산하기 좋은 사회를 만들어야 한다.

---

8   ≪세계일보≫, "'출산하면 1억원, 육아휴직 동료엔 50만원' …파격 복지 내놓는 회사들", 2025년 2월 25일 자.
9   저출산고령사회위원회, 「저출생 반전을 위한 대책」(2024년도 1차 본위원회 자료, 2024.6.19).

셋째, 주거 및 보육 환경을 개선해야 한다. 신혼부부와 다자녀가구가 안정적으로 거주할 수 있도록, 주택 우선 공급 및 대출 우대 등 실질적인 지원이 이루어져야 한다. 2025년 현재 주거 지원이 강화되고 있다. 결혼과 출산에 따른 주택공급에 대해 특별공급 및 우선 공급 물량을 늘리고, 신생아 특례 구입·전세자금 소득 요건을 2.5억 원까지 늘렸으며, 우대금리를 적용한다.

보육 지원도 초등생까지 방과후 활동을 보장하도록 확대했다. 초등학교에 진학하기 전까지의 보육은 무상보육의 하나로서 영유아를 대상으로 어린이집이나 유치원을 통해 이루어지고 있다. 어린이집이나 유치원을 이용하는 보육료로 월 28~62.9만 원 범위에서 서비스이용권(바우처)을 지급한다. 또한 초등학생을 대상으로 방과후 돌봄인 늘봄학교를 운영한다. 2024년에 1학년 대상으로 시작했고, 2026년까지 모든 초등학생을 대상으로 원하는 학생은 누구나 방과후 돌봄을 받을 수 있도록 할 계획이다.[10] 주거와 보육 환경 개선은 여성의 사회 진출 확대와 가족돌봄(family care)에서 사회돌봄(social care)으로 전환되는 과정에서 필요한 부분이다. 주거지-직장-보육 공간이 유기적으로 연결되도록 하는 지원이 뒷받침되어야 할 것이다.

넷째, 결혼과 출산에 대한 사회·문화적 인식 변화가 있어야 한다. 볼프강 루츠(Wolfgang Lutz)에 의하면 한국은 저출생 트랩 상태에 있기 때문에 이를 극복하기 위해서는 인식 개선이 매우 중요하다고 했다. 통계청 사회조사 결과에 의하면 1998년 조사에서 "결혼해야 한다"라는 응답이 73.5%였으나, 지속적으로 빠르게 낮아져 2018년에는 48.1%였다. 그러나, 이후 약간씩 개선되어 2024년에는 52.6%로 높아졌다. 최근 들어 결혼에 대한 인식 개선의 조짐이 있기 때문에 적극적인 결혼 및 출산 지원 정책과 더불어 사회·문화적 인식 개선을 위한 노력을 강화한다면 저출생 극복을 위한 성과가 있을 것이다. 2024년의 합계출산율과 출생아 수가 2015년 이후 처음으로 개선되었으므로 이러한 추세가

---

10 교육부, 「2025년 늘봄학교 시행방안」(교육부 정책 참고자료, 2025.1.21).

확실해지도록 노력을 배가해야 할 것이다.

이처럼 저출생 문제해결을 위해서는 경제적 지원 강화, 일과 가정의 양립 보장, 주거 및 보육 환경 개선, 사회·문화적 인식 개선 등 종합적인 접근이 필요하다. 저출생 현상을 단기간에 극복하는 것은 현실적으로 어렵지만, 이를 완화하고 인구 감소 속도를 늦추는 것은 충분히 가능하다. 이를 위해 정부, 기업, 시민사회가 협력하여 지속가능한 정책을 추진해야 하며, 단순한 출산 장려 정책을 넘어 삶의 질을 높이는 방향으로 접근해야 한다. 저출생 문제는 단순한 정책적 접근만으로 해결될 수 없으며, 사회 전반적인 구조와 문화를 변화시키려는 노력이 뒷받침될 때 비로소 효과를 볼 수 있을 것이다.

3) 축소사회 대응, 새로운 사회 시스템 구축

대한민국은 급속한 인구 감소와 고령화로 인해 기존의 성장 모델이 더 이상 유효하지 않은 '축소사회'로 진입하고 있다. 과거에는 지속적인 인구 증가를 전제로 사회 인프라를 확장하고 경제성장 전략을 수립해 왔으나, 이제는 인구 감소에 맞춰 사회 시스템을 근본적으로 개편해야 한다. **특히, 전면적인 사회 시스템 혁신, 과잉 인프라 해소, 국가 인력 재배치 등이 필수적이다. 축소사회에서 지속가능한 발전을 도모하기 위해서는 기존 자원을 최적화**하고, 노동력을 효과적으로 배분하며, 인공지능(AI)을 활용하는 등 다각적인 노력이 요구된다.

① 전면적인 사회 시스템 혁신

인구 감소는 일본 등 선진국 사례에서 보듯이 내수 시장 축소와 노동력 부족, 그리고 전통 성장 모델의 한계로 인해 경제성장이 정체되거나 후퇴하는 결과를 초래할 수 있다. 따라서 축소사회에서는 기존의 경제 및 사회 체계를 단순히 유지하는 것이 아니라, 전면적이고 구조적인 혁신을 통해 새로운 성장 동력을 마련하는 것이 필수적이다. 미국의 정부효율부(Department of Government

Efficiency, DOGE)와 유사한 혁신조직 모델을 도입하여 국가 전반의 혁신 역량을 강화하고, AI 기술혁신을 촉진하여 급변하는 글로벌 경쟁 환경 속에서 지속가능한 발전 전략을 구축하는 방안이다.

첫째, 국가 전반의 혁신 역량 강화를 추진해야 한다. 슘페터가 말한 기술혁신을 위해서는 국가혁신 체제를 통한 전면적 사회 시스템 혁신이 필요하다. 국가혁신 체제는 공공 및 민간 부문의 관련 기관 네트워크로서, 그 활동과 상호작용을 통해 새로운 기술을 창출, 도입, 변형 및 확산시키는 시스템이다.[11] 트럼프 행정부는 2025년 1월 20일 출범과 함께 정부효율부(DOGE)를 만들어 과감한 행정개혁을 추진하고 있다. 대통령비서실에 설치하고, 각 정부 조직에도 정부효율부 팀을 만들어 강력한 추진체계를 구축했다. 이를 통해 공무원 감축과 시스템 개선을 강하게 추진하고 있다. 동시에 불필요한 예산 절감과 구조조정을 통해 정부예산을 30% 이상 감축하려고 한다. 이러한 연방정부 차원의 국가혁신 정책으로 분산된 혁신 자원을 한데 모아 시너지 효과를 창출하고, 위기 극복과 장기적 성장 기반을 마련하려 하고 있다.[12] 우리나라는 인구 감소라는 새로운 도전으로 미국보다 훨씬 열악한 상황에 처해 있다. 전면적인 국가혁신 체제를 갖춰야 하는 이유이다.

둘째, AI 기술혁신을 촉진하는 사회 시스템 혁신이다. 오늘날과 같은 AI 혁명시기에 필요한 전략이다. 인구 감소 시기에는 일본이 경험했듯이 경제성장이 정체되거나 지체되기 쉽다. 이를 극복하는 방법은 기술혁신을 통한 발전을 이루는 것이다. 오늘날은 인간의 지적능력을 대체하는 AI 혁명 시기이다. AI 기술이 하루가 멀다고 발전하고 있다. AI 선진국인 미국이 세계 경제를 선도하는 형국이다. 미국은 AI 기업을 중심으로 기술혁신을 활용해 세계 경제를 계속 주도하려고 하고 있다. 미국은 2024년 실질 GDP 성장률 2.8%로 우리나라

---

11 Christopher Freeman, *Technology Policy and Economic Performance: Lesson from Japan* (London: Pinter Publishers, 1987).
12 ≪세계일보≫, "트럼프 2기 행정부의 과감한 행정개혁", 2025년 2월 19일 자.

(2.0%)보다 더 높다. 그런데도 트럼프 행정부는 AI 글로벌 리더십 유지, 인간 번영, 경제적 경쟁력 및 국가 안보 확보를 목적으로 AI 규제 완화, AI 투자 확대, 민간 투자 유인 등 강력한 AI 발전 전략을 추진하고 있다.[13] 인구 감소라는 축소사회를 맞이한 우리나라에도 기회는 있다. AI 기술과 산업이 이제 생활 속에 본격적으로 스며들기 시작하고 있으므로 세계시장에서 미국 및 중국과 견주는 AI 삼분지계를 이룬다면 가능성이 있다.[14] AI 기술이 초기 단계에서 빠르게 확산하고 있는 현시점은, 미국 및 중국과 견줄 만한 국제 경쟁력을 확보할 중요한 시기이다. 이를 통해 AI 삼분지계와 같은 전략적 산업 생태계를 구축하면, 축소사회라는 한계를 넘어 새로운 성장 엔진을 마련할 수 있다. AI 기술혁신이 국가의 경제 및 사회 시스템의 전면 개편에 이바지하도록 유도해야 한다.

축소사회에서 기존의 성장 모델을 극복하고 지속적인 발전을 이루기 위해서는, 전면적인 사회 시스템 혁신이 요구된다. 미국의 정부효율부(DOGE)와 유사한 국가 차원의 혁신 조직 도입과 AI 기술혁신 촉진이라는 두 가지 접근 방식은 상호 보완적으로 작용할 것이다. 인구 감소로 인한 부정적 영향을 완화하고 지속가능한 경제발전의 기반을 마련할 수 있다. 이러한 종합적 전략은 대한민국의 미래 경쟁력 강화와 장기적 국가 발전에 결정적인 역할을 할 것이다.

② 선제적 과잉 인프라 해소 및 효율화

인구 감소로 인해 기존 인프라가 과잉 상태에 빠지고, 방치됨에 따라 유지·관리 비용이 국가재정에 부담이 되고 있다. 따라서 선제적으로 과잉 인프라를 조정하고, 효율적으로 재활용하는 전략이 필요하다.

인구가 감소하게 되면 사람들이 생활하는 데 필수적인 인프라의 유지 관리가 어려워진다. 상하수도, 대중버스 등 교통망, 전기·가스 공급, 주택 유지, 쓰

---

13 *Federal register*, "Trump's President's Executive Order," January 23, 2025.
14 ≪조선일보≫, "AI 천하 삼분지계 필요", 2024년 9월 27일 자.

레기 수거, 의료복지 시설 등은 사람이 살아가는 데 필수적인 인프라인데, 해당 지역의 인구가 줄게 되면 유지하고 관리하는 데 돈이 많이 들게 된다.[15] 사용자가 줄게 되어 유지관리비 부담 주체가 없어지고, 유지비가 많아지면서 지방자치단체의 재정 부담이 커진다. 우리나라에 당장의 현안으로 제기되고 있는 과제를 살펴보도록 한다.

첫째, 학교 통폐합 및 활용 방안을 구체화해야 한다. 학령인구 감소로 인해 폐교 위기에 처한 학교들이 증가하고 있으며, 이에 대한 현실적 기준과 절차를 마련해야 한다. 2002년생이 초중고등학교에 진학하게 되면서 학령아동이 급속히 줄었다. 이후 15년 동안 40만 명대의 출생아가 태어났지만, 2017년부터 다시 빠르게 감소하기 시작했다. 출생아 수가 35.8만 명이 태어난 2017년생이 2024년에 초등학교에 입학하면서 제2의 충격이 되고 있다. 2024년에는 23.8만 명이 태어났다. 향후 계속 줄어들 전망이다. 현재도 교직원 수가 학생 수보다 많은 학교가 있는 상황에서 출생아가 계속 줄어들게 되면 여러 학교가 통폐합 또는 폐교 위기에 직면하게 될 것이다. 이들 공간을 지역사회의 필요에 맞는 공간으로 전환하는 방안을 비롯하여 국가적으로는 교대생 등 교사 양성 교육기관을 적정규모로 조정하는 문제도 신속히 마련해야 한다.

둘째, 유휴 생활시설을 활용한 지역사회 재생 모델을 구축해야 한다. 상하수도, 전기, 체육관, 도서관 등 기초 인프라 유지에 대한 비용을 최소화하는 전략을 병행해야 한다. 도로·항만·철도 등의 과잉 인프라를 진단하고, 효율화를 추진해야 한다. 유지보수 비용을 절감하기 위해 저이용 도로와 철도를 정비하고, 경제성이 낮은 항만 시설을 통합하는 등의 정책이 필요하다. 인구 감소 현상으로 당장은 군 단위 기초자치단체에서 심각한 문제를 야기하고 있지만, 인구 감소가 가속화되면 일본에서 겪고 있는 바와 같이 도시지역의 심각한 공동

---

15 Uttara Sutradhar, Lauryn Spearing and Sybil Derrible, "Depopulation and associated challenges for US cities by 2100," *Nature Cities*, 1(1)(2024), pp.51~61.

화 현상이 발생할 것이다. 일부 공공시설의 유휴 공간을 청년창업지원센터, 복합문화공간, 노인돌봄센터 등으로 전환하고, 도로와 철도 등은 국가 차원에서 대응해야 한다. 국가와 지자체가 협력하여 유휴 생활시설을 합리적으로 조정하는 방안을 마련해야 한다.

셋째, 주거 환경을 인구 변화에 맞게 최적화해야 한다. 농어촌과 도시지역 별로 상황에 맞게 추진해야 할 것이다. 2020년 현재 빈집은 151만 채이다. 이 중 1년 이상 빈집은 38.7만 채이고, 60%가 농어촌 지역인 읍면에 소재하고 있다. 사망자가 연 30만 명 이상이기 때문에 고령화가 심화된 농어촌 지역의 빈집은 훨씬 대규모로 발생할 가능성이 높다. 농어촌 지역은 고령 인구의 돌봄 서비스와 연계한 주거정책이 필요하다. 도시지역도 구도심을 중심으로 빈집 발생이 늘어나고 있다. 우리보다 빨리 인구 감소를 경험한 일본도 빈집 문제로 도시가 공동화되고 개발이 지연되는 등 많은 문제를 초래했다. 사전 준비를 통해 빈집이 방치되는 사태를 막아야 한다. 일본 도야마시(富山市)의 고밀도 도시(compact city) 정책은 참조할 만하다. 인구 감소에 대응하기 위해 도심을 중심으로 기차역과 전철역 주변에 여러 생활거점을 설정해 교통 네트워크를 구축하고, 거점 중심으로 개발 및 주택 건설을 유도하여 성공적으로 도시 발전을 이루었다. 우리나라도 과잉 인프라 문제 등을 해소하기 위해서 고밀도 도시 정책과 같은 방안을 검토하고 추진해야 할 것이다.

넷째, 소멸 위기에 처한 지방자치단체의 기능을 재편해야 한다. 인구의 자연 감소와 인구 유출로 지방의 인구가 심각하게 감소하고 있다. 행정안전부는 2021년에 258개 시군구 중 89개를 인구 감소 지역으로 지정했다. 이 중에서 군 단위가 69개이다. 군 단위 인구가 3만 명 미만인 곳은 2000년에 7곳이었으나, 2025년 2월 현재 21곳으로 늘어났다. 향후 지방의 인구는 심하게 감소할 전망이다. 경북 영양군의 경우 2025년 2월 현재 1만 5,271명이고, 고령 인구 비율은 43.1%, 75세 이상 비율도 21.9%나 된다. 이런 상황에 있는 군이 많다는 데 문제의 심각성이 있다. 현재의 지방자치단체 체제로는 지방행정을 효율적으로 이끌어가기 어려운 상황에 직면해 있다. 지방자치단체도 행정 기능을 통합하고, 공동 행정구역을 운영하는 방안을 검토해야 한다. 획기적인 쇄신을 통해 지역 정체성을 유지하면서도 행정 효율성을 높이는 전략이 필요하다.

③ 국가인력 재배치

축소사회에서는 노동력이 절대적으로 부족해지므로 기존의 노동시장구조를 재편하고, 다양한 인력 자원을 효율적으로 재배분해야 한다. 많은 젊은이가 공공 부문에 취업하기를 희망하고 있으므로 공공 부문과 민간 부문의 국가적 인력 재배치를 하지 않으면 국가 발전을 저해할 수도 있는 상황이다. 분야별, 세대별, 내외국인의 재배치가 필요하다.

첫째, 공공 부문과 민간 부문의 인재 재배치가 필요하다. 공공 부문 일자리는 2020년 260.2만 명에서 2023년에 287.3만 명으로 3.8% 증가했다. 총취업자 수 대비 10.0%를 차지한다. 전체 인구는 감소했는데, 공공 부문 일자리는 증가한 것이다. 공공 부문의 특성상 정원이 정해지면 정원을 모두 채우기 때문에 정원 관리가 중요하다. 〈표 8-1〉에서 보듯이 상대적으로 공공 부문의 근속기간이 길고 안정적이기 때문에 인기가 있다.

국가 전체 측면에서 보면 인구가 감소하면 공공 부문도 그만큼 일자리를 조정해야 한다. 우수인재가 민간 부문에 충분히 배치되도록 해야 한다. 요즘과 같이 AI 기술이 빠르게 발전하고 있는 상황에서 유능한 인재가 민간 부문에 충분히 공급되도록 국가적인 인력 재배치 노력을 강화해야 한다. 2025년 2월 취

표 8-1 전체 일자리와 공공 부문 일자리의 근속기간별 현황   단위: %

근속기간	5년 미만	5~10년	10~20년	20년 이상
공공 부문	36.4	21.6	21.6	20.4
전체 일자리	61.0	19.8	12.6	6.6

자료: 통계청, 「2023년 공공 부문 일자리 통계 결과」(통계청 보도자료, 2025.1.16).

그림 8-6 연령대별 고용자 수와 고용률(2000년과 2023년 비교)

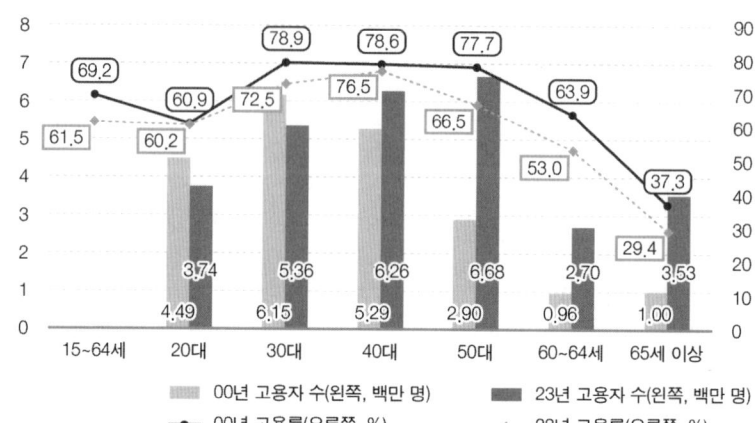

자료: KOSIS 인구총조사와 경제활동인구조사(2024.4.13) 토대로 필자 작성

임한 미국 트럼프 행정부는 공무원 인력 감축 등 강력한 행정개혁을 추진하고 있다. 정부효율부(DOGE)를 만들어 불필요한 인력을 감축하고 AI 등을 활용하여 행정 효율을 높이려고 한다. 우리는 미국보다 더 심각한 상황이다. 공공 부문 개혁을 국가 발전 전략 차원에서 적극 검토해야 할 시기다.

둘째, 세대 간 역할 재배분이다. 저출생으로 젊은 인구가 감소하여 문제가 되고 있으므로 고령 인구의 노동 참여를 확대해야 한다. 고령화가 심화되면서 '생산연령인구(15~64세)'가 감소하고 있지만, 반대로 건강한 노년층이 증가하고 있다. 이에 따라 정년 연장과 함께 직무 재설계를 통해 고령층이 경제 활동을 지속할 수 있도록 지원해야 한다. 임금 체계를 조정하고, 고령층을 대상으로 하는 직업 훈련을 강화해 이들이 새로운 역할을 수행하도록 해야 한다. 하나의 방법으로 고령 인구를 대상으로 AI 교육을 받도록 하여 AI 활용 능력을 높인다면 고령 인구의 생산성을 높일 수 있을 것이다. 〈그림 8-6〉에서 알 수 있듯이 2000년과 2023년 고용 현황을 보면, 저출생으로 20~30대는 고용률이 높아져도 고용자 수는 대폭 감소하지만, 50대부터는 고용률도 높아지면서 고용자 수도 대폭 증가했다. 일본에 비해 고용률이 10%p 정도 낮은 60세 이후 연령대를 대상으로 정년 연장 등을 통해 고용 시장에 추가 진입하는 방안을 마련할 필요가 있다.

셋째, 외국 인력의 활용을 확대하고, 사회 통합을 강화해야 한다. 향후 10년 동안 60세 정년 나이에 진입하는 사람이 연 87만 명이지만, 직업 현장에 새로 진입하는 젊은이는 절반 수준인 40만 명대에 불과하다. 농어촌 일손 부족, 중소기업의 인력난, 조선소 인력 부족 등은 어제오늘의 문제가 아니다. 또한 고령화 가속으로 돌봄인력 대란이 걱정된다. 반면, 우리나라 사람들은 기피(3D) 업종을 회피한다. 이러한 분야에 종사할 사람이 급속히 줄고 있기 때문에 외국인 근로자를 적극 유치하고, 비자 제도를 개선해야 한다. 또한, 이들의 정착을 돕기 위해 문화 교육과 차별 해소 정책을 마련하고, 국민 정서와의 조화를 이루는 방향으로 사회적 통합 정책을 추진해야 한다.

4. 새로운 성장 동력 창출, 축소사회에서의 기회 발굴

과거부터 추진해 왔던 경제성장 전략으로는 새롭게 맞이하는 축소사회에서 지속적인 경제성장을 이룰 수 없다. 앞에서 제시했듯이 인구 감소 시기에 맞는 새로운 방식으로 경제성장 전략을 추진하되, 축소사회에서 희망을 갖고 기회를 발굴할 수 있는 새로운 성장 동력 창출 정책을 필요로 한다. 인구 감소와 AI 혁명의 조화, 실버이코노미 구축을 통해 경제 활력을 유지하고, 지속가능한 발전을 이룰 수 있도록 해야 한다.

1) 인구 감소와 AI 혁명과의 조화

우리나라는 〈표 8-2〉에서 알 수 있듯이 심각한 저출생으로 인해 생산연령인구

표 8-2 2023년 대비 부문별 인구 변화 추이

단위: 만 명

구분	2030	2050	2072
고령인구(65세 이상)	354	947	782
생산연령인구(15~64세, A)	-240	-1,212	-1,999
신규 취업 핵심인구(25~29세, B)	-82	-212	-212
비중(%, B/A)	-34.1	-17.5	-10.6

자료: KOSIS 장래인구추계(2025.3.10) 저자 작성.

가 2023년에 비해 2030년까지 약 240만 명, 그리고 2050년까지는 1,212만 명이 감소할 것으로 예상된다. 이 중 2030년 초반까지 신규 취업 핵심 인구(25~29세)의 감소가 가장 심각하다. 생산연령인구 감소의 약 34.1%를 차지할 것으로 전망된다. 머지않아 젊은 층 구인난이 심화될 것이다.

생산연령인구와 젊은 층 인구의 감소는 경제성장 둔화, 국방력 약화 등 다양한 사회적 도전 과제를 초래하면서 노동시장에 큰 변화를 가져올 것이다. AI 기술의 적극적 활용은 이러한 변화에 대응할 수 있는 가장 유망한 방법 중 하나이다. 산업혁명으로 사람의 육체노동이 대체되었다면, AI 혁명으로 사람의 지적 노동이 대체되고 있다. AI에 의한 인력대체는 노동력 부족 문제를 상당 부분 완화할 수 있을 것이다.[16] AI 기술은 단순히 일자리 대체 수준을 넘어 인구구조 변화에 따른 경제적·사회적 도전 과제에 대응하는 핵심 역할을 수행할 수 있을 것이다. 또한, AI 기술은 노동시장뿐만 아니라 의료, 국방 등 다양한 분야에서도 그 가치를 발휘할 수 있다. 예를 들어 AI를 활용한 군 철책 경계근무 방식의 변경을 통한 병력 대체, AI에 의한 고령 사회의 건강 관리 문제해결 등에 기여할 수 있다.

현재 우리가 직면한 인구위기는 단기간에 해결될 수 있는 문제가 아니다. 하

---

16 OECD(2023)는 "OECD Employment Outlook 2023"에서 근로자의 27%는 AI에 의한 일자리 대체될 고위험 근로자로 보았고, IMF(2024)는 "Gen-AI: Artificial"에서 근로자의 40%가 AI에 노출되었다고 분석했다.

사례

AI 자율주행차: 고령화 시대의 핵심 기술

AI가 구현하는 대표적인 기술 중 하나인 자율주행 자동차는 고령화 사회에서 중요한 역할을 할 수 있다. 첫째, 교통사고 예방이다. 고령 인구의 인지 능력 저하로 인한 교통사고 위험을 줄여, 안전한 이동을 보장한다. 둘째, 노동력 보완이다. 운전 직군을 대체함으로써, 생산 가능 인구 감소로 인한 노동력 부족을 보완할 수 있다. 셋째, 삶의 질 향상이다. 이동의 자율성을 높여 고령층의 활동 범위를 확장하고, 사회적 고립을 완화한다. 자율주행차는 단순한 기술 이상의 사회적 가치를 창출하며, 고령화 사회의 문제해결에 중요한 역할을 할 것이다.

지만 AI 기술의 지속적인 발전과 적용은 이러한 위기를 기회로 전환할 수 있는 잠재력을 지니고 있다. AI 기술을 적극적으로 활용하여 인구 감소에 의한 영향을 최소화하고, 더 나아가 새로운 경제적 성장 동력 창출을 모색해야 한다. AI는 단순히 노동력을 대체하는 것이 아니라, 노동자의 역량을 강화하고 새로운 부가가치를 창출하는 방식으로 발전해야 한다. 의료 분야에서는 AI 기반 진단 시스템과 로봇 수술을 통해 의료 서비스의 질을 높이고, 노년층을 위한 원격 의료 및 건강 관리 시스템을 구축할 수 있다. 또한, AI 기반 스마트팩토리를 확산하여 노동력 부족 문제를 해결하고, 생산성을 극대화할 수 있다.

생산연령인구의 감소와 고령화로 인한 사회적 부담이 커지는 가운데, AI의 발전은 이러한 위기를 해결할 수 있으리라는 희망을 주고 있다. 인구 감소는 반드시 경제적·사회적 침체를 의미하지 않는다. AI 혁명을 활용한다면 우리는 위기를 기회로 전환하고, 더 지속가능하고 풍요로운 사회를 설계할 수 있을 것이다. 인구위기와 AI 혁명의 시대를 맞이하여, 능동적이고 전략적인 대응으로 미래를 설계해야 할 때다.

2) 실버이코노미 구축

한국은 2025년 초고령사회로 전환되었으며, 통계청의 인구 전망에 따르면 2072년에는 전체 인구 중 65세 이상 비율이 47.7%로 세계 최고 수준에 이를 것으로 예상된다. 인구는 감소하는 추세지만, 고령 인구는 지속적으로 증가해 2050년 1,890만 명까지 증가 후 감소할 것으로 예상된다. 세계 고령 인구도 UN 전망에 의하면 2025년 8.6억 명에서 2050년이면 16억 명으로 증가할 것이다. 이러한 고령화 진행은 이들에 대한 서비스와 제품에 대한 실버이코노미(Silver Economy)가 중요시된다.

현재 한국의 실버산업은 여러 구조적 문제점에 직면해 있다. 우선 산업 기반의 취약성이 두드러진다. 한국의 실버산업은 아직 초기 단계로, 고령층의 다양한 욕구를 충족시킬 수 있는 전문 기업과 서비스 인프라가 부족하다. 특히 중소기업 중심의 산업구조로 인해 연구개발 투자와 국제 경쟁력 확보에 한계가 있다는 점이 지적된다. 또한 시장 성숙도가 낮아 고령 소비자의 구매력 대비 시장 발전이 더디고, 실버 제품과 서비스에 대한 사회적 인식이 부족해 시장 확대에 제약이 있다. 특히 고령 친화 제품에 대한 품질 인증 체계가 미흡하고 소비자 신뢰도가 낮은 상황이다.

정책적 측면에서도 문제점이 드러난다. 실버산업 육성을 위한 정부 정책이 부처별로 분산되어 있어 통합적 지원 체계가 미흡하며, 장기적 로드맵보다는 단기적 성과 중심의 지원이 이루어지고 있다. 또한 고령자 특성을 이해하고 맞춤형 서비스를 제공할 수 있는 전문 인력과 교육 시스템이 부족하여 서비스 질 향상에 한계가 있다. 더불어 고령층의 디지털 접근성 및 활용 능력이 낮아 첨단기술 기반 실버산업 확장에 장애 요소로 작용한다. 특히 농어촌 지역과 저소득층 고령자의 디지털 소외 현상이 심각하다.

그러나 이러한 급격한 고령화는 실버이코노미를 미래 성장산업으로 육성할 기회이자 도전 과제다. 전 세계적으로 고령 인구가 증가함에 따라 2025년 기준 글로벌 실버 경제 시장 규모가 15조 달러에 이를 것으로 전망한다. 한국은 이러한 세계시장을 선점하기 위한 전략을 수립해야 한다. 국가별 고령 인구 증가 추세를 자세히 분석하고 건강, 금융, 주거, 문화, 여가 등 고령층의 소비 패턴에 맞춘 맞춤형 제품과 서비스를 개발해야 한다. 정부 차원의 수출 지원 정책, 해외 법인 설립 지원, 실버산업 국제 협력 플랫폼 구축을 통해 세계시장 진출 기반을 마련해야 한다.

특히 건강 수명 연장을 위한 청노화(anti-aging) 기술 개발은 실버산업의 핵심 분야로 부상했다. 노화 관련 바이오 기술은 단순히 노화를 지연시키는 것을 넘어 노화 과정 자체를 역전시키는 방향으로 발전 중이다. 줄기세포 치료, 유전자 편집 기술 등을 활용한 재생의학은 노화로 인한 세포 손상을 복구하고 조직 재생을 촉진하는 혁신적인 치료법을 제시한다. 한국은 이미 바이오산업에서 높은 기술력을 보유하고 있으며, 이를 청노화 분야로 확장하여 글로벌 시장을 선도할 수 있는 잠재력이 있다. 또한 나노의학 기술을 활용한 표적 약물 전달 시스템은 노인성 질환 치료의 효율성을 높이고 부작용을 최소화하는 데 기여할 수 있다. 세포 노화 억제제(senolytics) 등은 분자 수준에서 노화를 제어하는 첨단기술로, 한국의 정밀의학 산업과 연계해 발전시킬 필요가 있다. 청노화 기술의 발전을 위해서는 정부의 적극적인 R&D 투자와 함께 민간기업의 참여를 유도하는 인센티브 제도, 그리고 글로벌 연구 네트워크와의 협력이 필수적이다.

AI 기술은 실버 헬스케어의 혁신을 가속하는 핵심 동력이 될 것이다. AI 기반 건강 감시 체계는 고령자의 생체 신호와 일상 활동 패턴을 실시간으로 분석해 질병의 초기 징후를 감지하고, 맞춤형 예방 조치를 제안할 수 있다. 예를 들어 착용 장치(wearable device)와 연동된 AI 시스템은 심박수, 혈압, 혈당 수치의 미세한 변화를 감지해 심혈관 질환이나 당뇨병 악화를 조기에 예측할 수 있다. 또한 AI 기반 약물 상호작용 분석 시스템은 다제 약물 복용이 흔한 고령자의 약물 부작용 위험을 최소화하는 데 기여할 수 있다. 인지 건강 관리 분야에서도 AI의 활용이 확대되고 있다. AI 기반 인지 훈련 프로그램은 개인의 인지 능력과 학습 패턴을 분석하여 맞춤형 훈련을 제공함으로써 치매 예방 및 지연에 효과적인 해결책을 제시한다. 자연어 처리 기술을 활용한 AI 대화 시스템은 고령자의 언어 패턴 변화를 분석해 인지 기능 저하의 초기 징후를 감지하고, 사회적 고립을 완화하는 데 도움을 줄 수 있다. 한국은 세계적 수준의 IT 인프라와 기술력을 바탕으로 AI 기반 실버 헬스케어 해결책을 개발하고 세계시장에 진출할 수 있는 유리한 조건을 갖추고 있다.

디지털 치료제(Digital Therapeutics)는 AI와 빅데이터를 활용해 고령자 만성 질환 관리의 새로운 패러다임을 제시한다. 모바일 앱이나 착용 장치를 통해 제공되는 디지털 치료제는 고혈압, 당뇨병, 관절염 등 노인성 만성질환의 자가 관리를 지원하고, 생활 습관 개선을 통한 질병 예방에 효과적이다. 한국의 디지털 치료제 산업은 혁신적인 기술력을 바탕으로 빠르게 성장하고 있다. 로봇 기술과 AI의 융합은 고령자 케어 서비스의 질적 향상을 이루고 있다. 지능형 케어 로봇은 고령자의 일상생활 지원, 건강 모니터링, 응급 상황 대응, 인지 훈련 등 다양한 기능을 제공해 독립적인 생활을 돕고 삶의 질을 향상한다. 한국은 로봇산업에서 세계적인 경쟁력을 보유하고 있으며, 이를 노인 돌봄 분야로 확장해 세계시장을 선도할 수 있는 잠재력이 있다.

이를 위해서는 고령 인구의 건강 및 실태 분석을 기반으로 AI, 로봇 등 관련 기술을 접목할 수 있는 체제 구축이 필요하다. 고령 인구에 필요한 제품과 서비스 개발을 위해 의료계와 공학 연구자 간 융합연구를 촉진해야 한다. 최근 글로벌 연구의 중요성이 강조되고 있고, 거의 모든 선진국이 관심을 갖고 있으므로 공동개발을 위한 글로벌 협력 연구가 중요하다. 또한, 부처 간 통합 지원 체계 구축을 통한 원스톱 글로벌 진출 지원 플랫폼 마련, 시장별 현지화 전략 수립 및 국가별 맞춤형 수출 추진 등이 필요하다. 또한 헬스케어, 요양 서비스, 고령자 친화 식품(실버 푸드) 등 고령층 대상 맞춤형 산업은 축소사회에서도 지속가능한 성장 동력을 제공할 수 있다. 기업은 첨단기술을 접목한 혁신적 제품과 서비스 개발에 집중하고, 정부는 연구개발(R&D) 투자 확대와 규제 완화, 민·관 협력체계 강화를 통해 실버산업의 글로벌 확장을 지원해야 한다.

디지털 헬스케어 플랫폼, 원격 진료, 개인 맞춤형 건강 관리, 요양 및 재활 서비스, 웰니스 관광 등 혁신적 해결책을 개발하여 고령층의 건강과 삶의 질을 개선해야 한다. 특히 AI 기반 정밀 의료 플랫폼은 개인의 유전체 정보, 건강 데이터, 생활 습관 정보 등을 종합적으로 분석하여 개인별 맞춤형 질병 예측 및 예방 전략을 제시함으로써 고령자의 건강 수명 연장에 기여할 수 있다. 디지털 헬스케어 접근성 향상을 위한 고령자 디지털 리터러시 교육 강화, 농촌 및 취약지역 고령자를 위한 원격 의료 인프라 구축 지원, 노인성 질환 예방 및 관리를 위한 맞춤형 건강 프로그램 개발, AI 기반 고령자 건강 모니터링 시스템 개발 및 보급 확대가 필요하다. 이를 촉진하기 위해 실습을 통한 시범사업을 추진할 필요가 있다. 각 분야별 기술은 개발되어 있으므로 고령인구를 대상으로 총제적인 기술을 접목할 수 있는 실습 공간을 마련하여 시범사업을 통한 기술 개발을 촉진할 필요가 있다. 급격한 고령화와 인구구조의 변화를 미래 성장 동력으로 전환하기 위해서는 세계시장 선점, 고령 친화 산업의 기술혁신, 체계적인 수출 지원 전략 수립 등이 필수적이다.

한국은 고령자 맞춤형 인프라와 연구개발 역량을 강화하고, 국제 협력 네트워크를 구축해 실버이코노미의 취약점을 보완하여 미래 먹거리 산업으로 발전시켜야 한다. 특히 현재의 산업 기반 취약성, 시장 성숙도 부족, 정책 분절화, 전문 인력 부족, AI와 디지털 격차와 같은 구소석 문세점을 해결하기 위한 체계적 접근이 요구된다. 청노화 기술과 AI를 활용한 첨단 바이오 기술의 개발과 상용화는 단순히 산업 발전의 차원을 넘어, 초고령화 시대의 삶의 질 향상과 의료비 부담 경감이라는 사회적 가치를 창출할 것이다. 우리 사회의 지속가능한 발전을 위해 실버산업의 혁신과 성장은 선택이 아닌 필수가 되었다.

5. 축소사회에서의 생존과 도약을 위한 대응

대한민국은 역사적으로 지속적인 인구 증가를 바탕으로 경제성장을 이루어 왔으나, 이제는 인구 감소와 초고령화라는 거대한 변화 속에서 축소사회로의 전환을 피할 수 없게 되었다. 그러나 이러한 변화는 단순히 인구가 줄어드는 문제가 아니라, 경제·사회 시스템 전반을 근본적으로 재설계해야 하는 도전 과제를 의미한다. 당장 전면적 사회혁신 체계 구축, 과잉 인프라 해소, 국가 인력 재배치 등을 통해 축소사회에서도 혁신경제로 나아가 지속적인 경제 발전을 위한 토대를 만들어가야 한다.

인구위기는 단순히 극복해야 할 문제가 아니라, 더 나은 미래를 설계할 기회로 보아야 한다. AI 기술과 청노화 기술을 적극 활용하여 노동력을 재구성하고, 삶의 질을 개선하며, 경제적 기회를 창출할 수 있다. 인구 감소는 더 여유롭고 지속가능한 사회로 나아갈 가능성을 열어줄 수 있다. 이러한 긍정적인 비전을 바탕으로, 우리는 인구위기를 극복하는 동시에 새로운 경제 개발 모델을 만들어갈 수 있다. 국가의 전면적 혁신과 패러다임 전환을 통해 밝고 지속가능한 미래를 열어가는 일은 모두의 몫이다.

제9장

노후소득보장의 혁신: 연금을 연금답게 만들기

김태일 | 고려대학교 행정학과

1. 왜 연금 개혁이 중요한가?

윤석열 정부는 교육·노동·연금·의료의 4대 개혁을 표방했다. 비록 말만 앞세우고 실제 이룬 것은 없지만, 어쨌든 하고많은 정책 중에서 왜 이 넷을 콕 찍어서 개혁하겠노라 했을까? 두 가지 때문일 것이다. 하나는 이 넷이 사람들의 삶에 큰 영향을 미치기 때문일 것이고, 또 하나는 그럼에도 제대로 작동하지 않고 문제가 많아서 개혁이 필요하다고 여겼기 때문일 것이다.

교육·노동·연금은 삶의 시기별로 중요한 의미를 갖는다. 성인이 되어 직장을 잡기 전까지의 사회생활에서 가장 중요한 것은 '교육'이다. 초중고·대학교를 거치면서 사회를 배우고 지식과 기술을 습득한다. 취업하면 은퇴할 때까지 '노동'으로 돈을 벌어서 생활한다. 나이 들어 일을 그만두면 '연금'을 받아 생활한다. 그리고 모든 시기에 걸쳐 아프면 '의료' 서비스를 받아야 한다. 이 넷은 개인 관점에서만 중요한 것이 아니다. 사회 전체 관점에서도 교육과 노동은 생산성 향상의 핵심 요소다. 연금과 의료는 정부 재정지출이 가장 큰 두 항목이다(재정지출을 많이 할 것 같은 국방이나 경제 분야도 이 두 항목 지출에 비하면 훨씬 적다). 그런데 이처럼 중요한 네 분야의 정책에 너무나 문제가 많다는 것은, 굳이 설명이 필요 없을 것이다.

이 넷 중 연금은 다른 세 항목과는 성격이 다르다. 일단 개인 삶에서 차지하는 중요성이 다르다. 앞에서 성인기 이전에는 교육이, 근로 시기에는 노동이, 은퇴 후에는 연금이 가장 중요하다고 했다. 교육과 노동의 중요성은 누구나 동의할 것이다. 하지만 은퇴 후 생활에서 연금이 가장 중요하다는 데는, 동의하지 않을 사람도 많을 것 같다. 65세 이상 노인 중 기초연금을 제외하고 국민연금이나 공무원연금 등 특수직역연금 수급자는 60% 남짓이다. 그리고 국민연금 수급자 중에서 연금 급여로만 온전히 생활하는 사람은 소수다. 다수는 국민연금 이외에 다른 수단으로, 이를테면 오피스텔이나 상가 월세 수입으로 노후 소득을 충당하려고 한다. 현실이 이러니 노후 생활에서 연금의 중요성을 실감하는 사람은 많지 않다.

아, 노후 생활에서 연금의 중요성을 실감하는 사람들도 물론 있다. 특수직역연금 수급자들이다. 이분들은 연금 급여만으로도 그럭저럭 생활이 가능하다. 특히 부부 교사나 부부 공무원이었던 분들은 여유 있는 노후를 즐긴다. 그래서 국민연금 수급자들은 공무원연금이나 사학연금 수급자들을 부러워한다. 그런데 제대로 된 연금 체계를 갖춘 나라에서는, 대다수 노인이 우리의 특수직역연금 수준의 급여를 받는다. 이게 정상이다. 근로 시기 동안 꾸준히 보험료를 납부했다면, 은퇴 후에는 연금만으로 그럭저럭 살 수 있어야 한다. 이게 안 된다면 제도가 잘못된 것이다.

이 4대 개혁이 말만 하고 실제 이룬 것이 없다고 했지만, 엄밀히 따지면 네 항목 개혁의 진척도는 같지 않다. 교육과 노동 개혁은 전혀 (혹은 거의) 한 것이 없다. 의료도 의대 정원 문제로 혼란만 초래했을 뿐 실제 해낸 것은 없다. 이에 비해 연금은 제법 진척이 있었다. 2022년 가을부터 긴 시간 동안 연금개혁특위라는 TF를 꾸려서 개혁을 논의했고, 우여곡절 끝에 2025년 3월 보험료율과 소득대체율을 높이는 개혁이 이뤄졌다.

왜 다른 세 항목은 성과가 없었는데 연금만 결과를 도출했을까? 이는 다른 세 항목에 비해 무엇을 해야 하는지가 명확했기 때문이다. 대한민국 국민은 모두 교육 전문가라는 말처럼 교육 문제에 대해서는 너무 많은 사람이 각양각색의 의견을 내놓는다. 노동 문제도 노사의 입장이 다르고 대기업과 중소기업, 정규직과 비정규직의 이해가 다르다. 교육·노동은 이념에 따라 무엇이 문제인지를 달리 인식하며, 개혁해야 할 의제도 너무 많다. 의료는, 이념은 몰라도 이해관계 집단에 따라 무엇이 문제인지의 인식은 매우 다르다. 게다가 이해관계 집단의 핵심인 의사는 막강한 힘을 갖고 있다.

연금은 무엇이 문제인지 명확하다. 재정의 지속가능성이 취약하다는 것, 그리고 노후소득보장 기능이 부족하다는 것이다. 그래서 재정 지속가능성을 높이기 위해 보험료를 올리고 노후소득보장 기능을 강화하기 위해 소득대체율을 높인 것이다. 그런데 명심할 것이 있다. 문제가 명확하다고 해서 흡족한 해결책이 도출되는 것은 아니라는 점이다.

9%인 국민연금 보험료를 13%로 올리고 40%(로 예정된) 소득대체율을 43%로 높이는 것이 2025년 3월에 이뤄진 이른바 모수개혁 내용이다. 그런데 이는 재정 지속가능성 제고와 노후소득보장 강화라는 목표를 달성하기에는 너무나 미흡하다. 여기에서 멈춘다면 이건 '개혁'이 전혀 아니다. 차라리 아니함만 못하다. 정치권과 정부도 이를 알기에 추가적인 개혁을 하겠다고 약속했다. 추가적인 개혁을 통해 진정한 의미의 개혁을 이루는 것, 2025년 이후 정부에서 꼭 해내야 할 과제다.

보험료를 13%로 올리고 소득대체율을 43%로 높이는 것만으로는 왜 개혁이라고 할 수 없는가, 재정의 지속가능성과 노후소득보장강화라는 목표를 달성하는 개혁이 되려면 무엇을 해야 하는가? 이번 장에서 다룰 얘기이다. 일단 연금이 왜 중요한가부터 논의를 시작하자.

2. 연금은 노후소득보장의 핵심이어야 한다

한국의 노인 빈곤율이 OECD 국가 중 가장 높다는 것은 이제는 제법 알려졌다. 2022년 한국의 노인 빈곤율은 39.7%이다. 10여 년 전인 2011년만 해도 45%를 넘었던 노인 빈곤율은 꾸준해 감소해서 40% 미만이 되었다. 하지만 여전히 OECD 국가 중 가장 높다. 참고로 2022년 OECD 평균 노인 빈곤율은 14.9%이다. 우리의 노인 빈곤율이 높은 이유는 연금이 부실하기 때문이다. 이는 주요 OECD 국가의 노인 빈곤율을 제시한 〈그림 9-1〉을 보면 명확하다. 〈그림 9-1〉의 전체 막대(밝은색+진회색)는 시장소득 빈곤율을 나타낸다. 그리고 아래의 진회색 부분은 가처분소득 빈곤율을 나타낸다. 시장소득 빈곤율은 공적연금 급여가 없다고 가정했을 때의 빈곤율을 의미하고, 가처분소득 빈곤율은 연금 급여를 포함한 실제 빈곤율을 의미한다.[1] 따라서 둘의 차이(밝은색 부분)는 공적연금으로 인한 빈곤 감소 정도를 보여준다.

〈그림 9-1〉을 보면, 우리를 제외한 다른 국가에서는 시장소득 빈곤율과 가처분소득 빈곤율 간 차이가 매우 크다. 예를 들어 프랑스의 경우, 시장소득 빈곤율은 85% 이상인데, 가처분소득 빈곤율은 5% 미만이다.[2] 80% 이상의 노인이 시장소득만으로는 빈곤층이지만 공적연금 덕에 빈곤층에서 벗어난 셈이다. 물론 이들 모두가 "연금 제도가 없었다면 빈곤층이 되었을 것"이라고 할 수는 없다. 여기에는 연금 제도가 있기에 별도의 노후대비를 하지 않은 사람들도 상당수 포함되어 있을 것이기 때문이다. 하지만 이를 감안하더라도 〈그림 9-1〉이 공적연금의 크기가 노인 빈곤율에 결정적임을 보여주는 것은 분명하다. 노인 빈곤율이 낮은 나라는 연금으로 인한 빈곤율 감소 폭이 크며, 노인 빈곤율이 가장 높은 한국은 연금으로 인한 빈곤율 감소 폭이 가장 작다는 점에서

---

[1] 정확히는 공적연금 이외에 기초생활보장 급여와 같은 다른 공적 이전 소득도 포함된다. 그러나 대부분은 공적연금이다. 그리고 퇴직연금은 공적연금이 아니라서 시장소득에 포함된다.
[2] OECD, "Income distribution database," OECR Dataset.

그림 9-1 시장소득과 가처분소득 빈곤율 비교(2022년 기준)   단위: 만 명, %

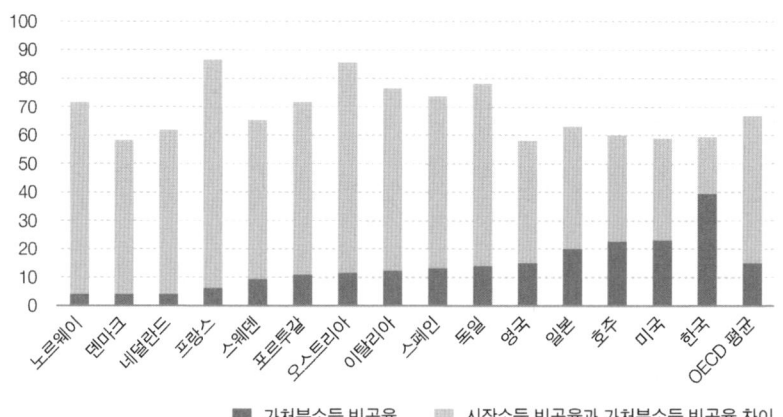

■ 가처분소득 빈곤율   ■ 시장소득 빈곤율과 가처분소득 빈곤율 차이

주: 일부 국가는 2022년 자료가 없으며, 이 경우는 가장 최근 연도 자료를 활용.
자료: OECD, "Income distribution database"(검색일: 2025.1.30).

그림 9-2 노인의 소득 규모와 소득 구성(2020년 기준)[3]

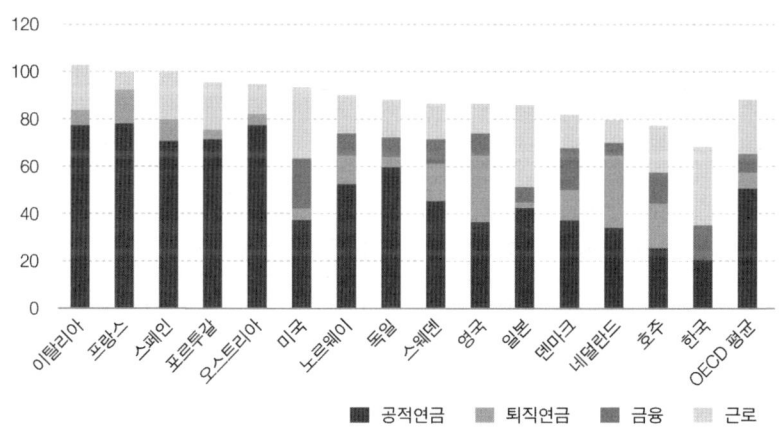

■ 공적연금   ■ 퇴직연금   ■ 금융   ■ 근로

자료: OECD, "Pension at a Glance"(OECD report, 2023).

---

3 이 그림의 공적연금 항목에는 기초연금, 국민연금, 특수직역연금 이외에 국민기초생활보장 급여도 포함되어 있다. 따라서 순수하게 공적연금만 따지면 30%보다 더 낮아진다.

도 이를 확인할 수 있다.

　이번에는 〈그림 9-2〉를 보자. 이는 전체 국민의 평균소득을 100이라고 했을 때 노인의 평균소득을 보여준다. 예를 들어 프랑스의 막대 높이는 대략 100인데, 이는 프랑스의 경우 노인의 평균소득은 국민 전체 평균소득과 거의 동일하다는 것을 의미한다. 예상할 수 있듯이 제시된 15개 국가 중 한국의 노인 평균소득은 국민 전체 평균소득의 2/3로서 제일 낮다.[4]

　막대 내의 색깔 구분은 노인 소득의 구성을 보여준다. 맨 아래의 검정색은 공적연금, 그 위의 연회색은 퇴직연금, 그 위의 진회색은 개인연금이나 저축 등 금융소득, 가장 위의 밝은색은 근로소득을 나타낸다. 한 나라의 노후소득보장체계는 공적연금과 퇴직연금으로 이뤄진다. 퇴직연금은 민간이 운용하므로 공적연금은 아니다. 하지만 가입이 강제라서 준 공적연금이라고 해야 한다.[5] 노후소득보장체계로 공적연금만 갖춘 나라도 있고 둘 다 갖춘 나라도 있다. 우리도 퇴직연금이 있지만 OECD에서는 우리 것은 퇴직연금으로 분류하지 않는다. 그 이유에 대해서는 잠시 뒤에 설명한다.

　〈그림 9-2〉를 보면 한국은 노인 평균소득이 가장 낮을 뿐만 아니라, 공적연금 소득도 가장 적다. OECD 평균은 50%가 넘는데 우리는 20%에 불과하다. 그리고 공적연금과 퇴직연금을 더한 연금 소득이 노인 소득에서 차지하는 비중을 보면 OECD 평균은 65%인데 우리는 30%에 불과하다. 이는 그림에 제시된 국가뿐만 아니라 OECD 국가 전체에서 가장 낮은 비중이다.

　정리하면 〈그림 9-1〉과 〈그림 9-2〉는 우리의 노인 빈곤율이 높고 노인의 평균소득이 적은 것은 연금이 부실해서이며, 우리와 달리 다른 나라에서는 노후소득의 가장 중요한 원천이 연금임을 보여준다.

4　OECD 전체로는 리투아니아 다음으로 두 번째로 낮다.
5　우리처럼 법에 의해서 퇴직연금 가입이 강제되는 나라도 있고, 법은 아니지만 노사협약에 의해서 강제되는 나라도 있다.

3. 세대 간 화합 기금을 조성하라

연금의 노후소득보장 기능이 매우 부실하다는 것은 우리 연금의 양대 문제 중 하나다. 또 하나의 문제는 공적연금의 중추인 국민연금 재정의 지속가능성이 없다는 것이다.[6] 애초 연금 개혁 논의가 시작된 계기도 국민연금 재정의 지속가능성에 대한 우려 때문이었다. 국민연금 재정의 지속가능성이 왜 문제이고 해법은 무엇인지를 논하려면 먼저 '세대 간 계약'이라는 개념을 이해해야 한다.

연금은 근로 세대가 보험료를 내고, 노인 세대가 급여를 받는다. 근로 세대가 보험료를 내는 이유는 나중에 노인 세대가 되었을 때 급여를 받기 위함이다. 이처럼 근로 세대 비용 부담과 노인 세대 혜택 수혜가 대를 이어 이뤄지는 것을 '세대 간 계약'이라고 한다. 세대 간 계약은 삶을 지속하는 기본 원리다. '근로 세대가 일해서 돈 벌고 그걸로 자식 키우고 부모 부양하는 것'에 의해 인류는 삶을 이어왔다. 과거에는 주로 가족 내에서 이루어진 세대 간 계약이, 이제는 가족을 넘어 사회 전체적으로 이루어지는 것뿐이다.

부모 자식 사이라도 자식한테 별반 해준 것 없는 부모라면 당당히 혜택을 주장하기 어렵다. 하물며 가족도 아닌 사회 전체의 세대 간 계약이라면 어떻겠는가? 젊어서 100을 부담했는데, 나이 들어 50밖에 못 받는다면? 이런 계약을 흔쾌히 받아들이겠는가? 공정하지 못한 계약은 지속하기 어렵다. 연금 개혁 논의에서 세대 간 공정성 얘기가 나오는 것은 이 때문이다. 계약이 공정하려면 부담과 혜택의 배분이 엇비슷해야 한다.

2025년 2월 기준으로 국민연금 기금은 1,200조 원 정도 된다. 국민연금은 1988년에 도입됐다. 젊어서 보험료 내고 노후에 연금을 수급하는 구조라서 제도 초기에는 들어오는 보험료가 나가는 급여 지출보다 많을 수밖에 없다. 게다

---

6 낸 보험료만으로 연금 급여 지출을 충당하지 못하는 정도는 특수직역연금도 마찬가지다. 그러나 특수직역연금은 국민연금에 비하면 규모가 작다.

그림 9-3 개혁 이전의 국민연금 재정수지 전망

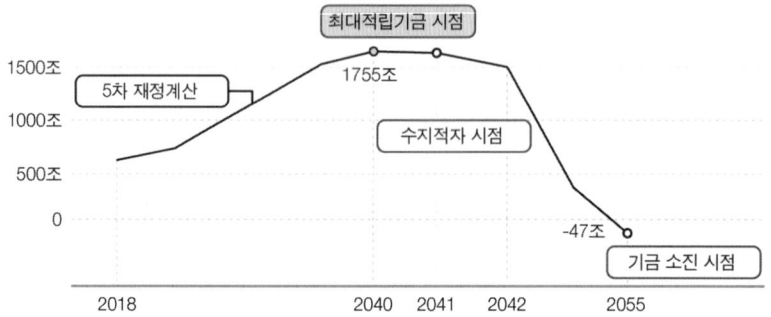

주: * 수지적자 시점은 당년도 지출이 총수입(보험료가입+기금투자수익)보다 커지는 시점.
　　** 2024년 전망에서는 기금 소진 시점이 2056년으로 1년 연장.
자료: 보건복지부, 「제5차 국민연금 재정계산 재정추계 시산결과」(국민연금 재정추계전문위원회, 2023.1.27).

가 적립금은 금고에 쌓아두는 것이 아니라 운용하기 때문에 운용수익도 더해진다.

개혁 이전의 보험료율(9%)과 소득대체율(40% 예정) 기준으로 향후의 기금 적립금 규모를 예측해 보자. 2025년에도 여전히 들어오는 보험료 수입이 나가는 급여 지출보다 많다. 하지만 2027년부터는 급여 지출이 보험료 수입을 초과한다. 그래도 운용수익이 보태지는 덕분에 한동안 적립금 총액은 증가해서 2040년경 최고치를 찍는다. 이후 급격히 감소해 2056년에는 기금이 모두 소진될 전망이다. 기금이 소진된 뒤에는 들어오는 보험료 수입만으로 나가는 급여 지출을 충당해야 한다. 그러려면 보험료가 30%에 달해야 한다.

2025년 3월에 이뤄진 개혁, 가령 13% 보험료율과 소득대체율 43% 조합에서는 기금 고갈 시점이 8년 정도 늦춰져서 2060년대 중반에 기금이 소진된다. 기금 소진 이후 보험료율이 30%가 되어야 하는 것은 개혁 이전과 마찬가지다. 그렇다면 단지 8년 정도 기금 고갈 시점을 늦춘 것으로 충분할까? 물론 아니다. 재정 지속가능성이 논란이 되는 것은 2050년대 중반이든 2060년대 중반이든 기금 고갈 이후 30% 이상의 보험료율을 낸다는 것은 현실성이 없기 때문이다 (참고로 2060년대 중반이면 지금 20대가 연금 탈 나이가 될 무렵이다). 이유는 두 가지다. 하나는 너무 부담이 크기 때문이며, 다른 하나는 받는 것보다 훨씬 많이 내는 것이기 때문이다.

2060년경이면 우리의 고령화율은 40%가 훨씬 넘는다. 고령화율이 그 정도가 되면 국민연금뿐만 아니라 건강보험과 장기요양보험 보험료율도 현행보다 훨씬 높아져야 한다. 기초연금 등 고령화 관련 일반 재정 지출도 증가하므로 조세 부담률도 더 높아져야 한다. 이런 상황에서 30% 정도의 국민연금 보험료율을 부담하기는 어렵다. 한편, 연금은 저축 성격을 지니고 있다. 저축이라면 적어도 낸 것만큼 혹은 그 이상을 받아야 한다. 그런데 소득대체율 43%에서 낸 것 이상을 받으려면 보험료율이 아무리 높아도 21% 이하여야 한다. 그 이상이면 원금도 못 건지는 셈이 된다. 과연 보험료율이 30% 이상이어서 받는 것보다 훨씬 많이 내야 하는 데도 국민연금에 가입하려고 하겠는가? 절대 아니다.

어떤 학자는 기금 소진 후 연금 급여에 필요한 재원을 당시 가입자의 보험료로만 충원할 필요는 없다고 한다. 필요 재원 중 일부만 당시 가입자의 보험료로 충당하고, 나머지는 국고(일반 재정)로 충당하자고 한다. 하지만 이런 방식도 수용성 없기는 마찬가지다. 일반 재정 재원은 조세다. 조세 역시 당시의 경제활동인구가 주로 부담한다. 고령화율이 40%가 넘으면, 국민연금 보험료 부담을 제외하더라도, 나머지 보험료와 조세를 합친 국민부담률은 GDP 대비 30%가 훨씬 넘게 된다. 보험료 형태이든 조세 형태이든 여기에 연금 보험료율 30%에 해당하는 추가 부담을 지게 하는 것은 수용성이 약하다. 예를 들어, 2023년 소득세 수입은 116조 원으로서 국민연금 보험료 수입의 두 배 정도이다. 이는 국민연금 보험료율 9%에 해당하는 수입을 소득세로 충당하려면 소득세를 현행보다 50% 더 걷어야 함을 의미한다. 국민연금 보험료율이 30%가 되어야 하는데 보험료율을 13%로 책정하고, 나머지 17%에 해당하는 수입은 소득세로 걷는다면, 소득세를 현행보다 두 배 정도 추가로 더 걷어야 한다. 오직 국민연금 급여 부족분을 충당하기 위해 이 정도의 소득세를 거둔다는 것이 가능할 리 없다.

물론 13%의 보험료율을 기금 소진 시점까지 그대로 유지하지는 않을 것이다. 즉, 기금 소진 시점인 2064년까지 계속 13%의 보험료율을 유지한 다음, 2065년부터 갑자기 30%로 보험료율을 올릴 계획은 아닐 것이다. 일단 13%까지 올린 후, 다시 논의해서 보험료율을 더 높일 계획일 것이다. 13%가 달성된 다음 5년 후 17%, 다시 5년 후 21%처럼 말이다. 그런 방식으로 2040년경 21%가 되면, 그 이후에는 보험료율을 높이지 않더라도 지속가능하기는 할 것이다. 하지만 생각해 보라. 지금도 16%로 올리기 어려워서 13%까지 올리는 것으로 합의했는데, 10년 뒤, 15년 뒤에는 17%, 21%로 올릴 수 있겠는가? 고령화율은 계속 높아지고 그럴수록 재정지출은 꾸준히 늘어야 한다. 나중으로 갈수록 재정 여력은 점점 떨어진다.[7]

'보험료율 13%와 소득대체율 43%로는 국민연금이 지속가능하지 않다는 것은 이해했다. 그런데 그럼 대체 뭘 어떻게 해야 하느냐.' 이제 이 질문에 답할 차례다. 오래 사는 것은 좋은 일이다. 하지만 국가 재정 특히 연금재정 측면에서 큰 부담인 것은 분명하다. 머지않아 세계 최고의 고령 국가가 된다는 것은, 국민연금 재정의 (다른 국가 연금재정과 비교했을 때) 불리한 측면이다. 하지만 유리한 것도 있다. 1,200조 원의 적립금이 존재한다는 것이다. 적립금은 금고에 쌓아두기만 하는 게 아니다. 운용을 통해 수익을 창출한다. 사실 지금까지 쌓인 1,200조 원 중에도 원금(보험료 수입)보다 운용수익이 훨씬 많다. 연금 역사가 오래된 서구 국가는 대부분 적립금이 바닥이다. 그래서 그해 들어온 보험료 수입으로 그해 나가는 급여 지출을 충당한다. 우리의 건강보험과 마찬가지인 셈이다. 하지만 우리는 대규모 적립금이 운용수익을 창출하므로 이를 급여 지

---

[7] 또 하나의 문제점으로, 21% 보험료에 43% 소득대체율이면 원금보다 약간 더 받는 수준, 정기 예금 이자에도 못 미치는 수익만 얻어지는 것이라서 수용성이 낮다는 점도 들 수 있다.

출 재원으로 활용할 수 있다. 국민연금 기금 운용 수익률 평균은 6%가 넘는다. 1,200조 원의 6%면 72조 원이다. 2024년 한 해 동안 들어온 보험료 수입(약 60조 원)보다 많다.

　대규모 적립금 덕분에, 지속가능성을 확보하는 길이 열려 있다. 상당 규모의 적립금을 쭉 유지함으로써 운용수익을 창출해 연금 급여 지출에 충당하는 것이다. 즉, 〈그림 9-3〉에서 2040년 이후 급격히 우하향하는 적립금 전망선을 평평하게 만드는 것이다.[8] 그러려면 보험료율이 얼마가 되어야 할까? 전문가들의 계산에 따르면 대략 16% 정도 되어야 한다.[9] 그런데 이번에 올리기로 한 보험료율은 13%이다. 3%p가 모자란다. 어떡해야 할까?

　필자가 제안하는 대안은 부족한 보험료 수입만큼을 조세로 충당하자는 것이다. 국민연금 보험료율 3%면 GDP의 0.9%에 해당한다. 이 정도의 재원을 목적세 신설로 마련하여 국민연금 기금에 투입하자는 것이다. 그러면 추가적인 보험료율 인상이나 국고 투입 없이 국민연금은 지속가능하다. 물론 이는 약간은 낙관적인 전망이다. 기금 운용 수익률이 예상보다 낮아지거나 기대수명이 더 늘어나면 필요한 재원 규모가 늘어날 수 있다. 하지만 크게 차이 나지는 않을 것이다.

　사회보험 방식 연금 제도에서, 저소득층 지원 같은 특정 목적이 아닌, 일반적인 급여 지출 재원을 조세로 충당하는 것은 원칙이 아니다. 하지만 보험료율을 지속가능한 수준만큼 높일 수 없으니, 차선책으로 조세를 투입하자는 것이다. 보험료율을 제한하면서 조세도 투입할 수 없다면, 국민연금의 지속가능성은 달성할 수 없다.

　어떤 이는 아직은 기금이 있으니 이걸 사용하고, 기금 다 쓴 후에 일반 재정을 투입하자고 한다. 앞서 논의했듯, 그리하면 기금운용수익을 활용할 수 없어

8　정확히 말하면 2040년 이후에도 완만하게 우상향하다가 나중에 평평해진다.
9　적립금 규모는 기금운용수익률 가정에 따라 달라지는데, 이 경우는 수익률 5.5%를 가정한 것이다. 그리고 연금 수급 개시 연령을 장기적으로 68세까지 높인다는 가정도 추가한 것이다.

서 훨씬 많은 돈이 든다. '복리의 마법' 덕택에 지금 1을 투입하면 30년 뒤 3 이상의 실질 가치를 지닌다. 지금이면 호미로 막을 것을, 나중에는 가래로 막아야 한다. 아니, 우리 인구구조로는 가래로도 못 막는다. 또 다른 이는 목적세 신설 없이 그냥 일반 재정을 투입하자고 한다. 하지만 지금도 적자재정인데, 별도의 재원 대책 없이 일반 재정을 투입하면 그만큼 국가채무만 늘어난다. 국가채무도 미래에 부담을 떠넘기기는 매일반이다.

기왕이면 신설할 목적세에 '세대 간 화합세' 혹은 '미래 준비세'와 같은 이름을 붙이는 게 좋겠다. 기성세대가 다음 세대를 위해 나름 애쓰고 있음을 보여야, 청년 세대의 신뢰를 얻을 수 있다.

4. 국민연금 평균 가입 기간 35년 목표를 달성하라

국민연금 기금에 조세를 투입할 때의 단점은 역진성, 즉 고소득층의 혜택이 더 클 수 있다는 점이다. 2025년 현재 65세 노인 중 국민연금 수급률은 50%가 약간 넘는다(특수직역연금을 포함하면 60%). 연금 수급률은 꾸준히 높아져서 2050년이면 80% 정도 될 것이다. 하지만 그래도 상당수 노인은 비수급자 신세이다. 비수급자는 연금기금에 조세를 지원하는 혜택에서 배제된다. 아무래도 비수급 노인은 수급 노인보다 저소득층일 것이다. 그래서 국민연금 수지를 맞추기 위한 조세 지원은 고소득층이 더 큰 혜택을 보게 된다.

물론 목적세의 부담 역시 고소득층이 더 많이 진다는 것, 공적연금의 또 다른 축인 기초연금의 혜택에서 상위 소득 계층은 배제된다는 것까지 고려하면 역진성은 사라진다. 그럼에도 국민연금 수급권 사각지대가 넓으면, 조세 지원의 정당성이 약화되는 것은 사실이다.

국민연금 사각지대 줄이기는 형평성뿐만 아니라 노후소득보장 강화를 위해 더욱 중요하고 필요하다. 대한민국 국민이라면 누구나 건강보험의 혜택을 누리듯이, 대한민국 국민이라면 누구나 나이 들어 국민연금(특수직역연금 포함)을 수급할 수 있어야 한다. 명색이 '국민'연금 아닌가. 실제로 다른 나라는 그렇다. 사회보험 방식의 공적연금 제도를 운영하는 유럽국가의 공적연금 수급률은 대부분 90%가 훨씬 넘으며 100%에 가깝다.

우리의 국민연금은 비수급자가 많을 뿐만 아니라 수급자의 급여액도 적다. 그래서 이번 모수개혁에서 소득대체율을 43%로 높인 것이다. 그런데 소득대체율 높이는 것은 연금 급여액 늘리는 데 좋은 방법이 아니다. 소득대체율은 연금액이 본인 근로 시기 평균소득의 몇 %인가를 나타내는데, '소득대체율=지급률×가입연수'의 관계가 성립한다. 지급률은 1년 가입했을 때의 소득대체율이다. 소득대체율이 40% 또는 43%라고 하는 것은 가입년수가 40년인 경우를 가정하고 하는 말이다. 그래서 소득대체율을 40%에서 43%로 높인다는 것은 지급률을 1에서 1.075로 높인다는 말이다.

국민연금 가입자라면 본인 은퇴 시점까지의 예상 가입 기간을 따져보라. 40년이 되는 사람은 거의 없다. 일찍부터 가입한 사람이라도 35년 채우기 어려울 것이다. 참고로 2024년 국민연금 신규 수급자의 평균 가입 기간은 20년 정도이다 (가입 기간은 최근 수급자일수록 길다). 소득대체율을 40%에서 43%로 높인들, 30년 가입한 사람의 실제 소득대체율은 32.25%이고 20년 가입한 사람의 실제 소득대체율은 21.5%일 뿐이다.[10]

짧은 가입 기간은 우리에게만 해당한다. 다른 OECD 국가의 가입 기간은 대체로 35년이 넘는다. 국민연금 가입 기간이 35년이라면, 2024년 신규 가입자의 평균 연금액은 75% 높아졌을 것이다(35/20=1.75). 가입 기간이 길어지면 수급권을 얻기 위한 최소 가입 기간 10년을 넘기는 사람도 많아져서 수급률도 높아진다.

---

10   이는 국민연금 가입자의 평균소득에 해당하는 사람의 경우이다. 국민연금 급여에는 재분배 기능이 있어서, 본인 소득에 따라 소득대체율은 달라진다.

현행 국민연금 수급자의 가입 기간이 짧은 데는, 국민연금이 다른 국가보다 뒤늦게 도입되었다는 것도 영향을 미쳤다. 서구 국가들은 19세기 말에서 20세기 초중반 사이에 공적연금을 도입했다. 이에 비해 우리의 국민연금은 1988년에 도입되었으며, 전 국민을 대상으로 하게 된 것은 2000년대 들어서다. 따라서 시간이 지나면 현행보다 가입 기간은 증가한다. 문제는 증가 폭이 작다는 데 있다. 국민연금공단의 추정에 따르면, 2060년 신규 수급자 평균 가입 기간은 25년 정도일 것으로 예측된다. 다른 나라와 비교하면 턱없이 짧다. 왜 우리의 가입 기간은 이토록 짧을까?

연금은 노령으로 일을 그만두어 소득이 없을 때의 대비책이다. 근로 시기에 저축(보험료 납부)하고, 그 돈으로 나이 들어 연금을 타는 것이다. 가입 기간이 길수록 더 많은 연금을 받기에, 다른 나라들은 가입 기간을 늘리는 다양한 장치를 마련하고 있다. 우리도 있기는 하지만, 다른 나라에 비해 매우 미흡하다. 이게 우리의 가입 기간이 짧은 주된 이유이다.

가장 큰 차이는 몇 세까지 가입하는가(보험료를 내는가)이다. 우리는 59세까지 낸다. 하지만 다른 나라들은 평균 64세까지 낸다. 70세가 넘는 나라도 있다. 우리의 법적 정년은 60세이지만 많은 사람이 60세 이후에도 일을 한다. 게다가 연금 수급개시 연령은 차츰 늦어져서 곧 65세가 된다. 일할 동안 보험료 내고 일 그만두면 연금받는 것이 연금 제도의 기본 원리이다. 그래서 외국의 경우 가입 상한 연령은 연금 수급 개시 직전 연령이 된다. 우리의 가입 상한 연령(59세)과 수급 개시 연령(65세)은 기본 원리에 위배된다.

우리의 가입 기간이 짧은 또 하나의 이유는 근로 기간 중 어쩔 수 없는 사유로 인해 일을 멈춘 기간에 대한 지원이 미미하다는 점이다. '어쩔 수 없는 사유'의 대표적인 것이 군 복무, 출산(그리고 양육), 실업이다. 이런 사유로 인해 일하지 못하는 것은 개인 잘못이 아니다. 그래서 이런 사유가 발생하면 정부는 급여를 지원한다. 군 복무는 '국방'이라는 국가 업무를 수행하는 것이니 당연히 먹여주고 재워주고 입혀주는 의식주 해결과 함께 소액이지만 급여를 지급한다. 출산의 경우는 아동수당을 지급하며, 일자리를 잃으면 실업급여를 지급한다. 이런 사유가 발행하면 돈을 벌지 못하므로 연금 보험료 납부도 못 하는데, 그러면 연금액이 감소한다. 그래서 대부분 국가는 이런 사유가 발생하면 연금 보험료도 지원한다. 우리도 하기는 한다. 하지만 다른 나라에 비해 매우 미흡하다. 2025년 3월에 이뤄진 개혁에서 군복무와 출산에 대한 지원을 확충하기는 했으나 여전히 부족하다.

가입 상한 연령을 높여야 한다는 것, 군 복무, 출산(그리고 양육), 실업으로 연금 보험료를 못 냈을 때 보험료를 지원하는 정책(연금 크레딧이라고 한다)을 현행보다 확충해야 한다는 데는 학계는 물론이고 정치권에서도 공감대가 형성되어 있다. 그래서 앞으로 정부에서도 이를 하겠다고 선언하기는 할 것이다. 그런데 막상 실행하는 데는 어려움이 있다. 일단 가입 기간 연장을 반기지 않는 사람이 많다. 가입자 본인도 그렇지만 보험료 절반을 부담해야 하는 고용주 입장에서는 더욱 반길 리 없다. 연금 크레딧 확충에는 재정이 부담된다. 지금까지 우리의 연금 크레딧이 다른 나라보다 빈약했던 것은 몰라서 그런 것이 아니다. 단지, 이를 확충하면 그만큼 재정이 많이 들기 때문에 모른 척했을 뿐이다.

좋은 정치와 행정은 무엇일까? 장기적인 시각에서 필요한 것이라면, 비록 당장은 국민이 반기지 않고 재정이 부담되더라도, 국민을 설득하고 재원을 마련해서 실행해야 하는 것 아닐까? 적극적인 가입 기간 확충은 앞으로의 정부가 반드시 해내야 할 과제이다. 향후 10년 내 평균 가입 기간 30년 확보, 20년 내 35년 확보와 같은 구체적인 목표를 설정하고 이를 이뤄야 한다.

5. 국민연금공단의 퇴직연금 운용을 허하라

가입 기간이 대폭 늘어나면 연금 급여액도 그만큼 커진다. 가령 평균 가입 기간이 30년이 되면 급여액은 50% 이상 증가한다. 하지만 여전히 다른 나라와 비교하면 적다. 연금 급여액을 더 높여야 하는데 가입 기간 확충만으로 충분치 않다면 어찌해야 할까? 소득대체율을 더 높여야 할까? 그러려면 보험료율도 함께 올려야 하므로 가능한 대안이 아니다. 그럼 어찌해야 할까? 우리의 노후소득보장체계는 국민연금만으로 이뤄진 것이 아니다. 국민연금 이외에 기초연금과 퇴직연금이 있다. 기초연금은 저소득층을 위한, 퇴직연금은 중산층 이상을 위한 소득보충 수단이다. 이들이 제 역할만 하면 국민연금만으로 부족한 소득을 메꿀 수 있다.

저소득층 노후소득 확충을 위한 기초연금 개편 얘기는 기존에도 많이 나왔으니, 다시 길게 논의할 필요는 없겠다. 기초연금은 본래의 목적대로 저소득층 소득보장에 좀 더 집중해야 한다는 것만 강조하고, 여기서는 퇴직연금 얘기를 하자.

퇴직연금은 강제 가입이다. 8.33%의 보험료는 고용주가 전액 부담한다. 고용주 입장에서는 국민연금 보험료(기존 고용주 부담분 4.5%, 개혁 후 6.5%)보다 부담이 더 크다. 그런데 모든 나라에 강제 가입 퇴직연금 제도가 있는 것은 아니다. 〈그림 9-2〉를 다시 보자. 미국보다 왼쪽에 있는 다섯 국가는 퇴직연금이 없다. 우리로 치면 국민연금만 있다(기초연금도 없다). 그래서 단일 제도의 공적연금 소득대체율이 높으며, 그에 따라 보험료율도 높다. 이탈리아의 보험료율은 33%이고 프랑스의 보험료율은 27.8%이다. 미국부터 오른편에 있는 국가들은 퇴직연금을 갖고 있다. 그중에서 미국, 독일, 일본은 퇴직연금 비중이 작지만, 나머지 국가는 제법 크다. 이런 비중 차이는 퇴직연금 가입이 강제냐 임의(기업 자율)냐에 따른, 가입자 규모 차이에 기인한다. 강제면 대다수 근로자가 가입하니 비중이 크고, 임의면 그렇지 못하다.

우리의 퇴직연금은 강제 가입이다. 그런데 우리는 비중의 대소를 떠나서 〈그림 9-2〉를 보면 퇴직연금 부분이 아예 없다. 제도는 갖췄으되, 연금으로서의 구실을 전혀 못하기 때문이다. 우리의 퇴직연금 제도는 과거의 퇴직금 제도에서 전환된 것이다. 퇴직연금이 도입된 지 20년이 지났지만, 여전히 퇴직금 제도를 고수하는 회사가 꽤 된다. 그리고 퇴직연금을 도입했어도 대다수가 일시금으로 찾아가며 연금으로 수급하는 비율은 10%에 불과하다. 연금 수급자들도 단지 절세를 위해 10년간 나눠서 받을 뿐이다. 연금 본연의 목적에 충실하려면, 종신연금(국민연금처럼 죽을 때까지 연금을 받는 것)으로 수급해야 하는데, 내 주위에서 그런 사람은 한 명도 없다. 이처럼 명칭과는 달리 연금 기능을 못 하는 탓에 우리의 퇴직연금은 OECD 기준에서는 연금에 해당하지 않는다.

퇴직금 제도의 퇴직연금 제도 전환은 조만간 모든 회사가 따를 것이다. 하지만 그렇다고 해서 퇴직연금을 연금으로, 특히 종신연금 혹은 장기간(예를 들어 20년) 수급하는 사람이 크게 늘 것 같지는 않다. 이유는 여러 가지인데, 가장 중요한 것은 퇴직연금 수급률이 너무 낮기 때문이다.

예전에 월스트리트라는 미국 신문이, 국민연금공단이 분뇨 냄새 사는 시골에 있는 탓에 우수한 기금 운용 인력을 확보할 수 없다는 비아냥조의 기사를 낸 적이 있다. 그 이후 기금운용본부만이라도 서울의 금융 중심가, 이를테면 여의도나 테헤란로로 옮겨야 한다는 주장이 거셌다.

외딴곳에서 인력난에 시달리는 국민연금기금의 2023년 수익률은 13.6%였으며, 2024년 수익률은 15%에 달한다. 최근 2년이 특히 좋은 편이지만, 1988년 제도 도입 이래 2024년까지의 누적수익률도 6%가 훨씬 넘는다. 해외 연기금과 비교하면 선두는 아니라도 중간보다는 위에 위치한다. 그렇다면 금융 중심가에 위치하며, 공공인 국민연금공단보다는 훨씬 수익률 추구에 목을 맬, 민간 금융회사가 운용하는 퇴직연금 수익률은 어떨까? 놀랍게도 국민연금 수익률의 1/3 남짓이다. 퇴직연금의 2023년 수익률은 5.3%이다. 2023년까지 5년간 평균 수익률은 국민연금이 7.6%인데 퇴직연금은 2.4%이다. 1/3에도 못 미친다. 이게 얼마나 큰 차이인지 감이 잘 안 오면 구체적인 예를 들어보자. 갑돌이는 30년간 회사에 다니고 퇴직했다. 편의상 30년간 동일하게 400만 원을 월급으로 받았다고 하자. 퇴직 시점에서 갑돌이의 퇴직연금 적립 금액을 따져보자. 수익률이 2.4%면 1억 7,500만 원인데, 수익률이 7.6%면 4억 5,800만 원이 된다. 엄청난 차이다. 퇴직연금이 국민연금만큼만 수익률을 올렸으면 갑돌이한 테는 3억 원 가까운 돈이 추가로 쌓였을 것이다.

퇴직연금 수익률이 형편없으니 적립금이 적고 적립금이 적으니 연금으로 받아도 금액이 얼마 안 된다. 그러면 노후대비 기능을 제대로 할 수 없다. 퇴직연금 수익률이 국민연금보다 훨씬 낮은 것은 우리만의 현상이다. 다른 나라, 예를 들어 호주나 미국의 퇴직연금 수익률은 국민연금보다 높다. 그게 정상이다. 퇴직연금은 민간이 운용하니 수익률만 신경 쓰면 되지만, 국민연금은 공공이 운용하므로 소위 공공성도 어느 정도는 고려해야 한다. 그러면 수익률만 신경 쓸 때 보다 수익률이 낮을 수밖에 없다.

왜 우리는 다른 나라와 달리 퇴직연금 수익률이 처참할까? 다른 나라의 퇴직연금 제도는 운용기관이 수익률을 높이는 데 집중해야 생존할 수 있는 구조이지만, 우리는 퇴직연금 운용기관은 그다지 수익률 높이려 애쓸 필요가 없는 구조이기 때문이다. 그래서 수익률을 높이려면 이런 구조를 바꿔서 퇴직연금 운용기관이 수익률 높이기 위해 애쓰도록 해야 한다. 이런 구조 바꾸기의 핵심은 '기금형'의 도입이다.

퇴직연금 운용 방식에는 계약형과 기금형이 있다. 계약형은 개인(혹은 개인이 재직하는 회사)이 직접 투자할 펀드를 정하는 것이다. 기금형은 전문기관이 맡아서 운용해 주는 것이다. 쉽게 말해 계약형은 개인연금처럼 운용하는 것이고, 기금형은 국민연금처럼 운용하는 것이다.

다른 나라는 기금형만 있거나 계약형과 기금형 둘 다 있다. 그런데 우리는 계약형만 존재하고 기금형은 일부 예외만 인정할 뿐, 원칙적으로 금지되어 있다.[11] 다른 나라와는 정반대다.[12] 계약형밖에 없으니 각자 알아서 투자할 펀드

---

11 현행은 상시 근로자 30인 이하 중소기업 사업장의 경우 근로복지공단의 '중소기업 퇴직연금기금'(푸른씨앗)에 가입할 수 있다. 그리고 과학기술공제회가 운용하는 과학기술인연금도 기금형 퇴직연금에 해당한다.

12 OECD 국가 중 우리와 일본만 기금형을 허용하지 않고 계약형만 갖고 있다. 그런데 일본은 우

를 선택해야 하는데, 대다수가 그냥 안전하게 원리금 보장형을 선택하니 정기예금 정도의 수익만 얻는 것이다.

퇴직연금은 국민연금과 마찬가지로 강제 가입이다. 국민연금은 개인이 낸 보험료를 모아서 기금을 조성하고 연금공단이 운용한다. 그런데 왜 퇴직연금은 개인이 알아서 운용하라고 할까? 물론 가입자 중에는 알아서 좋은 종목 잘 선별해서 높은 수익률 올릴 수 있는 능력자도 있을 것이다. 하지만 절대다수는 그렇지 않다. 자신이 알아서 투자할 사람은 그렇게 하게 놔두면 된다. 하지만 그렇지 못한 사람은 전문기관이 대신 운용해 줘야 한다. 이게 정상이다. 해외 퇴직연금 수익률이 국민연금 수익률보다 높은 것은, 해외 퇴직연금 가입자들이 능력자라서 그런 게 아니다. 전문기관이 맡아서 운용하기 때문에 수익률이 높은 것이다.

정부가 하려는 의지만 있으면 손쉽게 퇴직연금 수익률을 지금보다 대폭 높일 수 있다. 어떻게? 퇴직연금 운용을 국민연금공단에 맡기면 된다. 퇴직연금 수익률이 국민연금만큼 되면 현행의 3배가 된다. 퇴직연금 시장에 민간 금융기관들이 잔뜩 포진한 상황에서 이들이 운용하는 돈을 몽땅 국민연금공단으로 이관할 수는 없다. 하지만 가입자에게 선택권을 줄 수는 있다. 현행처럼 자신이 펀드를 선택해서 투자할 사람은 그렇게 하게 하라. 하지만 국민연금공단에 맡기길 원하는 사람은 그렇게 하게 허용하라. 못할 이유는 없다. 이미 그런 법안이 발의되기도 하였다.

기금을 조성해서 운용할 전문기관으로 국민연금공단만 지정할 이유도 없다. 원하는 금융회사들은 참여를 허용하면 된다. 그래서 국민연금공단을 비롯한 다수의 기금이 경쟁하게 하면 된다. 물론 개인이 운용하길 원하는 사람은 지금처럼 개인이 운용하면 된다. 거듭 말하지만 이게 정상이고, 다른 나라 퇴

리처럼 강제 가입이 아닌 임의 가입이다. 강제 가입인 국가는 우리가 유일하다. 게다가 일본도 기금형을 도입할 예정이다.

직연금은 이렇게 굴러간다.

국민연금 가입자는 공무원연금 가입자를 부러워한다. 월급과 가입 기간이 동일한 경우, 공무원연금 급여액은 국민연금의 두 배가 넘기 때문이다. 물론 공무원연금 보험료율이 더 높기는 하다(기존에는 2배, 개혁 이후에는 1.4배).[13] 그래도 국민연금 가입자라면 우리도 공무원연금만큼 보험료를 낼 테니 급여도 공무원연금만큼 되면 좋겠다는 생각을 해봤을 것이다. 그런데 퇴직연금이 국민연금 정도의 수익률을 올린다면 국민연금과 퇴직연금을 합한 급여액은 공무원연금 급여액에 버금간다.

필자는 복지 분야 과제 중 으뜸은 미완성의 국민연금 개혁을 완수하고 퇴직연금을 개혁하는 것, (여기에 하나를 더한다면 기초연금의 방향성을 명확히 하는 것), 이를 통해 국민연금, 퇴직연금, 기초연금이 제 역할을 함으로써 국민의 노후의 든든한 버팀목이 되게 하는 것이라고 믿는다.

"아빠, 내가 늙었을 때는 연금을 받지 못한다면서요?" 연금 개혁 어떻게 되어가느냐고 필자에게 묻던 동료 교수가 전한, 초등학생인 아들이 자신한테 한 말이라고 한다. 2024년 11월, 고등학교 동기 모임에서의 으뜸 주제는 노후 대책이었다. 그런데 '국민연금+퇴직연금'을 자신의 노후 대책이라고 말하는 친구는 없었다.

연금은 복지국가의 기본 원리인 세대 간 계약의 핵심이다. 연금 제도가 국민의 신뢰와 지지를 얻지 못하면 복지국가는 지탱할 수 없다. 누구나 근로 시기 동안 꾸준히 보험료를 냈다면 은퇴 후에는 연금만으로 그럭저럭 생활할 수 있어야 한다. 이게 안 된다면 제도가 잘못된 것이고, 정부가 책무를 방기한 것이다.

---

13 보험료율 차이 이외에 국민연금에는 강한 소득재분배 장치가 있어서, 공무원 평균소득에 해당하는 사람의 소득대체율은 국민연금 가입자 평균소득에 해당하는 사람보다 훨씬 낮다는 것도 중요한 이유이다.

제10장

혁신성장과 부동산

정준호 | 강원대학교 부동산학과

1. 갈림길에 선 한국 경제

한국 경제는 내부적으로 구조 전환 압력과 외부적으로도 중대한 위기에 직면해 있다. 석유화학, 철강, 자동차, 반도체 등 주력산업 경쟁력이 중국에 비해 점차 약화하고, 가계부채 증가와 급속한 고령화로 소비 여력도 점점 줄고 있다. AI를 중심으로 한 디지털 혁신이 경제구조를 재편하고 기후변화 또한 산업 전반에 영향을 미치고 있지만, 이러한 변화에 한국 경제는 신속하고 유연하게 대응하지 못한다. 따라서 다양한 위험 요소가 혼재된 복합적 위기 상황에 놓여 있다. 더욱이 미중 패권 경쟁이 치열해지고, 트럼프 정부가 자국 중심주의와 보호무역주의 기조를 강화하면, 개방 경제와 자유무역을 기반으로 성장해 온 한국 경제의 기존 성장 경로는 더욱 불확실해질 것이다.

한국 경제는 대기업 주도 수출산업 부문과 부동산을 중심으로 한 내수 부문의 결합을 통해 성장해 왔는데, 중국과 일본도 이와 유사하다. 중국은 2021년부터 부동산 개발업체의 레버리지를 규제하며, 2008년 '4조 위안 부양책' 이후 유지해 온 부채 기반 투자주도형 성장 모델에서 첨단산업 중심 기술주의적 성장 모델로 전환을 시도 중이다. 그러나 그 과정에서 심각한 성장 둔화를 겪고 있다. 반면, 일본은 1990년대 초 부동산 거품 붕괴 이후 장기 불황에 빠졌으며,

여전히 경제 활력을 완전히 회복하지 못했다. 이제 한국이 직면한 핵심 질문은, 중국처럼 부동산 중심 성장에서 벗어나 혁신주도 성장으로 전환할 것인가, 아니면 일본처럼 고령화와 경제 둔화로 장기 정체의 길을 걸을 것인가이다.

이러한 문제의식을 염두에 두고, 이 글에서는 한국과 일본의 인구구조와 성장 패턴을 살펴본 뒤, 공급, 양극화된 시장구조, 부채 등 측면에서 최근 부동산 시장 변화를 들여다보고, 이에 대한 정책적 대응 방향을 모색한다. 또한, 주거약자와 연관된 역전세 문제와 부동산 조세개혁의 핵심 쟁점인 공시가격 문제를 논의한다. 다만 PF, 재개발·재건축 등 부동산과 관련된 기타 이슈는 이 논의에서는 제외한다. 따라서 이 글은 한국 경제가 성장 정체와 인구 고령화로 일본의 전철을 밟지 않도록, 부동산정책이 혁신주도 성장전략과 어떻게 연계되어야 하는지를 모색하는 데 초점을 둔다.

2. 일본의 전철을 밟아가는 한국 경제

권규호·조동철[1]은 한국 인구구조와 성장지표가 일본을 약 20년 시차를 두고 따라가고 있다고 지적했다. 이에 착안해 UN 자료를 통해 두 나라의 인구 변화를 비교한 것이 〈그림 10-1〉이다. 총인구 증가율은 약 10년, 노령인구 부양비는 약 20년 시차를 두고 유사한 패턴을 보인다. 그러나 차이점도 존재한다. 한국의 총인구 증가율은 1980년 이후 지속적으로 하락했으나, 2003~2012년 일시적으로 반등한 뒤 다시 감소세로 돌아섰으며, 현재 일본 경로를 따라가고 있다. 반면, 노령인구 부양비는 일정한 시차를 두고 동조화되었지만, 2029년 이후 한국이 일본을 넘어설 것으로 예상된다. 이는 2029년 한국의 노령인구 부양

---

1 권규호·조동철, "20년 전의 일본, 오늘의 한국: 인구구조 고령화와 경제 역동성 저하", 「우리 경제의 역동성: 일본과의 비교를 중심으로」(KDI 연구보고서 2014-3, 2014), 4~18쪽.

그림 10-1 한국과 일본의 인구구조 추세 비교

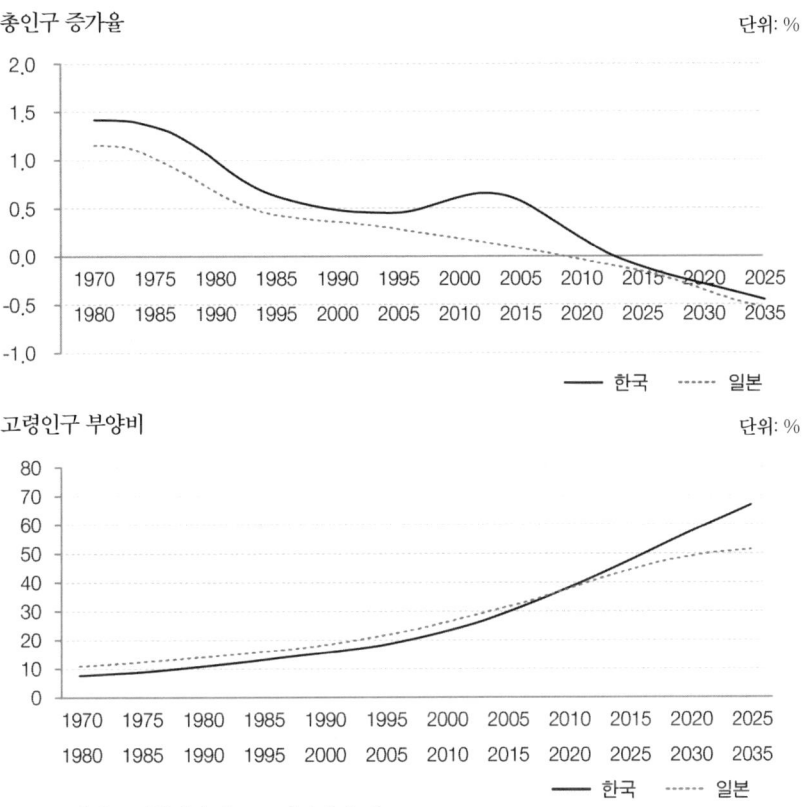

주: H-P 필터로 평활화한 값으로 나타낸 추세.
자료: UN, "World Population Prospects 2024," https://population.un.org/wpp/(검색일: 2025.2.25) 참고해 저자 작성.

비가 일본의 2009년 수준에 도달한 뒤, 고령화 속도가 일본보다 더 가팔라질 것임을 시사한다.

성장 측면에서도(〈그림 10-2〉 참조), 한국과 일본의 1인당 명목 GDP 증가율은 1980년대까지 약 20년 시차를 두고 유사한 흐름을 보였다. 일본이 장기 불황에 접어들기 전까지 두 나라의 성장률 패턴이 비슷했으나, 1990년대 이후 일본 경제가 정체되고 2010년대 이후 한국의 명목성장률이 일본을 앞지르면서

그림 10-2 한국과 일본의 성장률 추세 비교

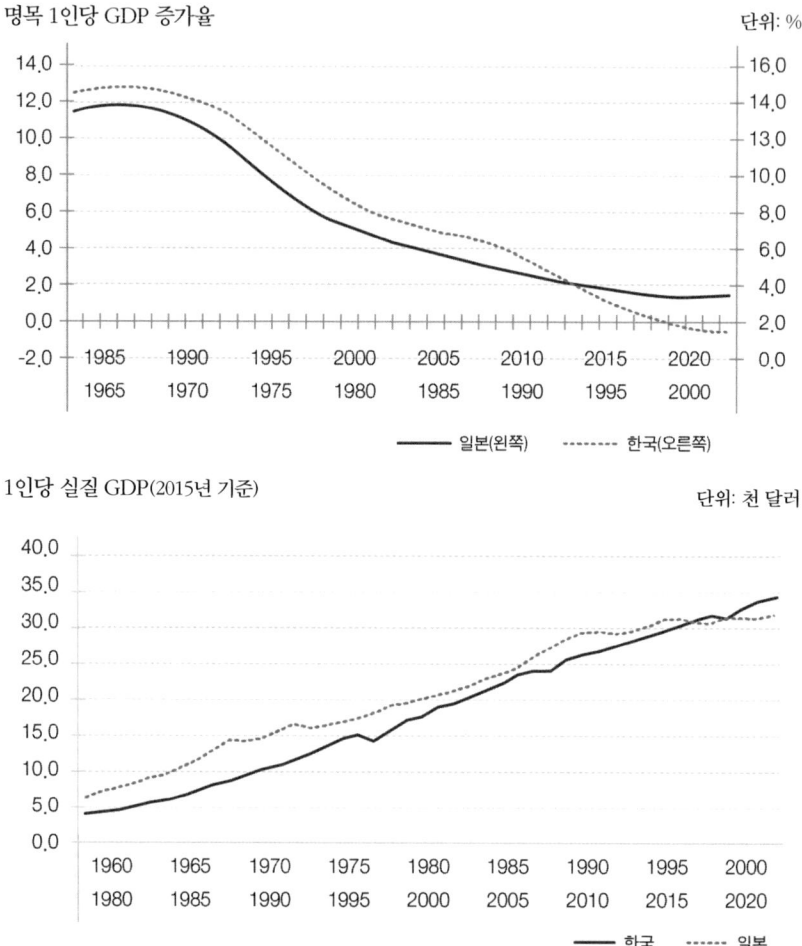

주: H-P로 평활화한 값으로 나타낸 추세.
자료: UN, "World Population Prospects 2024".

차별화되었다. 달러 기준 실질소득 또한 약 20년 시차를 두고 비슷한 흐름이었으나, 최근 한국 소득 수준이 일본을 추월했다. 예를 들면, 세계은행의 구매력평가 2023년 한국의 실질 1인당 GDP는 4만 9,995달러로 4만 5,949달러의 일본보다 높다.

일본의 자산 거품 붕괴로 약 1,500조 엔 자산가치가 증발했으며, 이는 당시 449조 엔 규모의 명목 GDP 약 3배에 달한다.[2] 이로 말미암아 일본 경제는 장기 저성장에서 벗어나지 못했다. 그 원인으로 수요·공급·금융 시스템·가계부채 문제가 지목된다. 일본 정부가 경기 부양이 필요했던 시점에 긴축적 통화정책을 시행해 불황이 악화하고, 기업생산성 저하와 기술혁신 지연으로 성장 동력이 경쟁력을 잃었다는 것이다. 또한, 1980년대 후반 은행이 토지를 담보로 과도한 대출을 실행한 결과, 부실 대출이 증가해 금융 중개 기능이 마비되고 실물경제가 위축되었다.

당시 일본 경제에서 부채 증가의 주요 주체는 기업이지만, 가계 역시 차입을 크게 늘렸다. 그 결과 소비 여력이 감소하며 장기침체가 지속되었다. 소비 위축 원인으로 자산 가격 하락에 따른 부(-)의 자산 효과, 차입 제약, 거시경제 충격 등이 꼽힌다. 오자와 완(Ogawa and Wan)[3]은 특히 부(-)의 자산 효과뿐만 아니라 차입 제약이 소비 감소에 영향을 미쳤다고 제시한다. 거시적으로 가계가 부채 상환을 위해 소비를 줄이고 금융기관이 대출 회수에 나서면서 소비 감소 → 기업 매출 하락 → 투자·고용 위축 → 가계소득 감소라는 악순환이 발생했다.[4]

현재 한국 경제는 1980년대 후반 일본과 유사한 환경에 놓여 있다. 중국 제조업 경쟁력 강화로 철강, 석유화학, 전기차, 배터리, 태양광 등에서 한국 기업의 경쟁력이 약화되고, 대규모 구조조정 가능성이 있다. 또한, 미국의 보호무역주의 강화로 대미수출이 어려워질 수도 있다.

---

2 Richard Koo, *The Holy Grail of Macroeconomics: Lessons from Japan's great recession* (New York: John Wiley and Sons, 2009).

3 Ogawa Kazuo and Wan Junmin, "Household debt and consumption: A quantitative analysis based on household micro data for Japan," *Journal of Housing Economics*, 16(2)(2007), pp. 127~142.

4 Richard Koo, *The Holy Grail of Macroeconomics: Lessons from Japan's great recession*.

그림 10-3 가계소비와 환율 변동 추이

주: H-P 필터를 이용한 순환변동치.
자료: 한국은행, "ECOS 한국은행 경제통계시스템", https://ecos.bok.or.kr/(검색일: 2025.2. 25) 참고해 저자 작성.

한국은 OECD 국가 중 가계부채 비율이 높으며, 내수 부진으로 자영업자의 어려움이 가중되고 있다. 〈그림 10-3〉에서 보듯이, 국내 소비는 감소하지만 해외 소비는 증가하며 내수 진작 효과가 약화되고 있다. 원화 약세로 수입 물가가 상승했지만, 제조업 경쟁력 저하와 중국과의 경쟁 심화로 기대만큼 수출이 늘지 않는 상태다. 한편, 기업·개인의 해외 투자가 증가하면서 원화 약세가 구조적으로 지속될 가능성이 크다. 특히 2021년 이후 원화 약세는 장기 미국 채권과 연동된 흐름을 보이며, 이는 일시적 현상이 아니라 구조적인 흐름으로 볼 수 있다. 이러한 원화 약세는 실질 구매력 감소와 원화 표시 자산가치 하락으로 이어질 우려가 있다.

IMF는 한국 경제가 정치적 불확실성, 미중 갈등, 반도체 수요 약세, 주요 교역국 경기 둔화, 지정학적 리스크 등으로 하방 위험이 크다고 경고한다.[5] 한국은 성장 둔화와 인구구조 변화가 맞물리면서 일본의 전철을 밟을 가능성이 커지고 있다. 즉, 기업경쟁력 하락, 높은 가계부채, 내수 부진, 수출 둔화, 인구 고령화 가속화, 담보 중심 금융 시스템 등의 구조적 문제에 직면했으며, 이는 1990년대 일본 경제와 유사한 모습이다. 과거와 달리 한국 경제가 위기에 빠지면, 회복력은 예전만큼 강하지 않을 수 있다. 이는 고령화 심화, 보호무역주의 확산, 그리고 중국의 제조업 경쟁력 강화로 수출 주도 성장전략이 과거처럼 효과적으로 작동하기 어려워졌기 때문이다.

3. 언제나 만능 대책이 아닌 공급 확대론

부동산 가격을 결정하는 요인은 다양하지만, 핵심적으로 공급, 소득, 금리와 대출 같은 금융 요인이 꼽힌다. 특히 가격 안정 대책을 둘러싼 논의에서는 공급과 대출이 주요 쟁점이 된다. 부동산 시장이 과열되면 정부는 일반적으로 세금 강화와 대출 규제 등의 수요 억제 정책을 우선 시행하지만, 가격이 안정되지 않으면 주택공급 부족이 원인이라는 공급 확대론이 부각되며, 언론과 시장

---

[5] IMF, "Republic of Korea: Staff Report for the 2024 Article IV Consultation," IMF Country Report No. 25/41(2025).

그림 10-4 수도권 아파트 매매가격 지수(KB)와 아파트 입주 물량 추이(2003.9~2025.1).

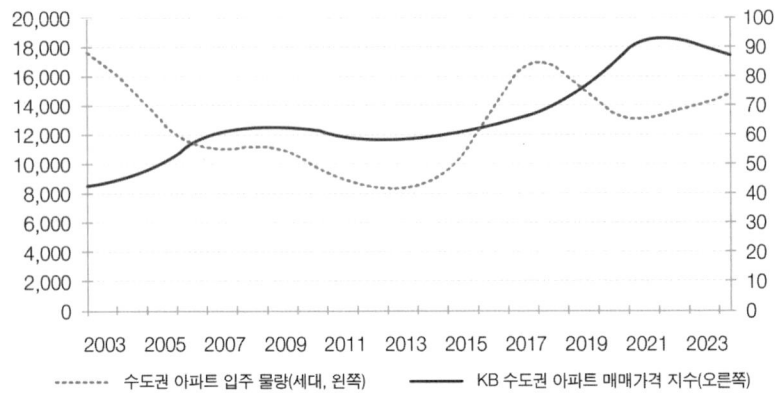

주: H-P 필터를 이용한 추세치.
자료: KB부동산, "KB 부동산 데이터 허브", https://data.kbland.kr/(검색일: 2025.2.25) 참고해 저자 작성.

에서 공급 확대 요구가 커진다.

〈그림 10-4〉는 2003년 9월 이후 수도권 아파트 입주 물량과 매매가격 지수(KB) 간 추세를 보여준다. 2009년 이전과 2018년 하반기 이후 공급과 가격 간 부(-)의 관계, 즉 '입주 증가 시 가격 하락, 입주 감소 시 가격 상승'하는 패턴이 나타난다. 이는 공급 확대론이 주장하는 '공급 증가 → 가격 하락' 논리를 뒷받침한다. 그러나 그 기간에는 공급과 가격이 동반 상승하는 정(+)의 관계도 관찰되며, 공급 감소가 즉각적인 가격 상승으로 이어지지는 않았다.

이러한 차이는 정책적 개입 효과와 경기 변동에 기인한다. 예를 들면, 박근혜 정부는 2014년 '9·1 대책'을 통해 신도시 택지 지정을 중단했으며, 이후 2017년 하반기 이후 수도권 공급 감소가 가격 상승압력으로 작용했다.[6] 이는 문제

---

6 채상욱, 「부동산 정책은 정치와 얼마나 멀어져야 또는 가까워져야 하는가?」, ≪동향과 전망≫, 120(2024), 329~340쪽.

인 정부 초기 부동산 시장 과열의 주요 요인으로 지목되며, 공급 확대론이 더욱 힘을 얻는 계기가 되었다. 그러나 공급과 가격의 관계는 항상 일정한 패턴을 따르지 않는다. 시장 상황에 따라 공급이 증가해도 가격이 하락하지 않거나, 공급이 줄어도 가격이 안정되는 경우가 있다. 결국, 주택공급은 단순한 물량 확대가 아니라, 분양·착공·인허가·신규 택지 지정 등 초기 단계부터 체계적으로 관리할 필요가 있다. 이러한 점에서 문재인 정부의 공급 대책은 단기와 장기 물량을 유기적으로 연계하는 전략이 부족했다는 평가를 받는다.[7]

문재인 정부의 부동산정책 실패는 윤석열 정부 집권에 영향을 미쳐 공급 확대론이 부동산정책의 핵심 기조가 되었다. 이에 따라 2022년 '8·16 대책'을 통해 신규 택지 지정, 도심 정비구역 확대, 1기 신도시 재건축 등을 활용해 270만 호를 신규 공급하겠다고 발표했다. 그러나 공급 정책이 계획대로 진행되지 않고 있다. 예를 들면 수도권 아파트 인허가(착공) 물량은 2022년 2,109(1,344)동에서 2024년 1,872(1,118)동으로 감소해, 정부 공급 확대 정책이 기대만큼 효과를 내지 못했다. 이에 정부는 2023년 '9·26 대책'에서 다세대 주택 건축 규제 완화와 PF 보증 확대를, 2024년 '8·8 대책'에서 그린벨트 해제를 통한 수도권 42.7만 호 공급을 발표했다. 그러나 경제 불확실성 확대 속에서 민간의 단기 공급 확대는 쉽지 않다. 이에 따라 공급 확대론이 더욱 강조될 가능성이 크지만, 공급 확대가 언제나 유효한 해법이 될 수는 없다. 2000년대 이후 민간의 주택공급은 기본적으로 부동산 경기 흐름에 맞춰 유동적으로 조정되었음을 인식할 필요가 있다.

이러한 상황에서 공공 부문의 역할이 더욱 중요해진다. 주택시장 안정과 서민 주거 안정을 위해 현재 주택 재고의 약 8%를 차지하는 임대주택을 지속 확대해야 한다. 그러나 현 정부는 공공임대 예산을 축소하고, 공공분양을 확대하는 방향으로 정책을 추진하고 있다. 예를 들면 반지하·고시원 거주 가구를 지원하는 '주거 상향 사업'과 국민임대·영구임대 예산은 축소되었지만, '청년 원가주택', '역세권 첫 집' 등 공공분양 사업은 확대되었다.

4. 종합적인 안목의 공급 대책 마련

단기적으로는 PF 불안과 공사비 상승 등의 영향으로 착공 물량이 급감하며, 단기 공급 부족이 가격 상승의 압력으로 작용할 가능성이 있다. 그러나 2023년 주택시장 반등은 공급 부족이 아닌 규제 완화, 고가 주택의 대출 허용, 시장금리 하락, 정책 금융 등 복합적인 요인이 작용한 결과였다. 따라서 현재의 시장 상황에서 공급 문제는 주택 가격 안정화의 가장 중요한 변수로 보기는 어렵다. 다만 서울의 경우 신규 주택공급이 재개발·재건축을 통해 이루어질 수밖에 없지만, 이러한 사업은 인허가 과정이 복잡하고 분담금 조정처럼 이해관계자 간 타협이 쉽지 않아 사업 추진 속도가 느려 단기간 내 공급을 늘리기 어렵다. 또한 정부가 추진 중인 3기 신도시는 실질적인 공급 효과가 2030년 이후에나 나타날 전망이므로, 공급 부족 문제는 전국적 현상이 아니라 서울과 일부 수도권 지역에 국한된 이슈로 볼 수 있다.

2000년대 이후 주택공급은 시장 변동에 맞춰 유동적으로 조정되어 왔다. 하지만 부동산 경기가 갑자기 과열될 경우, 단기적으로 공급이 수요를 따라가지 못하면서 '공급 부족'이 가격 상승의 원인으로 지목되고는 했다. 그러나 공급 확대가 언제나 가격 안정을 보장하는 것은 아니다. 그렇다고 공급이 가격 안정과 무관한 것도 아니다. 따라서 공급 정책은 단기적 물량 증가에 집중하기보다, 장기적이고 구조적인 균형을 유지하는 방향으로 추진되어야 한다. 특히 저출산·고령화에 따른 인구 절벽과 지방의 경제 활력 저하 등으로 실질적인 주택공급이 필요한 지역은 점점 더 서울과 일부 수도권으로 한정될 가능성이 크다. 하지만 이처럼 양극화된 시장에서 공급 문제를 민간에만 맡기는 것은 한계가 있다.

현재 국내 주택공급의 약 80%는 민간이 담당하며, 부동산 경기침체 시 공

---

7   채상욱, 「부동산 정책은 정치와 얼마나 멀어져야 또는 가까워져야 하는가?」.

급이 급감하는 경향이 있다. 따라서 가격 안정화를 위해 일정 부분 공공 부문이 균형적 공급을 조정해야만 한다. 특히 공공임대와 공공분양을 활용해 저소득층과 실수요자를 위한 안정적 주택공급이 필요하다. 정부는 공공분양이 시장 안정과 저소득층 지원에 효과적이라고 판단하지만, 주택정책 목표는 시장 안정이 아니라 최종적으로는 주거 안정임을 잊어서는 안 된다. 공공임대 축소는 저소득층 주거 불안을 초래하고, 시장 내 양극화를 심화시킬 가능성이 있다. 향후 정부는 공공임대·공공분양 간 균형을 재검토하고, 장기 주택공급 전략을 마련할 필요가 있다.

5. 심화하는 부동산 시장의 양극화

주택 구매력은 가계의 총수입과 상속·증여에서 비롯되며, 총수입은 소득과 기타 수입으로 구성된다. 소득은 경상소득과 비경상소득으로 나뉘고, 기타 수입은 자산 매각과 부채 증가로 발생한다. 따라서 가계의 총수입은 소득, 대출, 자산 매각, 상속·증여의 합으로 정의할 수 있으며, 일반적으로 가구는 소득과 대출을 활용해 주택을 매입하는 경우가 많다.

 소득과 주택 가격 간 관계를 보여주는 대표 지표인 PIR(Price to Income Ratio)은 주택 가격을 가구 연소득으로 나눈 값으로, 향후 주택 가격의 방향성과 거품 여부를 평가하는 데 활용된다. 〈그림 10-5〉는 2008년 이후 서울 아파트 매매지수(KB)와 KB 아파트 담보대출 PIR 지수 변화를 나타낸다. KB PIR은 KB국민은행의 대출거래 정보를 기반으로 대출자의 연소득과 아파트 담보가격의 중위 값을 이용해 산출되는데, 두 지수는 높은 동조화 경향을 보인다. 즉, 아파트 가격이 상승하면 PIR도 높아지고, 가격이 하락하면 PIR 역시 낮아진다.

 그러나 2023년 3분기 이후 명목 서울 아파트 매매지수와 KB PIR 간에 탈동조화 현상이 나타났지만, 실질 가격지수와 PIR 간에는 여전히 동조화가 유지

그림 10-5 서울 아파트 매매지수(KB)와 KB 아파트 담보대출 PIR 추이(2008.Q1~2024.Q3)

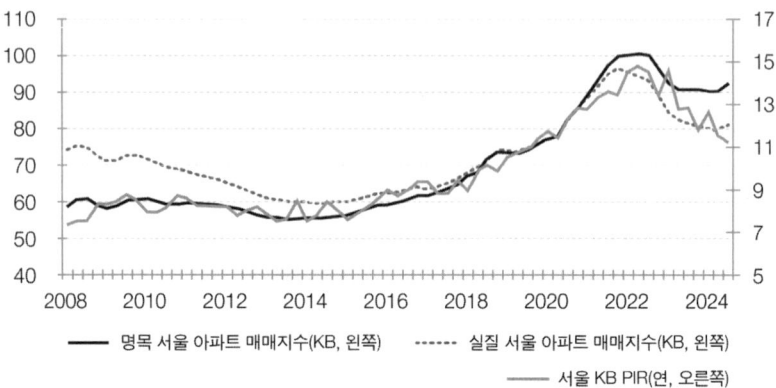

주: 실질 서울 아파트 매매지수는 통계청의 서울 물가지수(2000=100)를 이용해 실질화.
자료: KB부동산, "KB 부동산 데이터 허브."

되었다. 이는 인플레이션 효과가 원인으로, 2022~2023년 물가상승으로 명목 소득은 증가했지만 실질 구매력은 많이 늘어나지 않았기 때문이다. 이에 따라 생활비와 이자 비용 부담이 증가하면서 가계의 실질 부담은 오히려 증가했다. 특히, 2018년 이후 나타난 실질 가격지수와 PIR 간 동조화는 부동산 경기 활성화와 부동산 금융화로 주택이 투자재로서 준(準)금융자산처럼 작동하는 시기와 맞물린다.

2023년 하반기 이후 명목 가격지수와 KB PIR의 디커플링 현상은 서울 아파트 시장의 양극화와도 관련이 있다. KB PIR 지표는 중위소득과 중위 가격대 아파트를 기준으로 산출되므로 일반 가구의 실상을 반영하는 지표지만, 〈그림 10-6〉에서 보듯이, 고가 아파트가 밀집한 강남 3구, 용산구, 마포·용산·성동구를 제외하면 서울의 나머지 지역에서는 명목 가격지수가 하락하거나 상승폭이 제한적이다. 이는 최근 서울의 주택 가격 상승이 강남 3구와 용산구 같은 고가 아파트 지역을 중심으로 이루어짐을 시사한다.

서울의 이러한 양극화 현상은 군집(herding)과 역군집(reverse herding) 행

그림 10-6 명목 서울 아파트 매매지수의 공간적 양극화(2002.1~2025.1)

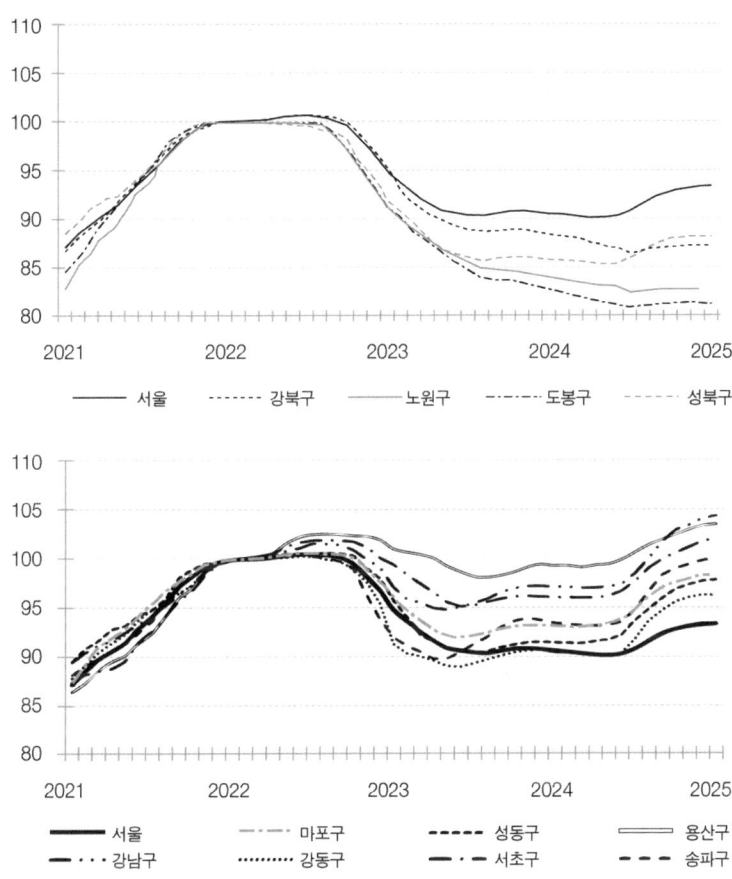

자료: KB부동산, "KB 부동산 데이터 허브."

태와도 연결된다. 〈그림 10-6〉에 따르면, 서울 아파트 가격 상승기에 대부분 지역이 함께 오르지만, 하락기에는 지역별로 차별적 조정이 나타난다. 이는 상승기에 투자자가 특정 지역을 추종하는 군집 현상이, 하락기에 지역별로 가격 조정 속도가 다르게 나타나는 역군집 현상이 작용한다는 것을 시사한다. 강재순 외[8]는 2000~2024년 서울 아파트 매매시장에서 군집과 역군집 현상이 모두 나타난다고 보고한다. 즉, 아파트는 주식과 달리 '중위험-중수익' 투자 성격을 가지며, 하락기에는 시장이 하방경직성을 보이면서 지역별 차별화가 더욱 두드러질 가능성이 있다.

강남 3구 아파트가 선호되는 주요 요인 중 하나는 우수한 학군이다. 서울 강남 3구의 학생 수 비중은 2014년 17%에서 2023년 20%로 증가했지만, 서울 전체 학생 수는 저출생으로 같은 기간 약 26.5% 감소했다. 따라서 강남 3구에서는 학급 과밀화 문제가 발생하는 반면, 다른 지역에서는 학교가 폐교되거나 운영이 어려워지는 현상이 나타난다. 이러한 특정 학군 선호 현상은 강남 3구의 주택 가격 상승을 부추기는 요인으로 작용한다.[9] 또한, 2025년부터 내신 등급이 기존 9등급에서 5등급으로 조정됨에 따라 내신 부담이 줄어들면서 학군 선호가 더욱 강화될 것으로 보인다. 이에 대해 한국은행은 입시 경쟁 완화, 수도권 인구 집중 완화, 서울 집값의 안정화 방안으로 '상위권 대학의 지역별 비례선발제' 도입을 제안했다.[10]

한편, 가상자산이나 미국 주식 투자로 큰돈을 번 20~30대 투자자들이 강남구의 고가 주택을 매입하는 현상도 강남 지역의 집값 상승을 견인하는 요인으로 작용하고 있다. 유정석[11]에 따르면, 비트코인이나 주식시장 변동성이 서울 강남구 아파트 가격에 미치는 영향이 다른 지역보다 상대적으로 크다. 이는 강남 아파트가 비트코인과 주식시장 가격 변동에 더 민감하게 반응한다는 점을 보여준다. 이러한 흐름은 젊은 고소득층과 투자 성공 경험이 있는 개인들이 강남 부동산 시장에 적극 유입되면서 더 두드러지고 있다.

---

8   강재순·이강용·정준호, 「2000년대 이후 수도권 아파트 매매시장의 군집과 역군집 행태」, ≪인문사회과학연구≫, 33(1)(2025).
9   이데일리, 「서울 학생 5명중 1명은 강남 산다…집값 부추기는 학군지 열풍」, 2024년 10월 4일 자.
10   정종우·이동원·김혜진, 「입시경쟁 과열로 인한 사회문제와 대응방안」, ≪BOK 이슈 노트≫, 제2024-26호(2024), 1~37쪽.
11   유정석, 「부동산, 가상자산 및 주식시장 간의 가격 변동성 전이효과 분석」, ≪부동산 연구≫, 34(3)(2024), 7~28쪽.

6. 서울 강남과 다른 지역 간의 차별화된 정책 대응

부동산 시장의 초양극화 현상을 반영해, 강남 3구와 그 외 서울 지역 및 비수도권을 구분해 차별적인 부동산 가격 안정화 정책을 추진할 필요가 있다. 강남 3구의 가격 변동이 다른 지역에도 일정 부분 영향을 미치지만, 과거와 달리 강남의 고가 아파트는 특정 계층의 전유물이 되어 일반 가구가 따라가기 어려운 수준에 도달했다. 이는 부동산 시장의 수요구조가 변화했음을 의미하며, 기존 방식처럼 서울과 전국의 부동산 가격을 일괄적으로 조정하는 정책이 더 이상 효과적이지 않을 수 있음을 시사한다.

특히, 저출생 기조 속에서 특정 학군지에 대한 선호가 강해지면서, 서울 내 일부 지역은 학교와 같은 필수 도시 인프라조차 유지하기 어려운 상황에 부딪혔다. 따라서 부동산 가격 안정화 정책은 단순히 가격 조정에만 초점을 맞추는 것만이 아니라, 지속가능한 도시와 지역의 인프라 유지를 목표로 함께 추진되어야 한다. 이러한 요소를 간과하면 지역 간 격차가 더욱 확대할 뿐만 아니라, 부동산 가격 양극화도 심화할 수 있다. 따라서 강남 3구처럼 주택 수요가 지속적으로 증가하는 지역과 인구 유출로 기반 시설이 축소되는 지역에 대해 서로 다른 정책적 접근이 필요하다.

또한, 최근 가상자산과 미국 주식 투자로 큰돈을 번 일부 투자자의 고가 주택 매입이 부동산 시장에 일정한 영향을 미친다. 이러한 거래가 전체 시장에서 차지하는 비중은 크지 않지만, 이것이 시상 선체의 분위기를 죄우 할 가능성이 있다. 특히, 고가 주택시장은 심리적 요인이 가격 형성에 중요한 역할을 하므로, 다른 자산시장과 부동산 시장 간 동조화 패턴을 면밀히 분석할 필요가 있다. 이를 위해 주택시장의 가격 형성 메커니즘을 정교하게 모니터링하고, 특정 자산 시장과의 상관관계를 분석해 보다 정밀한 정책 대응이 이루어져야 한다. 단순한 부동산 가격 억제 조치는 고가 주택시장의 특성을 반영하기 어렵고, 오히려 일부 투자자에 더 유리한 시장 환경을 조성할 수도 있다. 특히 부동산과 금융시장의 연계를 종합적으로 고려한 정책 접근이 필요하다.

현 정부는 부동산 감세를 추진하면서도 저소득층의 주거 안정에는 큰 비중을 두지 않고, 공급 물량 확대와 정책대출을 통한 부동산 경기 부양에 집중하고 있다. 그러나 가계부채 증가가 명목 GDP 상승률 내에서 관리되고 있어, 대출 수요가 상대적으로 적은 서울 강남과 달리 대출이 필수적인 다른 지역에서는 부동산 경기가 상대적으로 부진한 편이다. 이에 따라 앞서 언급한 공간적 양극화가 더욱 심화하고 있다. 고가 주택이 밀집한 고소득층 거주 지역은 감세와 가격 상승 혜택을 누리지만, 전세사기나 역전세난이 발생하는 지역에서는 저소득층 주거 안정이 요원하다. 또한, 일반 서민이 거주하는 주택의 가격 반등은 강남 지역과 비교할 수 없을 정도로 미미하다.

부동산 가격 상승이 두드러지고 고가 주택이 많은 강남 지역은 재산세 수입이 증가하며 '예산 횡재' 현상이 발생하고 있다. 반면, 그렇지 않은 지역은 세수 부족 문제를 겪을 가능성이 크다. 이는 인프라와 생활 편의시설이 강남 지역에 더욱 집중되는 결과를 초래하며, 대부분의 지자체는 부동산 경기 활성화를 은연중에 반길 수밖에 없는 구조를 만든다. 특히 저출산·고령화와 공간적 양극화가 지속되어 기존의 방재정조정제도만으로는 낙후 지역의 인프라 유지를 감당하기 어렵다. 따라서 현행 종부세를 포함한 보유세를 재정비할 필요가 있다. 가령, 재산세와 통합해 서울시가 운영하는 공동세 취지를 강화하거나, 초고가 주택에 관한 구간을 따로 신설해 이에 관한 과세를 강화할 필요가 있다.

7. 부동산 가격 상승과 대출 증가 간 동조화 심화

주택 구매력은 가계의 총소득에서 비롯되지만, 주택 구매 방식은 소득 수준과 자산 보유 현황에 따라 크게 다르게 나타난다. 일부 젊은 고소득층은 높은 소득과 가상자산 등 투자 수익을 활용해 대출 없이도 강남의 고가 주택을 현금으로 매입할 수 있으며, 이는 부동산 시장에도 일정한 영향을 미친다. 반면 대다수의 주택 구매자는 소득만으로 집을 마련하기 어려우며, 대출 없이는 사실상 매입이 불가능하다.

외환위기 이후 금융 자유화가 진행되면서 가계 금융이 은행 수익의 주요 원천이 되었고, 금리는 점진적으로 하락했다. 이에 따라 담보만 있으면 누구나 대출을 받을 수 있는 환경이 조성되었으며, 이는 전 국민이 재테크에 참여할 수 있는 물적 기반을 마련하는 데 기여했다. 한국의 가계대출 시스템은 차주 소득보다는 보유한 담보를 기준으로 운영되며, 주기적인 부동산 가격 상승으로 은행은 원리금 회수 부담에 대한 위험이 적고, 차주 역시 변동금리와 거치식 상환 방식을 활용해 대출 부담을 완화하면서 자산을 축적할 수 있다.

〈그림 10-7〉에서 볼 수 있듯이 2000년대 이후 통화량과 아파트 매매가격은 유사한 변동 패턴을 보이며, 2018년 이후에는 이 동조화 현상이 더욱 뚜렷하다. 이는 저금리와 완화적인 통화정책으로 유입된 자금이 상당 부분 부동산 시장으로 흘러갔음을 시사한다. 통화량은 중앙은행의 이자율 조정에 영향을 받지만, 가장 중요한 결정요인은 은행 대출이다. 실제로 주택담보대출 순증액과 아파트 매매가격 사이에서도 유사한 연관성이 관찰된다. 따라서 2018년 이후 부동산 가격 변동이 주로 대출 요인에 의해 설명될 수 있다는 점을 고려하면, 공급 요인의 역할은 상대적으로 축소되었다고 볼 수 있다. 정부가 공급 확대를 목표로 여러 차례 대책을 발표했음에도 불구하고, 기대만큼 원활한 공급이 이루어지지 않으면서 부동산 가격 안정화 효과가 제한적으로 나타나고 있기 때문이다.

〈그림 10-8〉을 보면, 2019년 이후 서울 아파트 매수세를 주도한 연령층은 30~40대이며, 특히 30대 증가세가 두드러진다. 50~60대도 적지 않은 비중을 차지하지만, 최근 들어 매입 비율이 조금씩 감소하는 추세다. 연령대별 부채 비율을 보면 30~40대는 2022년부터 다시 증가하지만, 50대와 60대 이상에서는 하락하고 있다. 미국에서 은퇴를 앞둔 고령층 부채가 증가하는 현상이 나타나

그림 10-7 통화량 및 가계대출과 부동산 가격 간 동조화

통화량과 아파트 매매가격 지수 순환   단위: %

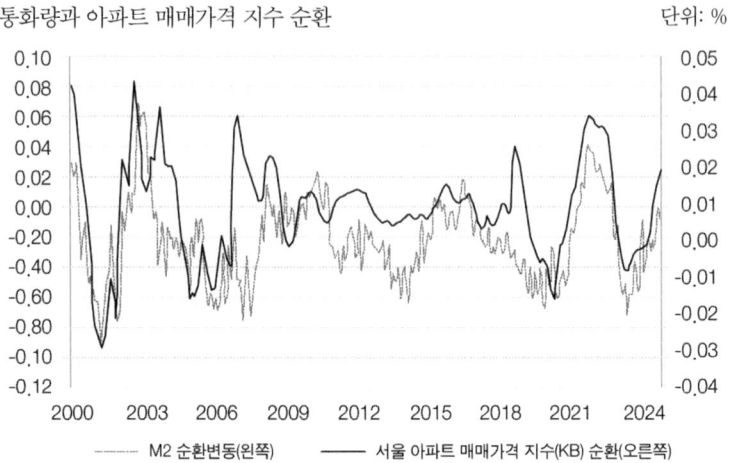

주담보 순증액과 아파트 매매가격 연관

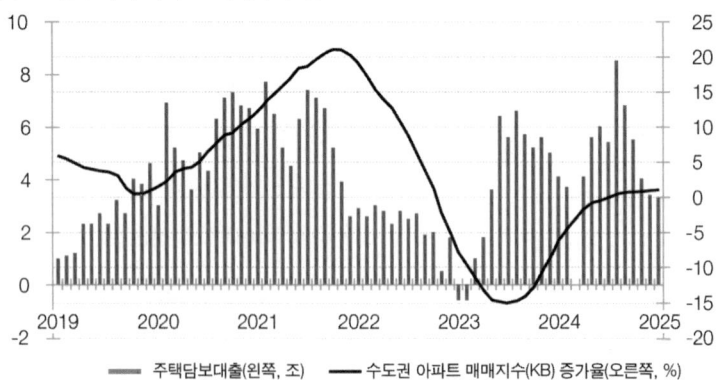

자료: 한국은행, "ECOS 한국은행 경제통계시스템"; 금융정책과, 「가계대출 동향」(각 월 금융위원회 보도자료); KB부동산, "KB 부동산 데이터 허브"

지만[12] 한국에서 30~40대, 특히 30대 부채 증가가 두드러진다. 일본 역시 50대 가구의 부채 부담이 크지 않지만, 30대 부채는 급격히 증가하는 추세다. 이는 주택 매입과 관련한 세금 감면, 주택담보대출 시장 개혁, 확장적 통화 정책 등에 기인한다.[13]

그림 10-8 연령대별 아파트 매입 비중과 가계부채 비율

연령대별 매입 비율   단위: %

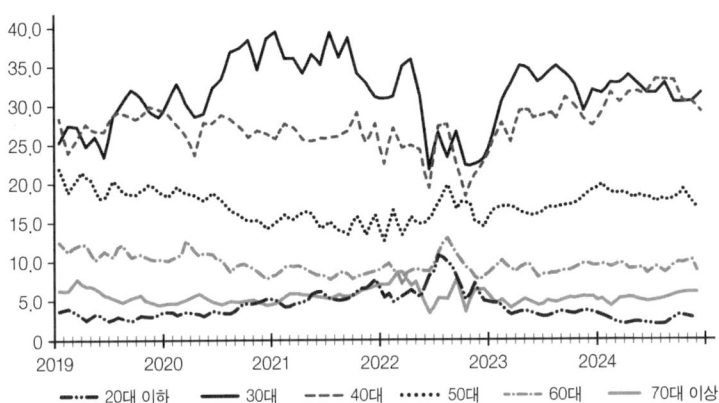

연령대별 자산 대비 부채 비율   단위: %

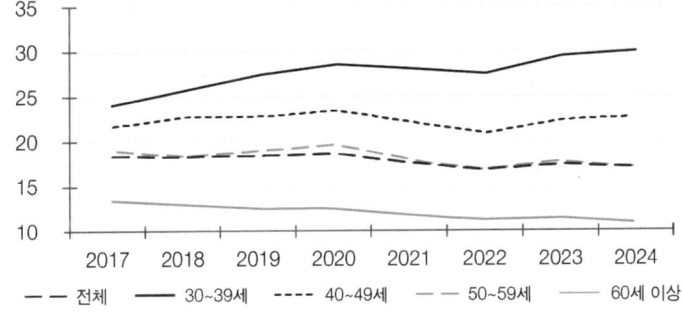

자료: 통계청(https://kosis.kr), 한국부동산원(https://www.reb.or.kr/r-one) 참고해 저자 작성.

최근 30대 매수세 증가는 보금자리론과 신생아특례론 같은 정책대출의 영향을 받았지만, 이 추세는 그 이전부터 지속되어 왔다. 문제는 이 연령대의 부

---

12   Annamaria Lusardi, Olivia S. Mitchell and Noemi Oggero, "Debt close to retirement and its implications for retirement well-being" in O. S. Mitchell and A. Lusardi(eds.), *Remaking Retirement: Debt in an Aging Economy*(Oxford: Oxford University Press, 2019), pp.15~34.

13   Charles Yuji Horioka and Yoko Niimi, "Household Debt and Aging in Japan," *Working Paper Series*, No.2019-12(2019).

채 비율이 다른 연령대보다 훨씬 높아, 소득 수준이 양호하더라도 상당 부분이 원리금 상환에 투입될 수밖에 없다는 점이다. 이는 젊은 층의 소비를 제약하는 요인으로 작용하며, 고령화로 인한 소비 감소와 맞물려 내수 기반을 위축시킬 가능성이 크다. 이들은 '에셋푸어(asset-poor)'라고 불린다.

    가계대출은 주택과 교육에 대한 투자를 가능케 하고, 당장의 소비를 원활하게 하는 기능을 한다. 이러한 구조는 향후 소득 증가를 바탕으로 부채를 상환하는 선순환을 형성할 수 있지만, 무한히 지속될 수는 없다. IMF[14]는 GDP 대비 가계부채 비율이 36~70%를 초과하면 성장에 부정적인 영향을 미친다고 지적했다. 국제결제은행 자료에 따르면, 2024년 1분기 한국의 GDP 대비 가계부채 비율은 92.1%에서 3분기 90.8%로 줄어들고 있지만, 여전히 높은 수준이다. 또한 한국경제연구원[15]에 따르면 2022년 주택 전세 보증금 규모는 1,058.3조에 달하며, 이를 포함하면 GDP 대비 가계부채 비율이 OECD 국가 중 최고 수준이다. 이는 한국이 이미 IMF[16]가 제시한 부채-성장의 선순환 구간을 벗어난 지 오래되었음을 시사한다.

    가계부채가 과도해지면, 소득 충격이나 신용 경색 발생 시 원리금 상환 부담이 급증하면서 강제 상환, 신규 대출 축소, 채무 불이행 등의 디레버리징을 겪을 가능성이 크다. 결과적으로 소비가 위축되면서 경제 둔화로 이어질 위험이 커진다. 주택 가격이 하락할 경우, 가계는 자산가치 감소로 재정적 어려움을 겪고, 담보가치가 떨어지면서 신용 공급이 축소되며, 대규모 채무 불이행이 발생하면 주택 가격이 추가로 하락하는 악순환이 발생할 수 있다. 일본 사례에서도 1990년대 장기 불황의 핵심 원인 중 하나로 가계의 과도한 부채에 따른 소비 제약이 지목되었다.[17]

---

14 IMF, *Global Financial Stability Report October 2017: Is Growth at Risk?*(Washington, D.C.: IMF, 2017).
15 한국경제연구원, 「전세보증금을 포함한 가계부채 추정 및 시사점」 (2023).
16 IMF, *Global Financial Stability Report October 2017: Is Growth at Risk?*

8. 소득 기반 대출 관리 기조의 정착

가계부채 관리를 위한 정책 수단으로는 통화정책과 거시건전성 정책이 있다. 통화정책은 거시적인 차원에서 금리 수준을 조정하며, 거시건전성 정책은 LTV, DTI, DSR 등과 같은 규제를 통해 대출 규모를 미시적으로 조정해 금융기관의 건전성을 강화하는 역할을 한다. 한국의 가계부채는 부동산 시장과 밀접하게 연관되어 있어, 거시건전성 정책이 부동산정책으로 오해되는 경우가 많지만, 본질적으로는 금융기관의 건전성을 제고하려는 조치다.

대출 증가율과 소득 증가율의 관계를 살펴보면(〈그림 10-9〉 참조), 금융위기 이후 가계대출 증가율이 명목 GDP 증가율을 웃돌았지만, 2021년 하반기부터 이 흐름이 변화하기 시작했다. 금융위원회는 2024년 7월 22일 보도자료를 통해 "2024년 가계부채 증가율을 명목 GDP 성장률 내에서 관리하겠다"라는 방침을 발표했다. 이는 소득 기반 대출 관리 기조를 천명한 것으로 볼 수 있다.

최근 통화량 순환과 부동산 가격 순환이 매우 밀접하게 연동되며, 이는 시장 내 여유 자금이 부동산으로 집중되고 있음을 보여준다. 그러나 AI 등 신기술 분야와 기존 주력 산업의 구조 개편을 위해서는 이러한 자금이 해당 부문으로 유입될 필요가 있지만, 현재의 자금 흐름은 이를 충분히 뒷받침하지 못하고 있다. 더욱이 과도한 대출은 차주의 원리금 상환 부담을 증가시켜 소비 여력을 약화하며, 결국 경제성장에도 부정적인 영향을 미친다.

부동산 시장에 대한 과도한 신용 공급이 경제 전반에 미치는 부정적인 영향을 일본의 사례에서 확인할 수 있다. 1990년까지 지속된 부동산 가격 상승은 1991년 이후 급격한 하락을 경험했으며, 이 과정에서 내수 위축, 기업 도산과 금융기관 부실화, 실업 증가 등이 연쇄적으로 발생하면서 일본 경제는 장기 불

17　Ogawa Kazuo and Wan Junmin, "Household debt and consumption: A quantitative analysis based on household micro data for Japan".

그림 10-9 명목 GDP 증가, 가계부채 증가, 그리고 집값 상승 간 관계   단위: %

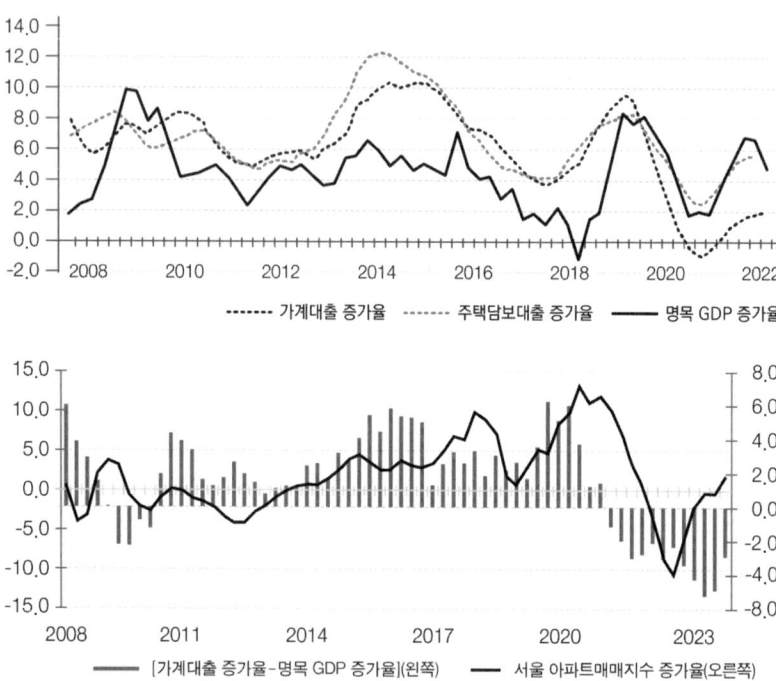

자료: 한국은행(https://ecos.bok.or.kr/), KB 부동산 데이터 허브(https://data.kbland.kr/) 참고해 저자 작성.

황에 빠졌다. 당시 금융기관 간 대출 경쟁이 심화해 LTV가 120%까지 상승하는 등 대출 규모가 지나치게 확대되었는데, 이를 억제하려는 조치로 1990년 3월 '부동산 관련 융자 총량규제'가 시행되었다. 이 규제는 은행, 신용조합, 보험사 등 금융기관의 부동산 관련 대출 증가율을 전체 대출 증가율 이하로 제한하는 방식으로, 1973년 이후 17년 만에 도입된 정책이었다. 그러나 이 같은 총량규제는 재무적으로 건전한 개인이나 기업이 투기가 아닌 사업 목적으로 대출이 필요할 때도 불필요한 제한을 초래할 수 있으며, 이는 민생과 경기 전반에 부정적인 영향을 미칠 수 있다. 이러한 문제점을 고려해 최근에는 총량규제보다 LTV, DTI, DSR과 같은 간접 규제를 통해 대출을 관리하는 방식이 선호된다.

특히 거시건전성 정책을 활용하면 과도한 가계 차입이 금융 시스템에 미치는 부정적 영향을 완화할 수 있으며, 이는 여러 국가에서 효과적인 정책 수단으로 자리 잡고 있다.

우리나라에서도 가계부채 관리는 중요한 정책 과제다. 금융위원회는 2024년 보도자료에서 가계부채 증가율을 명목 GDP 증가율 내에서 총량을 관리하겠다는 방침을 밝혔다. 이는 기존의 간접 규제 방식만으로는 대출 증가를 효과적으로 통제하기 어렵다는 점을 인정한 것이며, 동시에 가계부채 문제가 한국 경제의 지속가능한 성장에 있어 시급한 과제임을 시사한다. 현재 가계부채의 질이 양호하다는 평가도 있지만, 대외 불확실성이 커지는 상황에서 부채 건전성이 언제든 악화할 가능성이 있다. 예를 들면, 트럼프의 재집권에 따른 지정학적 리스크가 현실화되거나, 중국의 과잉생산 문제로 한국의 주력 산업이 구조조정을 겪게 될 경우, 중산층을 중심으로 소득 충격이 발생할 가능성이 있다. 이 같은 충격은 가계부채 건전성을 흔들 수 있으며, 금융 시스템 전반으로 위기가 확산될 수 있는 위험이 있다. 따라서 지금과 같은 시기에는 경제 회복력을 고려한 '위험관리'가 최우선 과제가 되어야 한다.

현재 정부가 추진하는 가계부채 총량 관리는 부동산 가격 안정화를 위한 핵심 정책 중 하나다. 그러나 서울 강남을 제외한 대부분 지역에서는 부동산 가격 상승세가 둔화된 상황이며, 건설업 침체와 내수 부진이 지속되면서 정부가 부동산 시장 활성화를 통해 이를 해결하려 할 가능성이 크다. 만약 부동산 경기 부양이 주요 정책 기조로 자리 잡을 경우, 가계대출 증가율이 소득 증가 속도를 초과할 가능성이 커지며, 이는 장기적으로 금융 안정성을 저해할 수 있다. 결국, 부동산 경기 활성화와 가계부채 억제 사이에서 정부는 균형을 유지해야 하는 정책적 딜레마에 직면했다.

하지만 부동산 가격 안정화를 위해서는 거시적 차원에서 가계부채 증가율을 명목 GDP 성장률 이내로 관리하면서, 미시적 차원에서는 LTV, DTI, DSR 등의 정책 수단을 정교하게 운용해야 한다. 또한, 이러한 소득 기반 대출 관리

전략은 전세 대출과 같은 정책 사각지대에도 확대 적용될 필요가 있다. 현재 전세 보증금이 과도하게 상승하면서 역전세난과 깡통 전세 같은 사회·경제적 문제가 반복적으로 발생하고 있으며, 이러한 현상은 특히 저소득층 주거 약자에 심각한 영향을 미치고 있다. 따라서 가계부채 정책은 단순히 부동산 가격 안정화를 목표로 하는 것이 아니라, 금융 시스템의 안정성과 실물경제의 지속가능성을 확보하기 위한 핵심과제로 인식되어야 한다.

9. 최근 갑작스러운 금리 상승에 따른 전세사기와 역전세난

2022년 금리인상으로 주택 매매가격뿐만 아니라 전셋값도 급락하면서, 신규 전셋값이 기존 전셋값보다 낮아지는 역전세 현상이 발생했다. 따라서 임차인이 보증금을 온전히 돌려받지 못하는 사례가 늘어났다. 한편, 매매가격 하락으로 전셋값이 매매가격을 초과하는 깡통 전세는 이와 구별된다. 이보다 앞서 전세사기 문제가 불거졌는데, 전세사기는 불법 행위이지만, 역전세와 깡통 전세는 전셋값 하락에 따른 결과로 불법은 아니다. 이러한 역전세 위험에 처한 가구가 전체 전세가구의 약 절반 정도에 이른다.[18]

역전세 현상은 1990년대 중반 이후 세 차례 발생했다. 1998년에는 외환위기로 대출금리가 상승하고 가구소득이 감소하면서 발생했고, 2003~2004년에는 신용카드 대출 부실 사태와 주택 가격 급등에 따른 수급 불일치가 원인이었다. 최근 발생한 역전세는 급격한 금리인상에 따른 주거비 부담 증가와 전세사기에 대한 불안 확산으로서 전세수요가 급감한 것이 주요 요인으로 거론된다.[19]

역전세가 사회적 문제로 부각되는 이유는 주로 저소득층 주거 약자가 피해

---

18 한국은행, 「경제전망 보고서」(2023. 5).
19 강영신, 「역전세에 대한 과거의 기억들」, ≪주택금융 리서치≫, 30(2023), 4~11쪽.

를 보기 때문이다. 특히 빌라와 같은 비아파트의 전세가율이 높아서 경매 평균 낙찰가의 약 70%를 초과하는 사례가 빈번하다. 따라서 역전세가 발생하면 임차인은 보증금을 온전히 돌려받기 어렵다. 전셋값 하락은 금리인상의 불가피한 결과일 수 있지만, 정책 실패로 발생하기도 한다. 현재 논의하는 문제는 후자에 해당한다.

2020~2021년 비아파트 전세시장에서는 HUG의 전세 보증금 반환보증 한도를 악용한 무자본 갭투자가 성행했다. 당시 보증 한도는 공시가격의 150%, 전세가율은 100%까지 인정되었으며, 이에 따라 전셋값이 매매가격을 초과하는 현상도 나타났다. 이런 구조에서 임대인은 자기자본 없이도 무제한 레버리지 투자가 가능하다. 레버리지가 전세가율/자기자본으로 정의되므로, 전세가율이 100%에 이르면 자기자본이 0이 되어 무한대로 수렴한다. 이것이 바로 무자본 갭투자의 본질이며, 결국 전세사기 문제의 발단이 되었다.

2022년 전세사기 문제가 불거지자, 정부는 HUG의 보증 한도를 공시가격의 140%, 전세가율을 90%로 낮춰 무자본 갭투자를 제한했다. 이 조정으로 보증보험 가입을 위해 전셋값을 공시가격의 126% 이하로 설정해야 했으며, 그 결과 전셋값이 강제적으로 하락하면서 역전세가 더욱 확대되었다. 이후 전세 보증금 반환 사고가 급증하자, 2024년 HUG는 보증 대상을 다시 전세가율 80%로 낮추며 보증 한도를 공시가격의 112%로 조정하겠다고 발표했다. 이에 따라 전셋값이 추가로 하락하면, 그만큼 역전세 위험이 더욱 커질 수 있다.

이러한 보증 요건 강화는 특히 저렴한 빌라 시상에 큰 영향을 미쳤다. 공시가격이 낮을수록 보증 한도가 제한되므로 세입자 확보가 어려워지고, 전세수요는 점점 소형아파트로 몰리면서 전셋값 상승을 초래했다. 〈표 10-1〉에서 볼 수 있듯이, 2023~2024년 동안 비아파트 전세 거래는 급감하고, 월세화가 빠르게 진행되었다. 특히 비아파트 월세 비중이 전국적으로 급등하면서 '탈(脫)빌라' 현상이 가속화되었고, 이에 따라 소형아파트에 대한 선호가 더욱 높아졌다.

이러한 소형아파트 선호 현상은 2023년 도입된 특례 보금자리론과 맞물려

표 10-1 누계 월세 거래량 비중   단위: %

구분	전체 주택				아파트				비아파트			
	5년 평균	2022	2023	2024	5년 평균	2022	2023	2024	5년 평균	2022	2023	2024
전국	46.2	52.0	54.9	57.6	39.3	43.5	44.1	44.8	52.6	59.6	65.6	69.7
수도권	45.3	51.3	54.0	56.9	39.4	44.3	44.0	44.5	50.0	56.5	62.5	66.7
서울	47.3	53.3	56.2	60.3	38.0	44.5	42.3	43.2	52.0	57.4	63.7	69.0
지방	48.0	53.4	56.7	59.1	39.2	42.2	44.3	45.2	59.8	67.9	73.6	77.2

자료: 국토교통부, 「2024년 12월 주택통계」(국토교통부 보도자료, 2025.2.4).

서울 아파트 시장 반등의 계기가 되었다. 특례 보금자리론은 소득이나 결혼 여부와 관계없이 9억 원 이하 주택에 대해 최대 5억 원까지 DSR 규제를 적용하지 않는 정책대출로, 이를 통해 3~9억 원대 소형아파트의 거래가 대폭 증가했다. 이에 따라 기존 보유자가 소형아파트를 처분하고 중대형 아파트로 이동하는 갈아타기 수요가 늘어났다. 반면, 2024년 신생아특례론은 혼인과 출산이 전제 조건이므로 대상 가구가 약 40만 가구로 한정되어 신청률도 상대적으로 낮았다. 이에 비해 특례 보금자리론의 대상 가구는 약 800만 가구에 달해 시장에 미친 영향이 훨씬 컸다.

정부는 2024년 8·8 대책을 통해 탈빌라 대책 일환으로 건축 규제를 완화하고, 빌라 건설업자의 매입 신청을 확대했다. 그러나 이러한 조치 속에서 HUG의 보증 요건이 추가로 강화될 경우, 시장 위축이 다시 발생할 가능성이 있다. 결국, 탈빌라 현상, 소형아파트의 전세·매매가격 상승, 특례 대출 정책 등은 모두 전세사기와 역전세난과 직결된 것이다. 전술한 바와 같이, 빌라 전세시장은 전세가율이 높아 극단적인 레버리지를 활용한 다주택자가 많고, 전체 전세 보증금 시장 규모도 상당하다. 역전세로 전세 보증금을 돌려받지 못하는 피해자는 주로 저소득층이며, 이는 단순한 시장 변동을 넘어 사회경제적 문제로 이어질 수 있다.

10. 임차인의 대항력 강화 및 금융시장과 연계된 전세시장 구조에 대한 면밀한 모니터링

전세는 여전히 한국 주택시장에서 핵심적인 임대차계약 형태다. 글로벌 금융위기 이후 전세가율이 상승하면서 '전세의 종말'이 거론되었지만, 전세는 반전세, 즉 보증부 월세 형태로 변화하면서 지속되고 있다. 특히 전세 대출 한도가 확대되면서 전세가율이 상승했고, 2010년대 중반 이후 갭투자가 부동산 시장의 주요 현상으로 자리 잡았다.

전세 대출이 확대되면서 금리 변동성이 전세시장에 미치는 영향도 커졌다. 전세 대출 금리가 전월세 전환율보다 낮으면 전세수요가 증가하고, 반대로 금리가 상승하면 전세수요가 감소하는 패턴이 형성되었다. 글로벌 금융위기 이전에는 전세 대출이 제한적이므로 금리 변동이 전셋값에 미치는 영향이 크지 않았다. 그러나 최근과 같이 금리 변동성이 높아진 환경에서는 전세가와 매매가가 함께 요동치는 시장구조가 형성되었다. 이 같은 구조 속에서 최근 전세사기, 역전세, 깡통 전세 문제가 심각해졌으며, 특히 부동산 가치 평가가 어려운 빌라 시장에서 그 문제가 두드러졌다.

전세는 금융규제에서 벗어난 그림자금융과 유사하며, 거시건전성 규제 밖에 있다. 빌라 시장에서는 전세가율이 80~100% 수준에 달하는 경우가 부지기수다. 이러한 환경에서 HUG의 전세 보증보험이 전세금 전액을 보장하면 무자본 갭투자가 가능하다. 그 결과 전세 보증금이 투자자금으로 활용되는 왜곡된 시장구조가 형성되었으며, 이러한 정책적 허점이 최근 전세 문제를 심화시키는 원인이 되었다.

전세 거래에서 전세 보증금을 안전하게 지키는 방법은 확정일자, 전세권설정 등기, 전세 보증보험 세 가지다. 그러나 최근 전세 보증보험의 가입 요건이 강화되면서, 확정일자와 전세권설정 등기와 같은 법적 제도적 장치가 부각되었다. 확정일자와 전세권설정 등기는 각각 장단점이 있다. 전세권설정 등기는 신청 즉시 효력이 발생하며, 소송 없이 곧바로 보증금 반환을 위한 경매를 진행할 수 있다는 장점이 있다. 그러나 절차가 번거롭고, 임대인 동의가 필요하며, 비용 부담이 크고, 경매 시 보증금 회수가 건물 가치로만 한정된다는 단점이 있다. 반면, 확정일자는 비용이 적게 들고, 경매 시 건물과 토지가를 합한 금액에서 보증금 보상이 가능하지만, 신청일 다음 날부터 효력이 발생하며, 보증금 반환을 위해서는 소송을 거쳐야 하는 번거로움이 있다. 따라서 현실적인 대책은 최우선 변제 금액을 상향하고 확정일자의 법적 효력을 전세권설정과 유사한 수준으로 강화해 임차인의 대항력을 강화하는 것이다. 예를 들면, 확정일자의 효력 발생일을 전세권설정과 같게 신청 당일부터 인정하도록 개선하면, 전세사기에 악용될 가능성을 줄일 수 있다.

그 밖에 공인중개사가 전세 계약 시 임차인에게 주변시세, 임대인의 세금 체납 여부, 조세채권과 보증금 반환 채권 간의 관계 등을 설명할 의무를 부여해 중개인의 책임을 강화해야 한다는 안이 제시되기도 한다. 임대차계약 과정에서 전세 보증금을 관리할 수 있는 에스크로(신탁회사)를 활용하는 방안이 또한 검토되기도 한다.[20] HUG의 보증 요건 강화를 의미하는 전세자금 대출 보증 비율 축소안이 제시되지만, 이는 역전세를 일으킨다고 논란거리가 되고 있다.

다른 한편으로, 임대인에 대한 보증금 반환 대출의 규제 완화가 역전세 문제를 완화하는 데 도움이 될 수 있다. 이는 임차인이 맡긴 사적 보증금이 제도권 금융기관 대출로 전환되며, 이를 통해 가계부채 총량 자체는 증가하지 않지만, 전세시장과 금융시장 간 연결고리는 더욱 강화된다.[21] 따라서 전세시장으로 인한 금융시장 위험이 더욱 증폭될 가능성이 있다.

결과적으로, 전세시장에서 주기적으로 문제가 발생하는 이유는 글로벌 금융위기 이후 전세 대출이 급격히 증가해 금리 연동형 임대차 시장이 형성되었

---

20 강영신, 「역전세에 대한 과거의 기억들」.
21 민병철, 「한국의 그림자금융 전세?: 미국 금융위기와 비교해 본 현재 상황」, ≪주택금융 리서치≫, 31(2023), 18~31쪽.

기 때문이다. HUG의 관대한 보증 요건이 이를 뒷받침하면서 전세사기와 역전세 문제의 기반이 되었다. 향후 전세 문제를 해결하기 위해 임대인 대출 규제를 완화하면 금융시장과의 연계가 더욱 심화될 것이고, 반대로 전세 대출 한도를 줄이지 않으면 금리 변동에 따라 전세 문제가 반복될 가능성이 크다. 따라서 금융시장과 연계된 전세시장 구조를 면밀히 모니터링하고, 사전적인 대응책을 마련하는 것이 중요하다. 이를 통해 주기적으로 반복되는 전세시장의 위기를 미연에 방지할 수 있다.

11. 자의적인 정책가격과 감세 수단으로서 공시가격

윤석열 정부는 부동산세 부담 완화와 양도소득세·종합부동산세 정상화를 추진했다. 이는 문재인 정부 시기 부동산 가격 안정을 목표로 한 세제 강화가 국민의 반발을 불러일으켰기 때문이다. 이에 따라 2022년 5월, 정부는 다주택자에 대한 양도소득세 중과를 1년간 한시적으로 완화했고, 같은 해 6월에는 생애 첫 주택 구입자에 대한 취득세 감면 조치를 발표했다. 이러한 일련의 부동산세 경감 대책에서 그 핵심은 종합부동산세와 재산세를 포함한 보유세 부담 완화로, 1주택자의 세 부담을 2020년 수준으로 되돌리는 것이었다. 이를 위해 1세대 1주택자의 종부세와 재산세 부담을 낮추고, 일시적 2주택자에게 1주택자와 동일한 종부세 혜택을 부여하기로 했다.

주지하는 바와 같이, 세금은 과표와 세율에 따라 결정되며, 세율 조정은 국회 합의를 거쳐야 하므로 시간이 오래 걸리거나 의도한 대로 변경되지 않을 가능성이 있다. 이에 정부는 보유세 부담을 낮추기 위해 공시가격과 공정시장가액을 조정하는 방식으로 과표를 낮추기로 했다. 이러한 방침에 따라 2022년 11월 정부는 2023년 공시가격 현실화율을 2020년 수준으로 낮추고, 문재인 정부가 추진했던 공동주택·단독주택·토지의 공시가격을 2030년까지 시세의

90% 수준으로 책정하려는 '공시가격 현실화 로드맵'을 폐기했다. 이에 따라 2023년 과표 산정 시 2020년 현실화율이 적용되었으며(예: 공동주택 72.7% → 69.0%, 단독주택 60.4% → 53.6%, 토지 74.7% → 65.5%), 공정시장가액도 최저 수준을 반영해 과표를 더욱 낮췄다.

2022년 급격한 금리인상으로 부동산 경기가 위축됐지만, 공시가격 현실화 로드맵에 따라 공시가격이 올라가면 보유세 부담이 커진다. 보유세는 부동산 경기 변동을 반영하는 것이 합리적이다. 그런데 보유세 과표 기반이 되는 공시가격이 정부 정책에 따라 자의적으로 결정되면 매년 약 1,500억 원 이상 예산을 들여 이를 산정·평가할 필요가 있는지 의문이 든다. 정부는 평균 시세반영률(현실화율)을 제시하지만 실제 반영률은 가격대·주택 유형·지역별로 천차만별이다. 특히 중저가 주택의 시세반영률은 상대적으로 높고, 고가 주택은 낮음에도 '평균의 함정' 속에 이를 감추고 있다. 이처럼 차등적인 시세반영률로 조세 부담이 불균형하게 발생하지만, 정부는 이에 대한 개선이나 개혁을 미온적으로 대응하거나 장기 과제로 미루며, 감세를 위해 2020년 수준의 시세반영률을 그대로 유지 중이다.

이제까지의 기존 연구를 보면 부동산 유형, 가격대, 지역에 따라 과세 평가의 수직적 역진성이 다르게 나타난다. 가령, 시장에서 거래가 적은 토지와 단독주택에서는 수직적 역진성이 있지만, 아파트 등 공동주택은 가격·규모·지역에 따라 역진성 여부가 달라진다. 차등적인 시세반영률은 실질적으로 세율과 유사한 효과가 있지만, 별다른 법적 근거 없이 적용되어, 즉 법이 정한 세율이 아닌 과표 조정을 통해 조세 부담 차이가 발생한다는 점에서 조세평등주의와 조세법률주의에도 어긋난다.

12. 자의적 기준 적용을 배제한 공시가격 산정·평가

공시가격을 정확히 산정·평가하는 것은 쉽지 않다. 그럼에도 이를 시세에 부합하도록 평가하고, 그 대신 세 부담 완화를 위해 공정시장가액을 조정하는 방식이 차등적 시세반영률을 줄이며, 여러 정책 영역에 시장 거래에 실질적인 정보가치를 제공할 수 있다. 그렇지 않다면, 매년 막대한 예산을 들여 정부가 현실화율을 임의로 적용한 공시가격을 산출하는 것이 무슨 의미가 있는가? 현재 적용되는 현실화율은 합당한 근거를 갖추고 있는가? 2020년 수준을 기준으로 삼는 것이 부동산 가격 폭등 이전 시점이라는 이유만으로 합리화될 수가 있는가? 부동산세는 자산에 부과되는 세금이므로 부동산 경기 변동을 반영하는 것이 합리적이지 않은가? 그러나 현재 기준은 정부 방침이 바뀔 때마다 조정될 수밖에 없어, 결국 일관성 없는 임기응변식 자의적인 조치에 불과하다. 이러한 자의적인 정책 목적이나 판단을 방지하고 본연의 정책 목적을 구현하려면 공시가격이 부동산 세제뿐만 아니라 다양한 정책에 활용되는 만큼, 그 정책 목적이나 판단에 따라 공정시장가액처럼 별도의 할인율을 적용하면 된다. 그렇게 되면 공시가격이 높다고 해서 문제가 되지는 않으며, 더 이상 공시가격은 정책가격이 아니게 된다. 결국, 부동산 경기 변동을 당분간 반영하지 못하는 문제인 정부가 추진했던 현실화율 로드맵은 그 실현 가능성이 낮은 대책에 불과했다.

  물론 차등적인 시세반영률이 적용되지 않고, 거의 동일한 비율이 적용된다면, 공시가격이 부분적으로 현실화율을 반영하든 시세를 그대로 반영하든 조세 형평성 문제는 크지 않을 것이다. 세율을 조정하거나 공정시장가액과 같은 할인율을 차별적으로 적용하면 조세 부담을 공평하게 조정할 수 있기 때문이다. 그러나 시세를 정확히 반영한 공시가격은 단순한 세금 부과 수단을 넘어 중요한 정보 자산으로서 기능하며, 시장 거래에서도 유용하게 활용될 수 있다.

  현재 한국부동산원 DB에는 시세를 반영한 '주택산정가격'과 '토지 세평가격(世評價格)'이 있다. 이 정보를 적극 활용하면 세 부담의 불균형을 초래하는 차등적 시세반영률을 개선하는 데 도움이 될 수 있다. 이를 위해서는 정교한 비율에 대한 조사·연구가 필요하며, 나아가 시세 기반의 부동산 산정·평가가격을 공개하는 과감한 조치를 고려해야 한다.

공시가격의 시세반영률처럼 자의적인 기준 적용이 문제가 된 사례로 HUG의 반환보증 요건을 들 수 있다. HUG는 공시가격에 일정 비율을 할증한 후 전세가율을 적용하는데, 초기 할증 비율이 1.5배였다가 현재 1.4배로 줄어들었다. 그러나 이 기준은 명확한 근거 없이 자의적으로 결정된 것이다. 이는 공시가격의 시세반영률을 고려한 조정으로 보이지만, 공시가격이 시세를 충실히 반영하고 정보가치를 충분히 갖추고 있었다면 이러한 자의적 기준 설정은 필요하지 않았을 것이다. 공시가격이 시장가치를 제대로 반영했다면, 명확한 정보를 제공해 레버리지가 극단화된 무자본 갭투자를 방지하는 데 기여할 수도 있었다.

공시가격은 정책가격으로 책정되어서는 안 된다. 자의적 판단이 개입된 현실화 비율 조정에 집중한 나머지, 정작 중요한 차등적 현실화율 개선이 외면되어서는 안 된다. 물론 현실화율이 가격대·지역·규모별로 공평하게 적용되면 문제가 줄어들 수 있지만, 그 과정에서 공시가격의 정보가치가 훼손될 위험이 있다. 공시가격이 다양한 정책에 활용되고 매년 막대한 예산이 투입되는 상황에서, 시세를 충실히 반영한 자료를 공개하고 이를 시장에서 검증받는 것이 더 효과적이고 합리적인 방안이다.

13. 결론을 대신하며

한국은 일본과 마찬가지로 고령화가 빠르게 진행되면서 경제 활력이 둔화되고 있다. 인구구조와 경제 상황을 비교하면, 한국은 일본이 경험했던 변화를 10년에서 20년 시차를 두고 따라가는 형국이다. 가계부채 증가, 기업경쟁력 약화, 부동산에 저당 잡힌 금융 시스템 등 여러 측면에서 일본의 전례를 답습하는 듯한 흐름이 나타난다. 이러한 장기침체의 길을 피하고, 혁신주도형 성장 경로로 나아가기 위해서는 부동산 시장의 개혁이 필수적이다.

최근 한국의 주택시장에서는 심각한 양극화 현상이 나타났다. 30~40대의 부동산 매수 열풍과 가계부채 급증, 전세사기와 역전세 문제, 부동산세 감세 등의 이슈가 맞물리면서 시장 불균형이 심화했다. 현 정부는 공급 확대와 감세 정책을 통해 부동산 시장을 부양하고 있으며, 정책대출이 밀알로 작용해 서울 강남 지역을 중심으로 주택 가격이 전고점을 돌파하기도 했다. 이러한 정책은 고소득층에게 더 큰 혜택을 주지만, 저소득층 주거 약자는 역전세난과 전세사기 등으로 인해 더욱 큰 어려움을 겪고 있다.

일본이 경험했던 장기 불황의 길을 그대로 따라가지도, 중국처럼 인위적으로 부동산 중심의 성장을 단절하는 방식을 따르지도 않으며, 보다 시장 친화적인 접근을 통해 부동산 시장의 양극화와 불평등을 완화하고 혁신주도형 성장 경로로 나아가기 위해서, 앞서 언급한 문제들을 중심으로, 이 글에서는 한국 경제의 지속가능한 발전을 위한 부동산정책 방향을 몇 가지 제시했다.

이는 **단기뿐만 아니라 장기를 고려한 종합적인 안목의 순차적인 단계의 공급 대책**, 고가 주택에 대한 과세 강화와 같은 양극화 심화에 따른 차별적인 정책 대응, 소득 증가 범위 내 대출 증가가 용인되는 **소득 기반 대출 관리**, 보증부월세를 포함한 전세 계약의 금융화에 따른 **금융시장과 연계된 전세시징 구조에 대한 면밀한 모니터링과 임차인 대항력 강화**, 그리고 자의적 기준 적용을 배제한 **공시가격의 산정·평가 및 활용** 등을 포함한다.

이러한 정책 방향 중에서 특히 **부동산 가격 안정화**를 위해서는 무엇보다 **소득 기반 대출 관리 기조 정착**이 가장 중요하며, 또한 **주거 안정을 위한 임차인 대항력 강화**와 **전세시장에 대한 사전 모니터링 강화** 및 자의적 기준을 배제한 공시가격의 산정·평가를 통한 세 부담의 공평성 제고가 중요하다.

제11장

'다시 혁신경제'를 위한 과제

저자 일동

이미 100여 년 전에 슘페터는 혁신과 창조적 파괴를 경제발전의 주된 요인으로 꼽았다. 혁신이란 생산자원의 새로운 결합이다. 새로운 결합에는 신제품의 개발, 신시장의 개척, 새로운 생산방식의 도입 등이 포함된다. 창조적 파괴를 통해 도전하고 혁신하는 사람(혁신가, innovator)을 기업가(entrepreneur)라고 부른다. 그렇다면, 2025년 현재 한국 경제는 창조적이고 혁신적인가? 기술력을 갖춘 기업가들이 창업에 도전하는 기업가정신이 충만하고 활력이 넘치는가?

최근 한국 경제는 활력이 떨어지고, 투자 의욕이 저하되고, 개선보다는 유지에 급급하고, 각종 규제와 진입장벽으로 경쟁이 활발하지 않다. 인구 감소와 고령화가 예상보다 빠르게 진행되고 있다. 그렇다면, 한국 경제가 '혁신주도형 경제'의 단계를 지나 '부(富) 주도형 경제'의 단계에 들어선 것은 아닐까? 국민소득 3만 달러를 넘긴 시점에서 너무 일찍 성장을 멈춰버린 건 아닐까?

제1장에서는 한국 경제의 조로화(早老化)를 우려하게 만드는 다섯 가지 지표들을 짚어봤다. 먼저, 경제성장률의 하락 추세가 심각하다. 둘째는 인구 감소와 인구구조의 악화다. 셋째는 주택 가격의 급등과 자산불평등의 확대다. 넷째는 혁신을 뒷받침하는 총요소생산성(TFP)의 부진이다. 다섯째는 연구개발, 특허, 지식재산, 소프트웨어, 인적자본 등으로 구성되는 지식재산생산물에 대한 투자 증가율이 급락했다. 이 같은 지표들은 "한국 경제가 조로

화 현상을 보이고 있으며, 혁신주도형 경제의 단계를 벗어나 부 주도형 경제로 진입하고 있다"는 추론을 가능하게 한다.

그렇다면, 한국 경제가 조로화 증세를 벗어나 다시 혁신하고 성장하기 위한 비전과 과제는 무엇인가? OECD에 따르면, 크게 세 가지 정책 조합이 필요하다. 새로운 지식과 기술을 창출하도록 지원하는 정책, 기존 지식과 기술의 융합과 확산을 지원하는 정책, 기업과 산업의 내외부 자원을 효율적으로 배분하는 정책이다. 아울러 이러한 세 가지 정책의 조합을 뒷받침하는 기본 바탕에는 좋은 거버넌스(good governance)와 제도가 있어야 한다.

아울러 이 책에서 본격적으로 다루지는 않았지만, 혁신주도형 경제의 구현과 관련 있다고 생각하는 거버넌스 혁신(시장 먼저-정부 나중, 데이터 기반 행정의 강화), 교육혁신(초중고 내신 절대평가, 대학에 학생 선발과 교육의 자율권 부여, 지역균형선발 확대, 지역거점대학 확충), 국방혁신(군대=첨단기술의 요람, 모병제), 노동시장혁신(직무급 확산, 노동시장 유연안정성 제고, 플랫폼노동자 대책) 국가균형발전(대통령실 세종시 이전, 차등공동법인세 도입)의 중요성을 강조했다.

제2장에서는 20세기의 종말과 통상산업정책의 미래라는 제목으로, 2025년 1월 미국 트럼프 대통령의 취임 이후 요동치고 있는 글로벌 무역환경의 변화와 우리의 대응 방안을 다룬다. 트럼프 2기는 20세기 자유주의 질서를 완전히 해체하고 있다. 트럼프 정부는 미국과 유럽이 제2차 세계대전 이후 지켜온 자유민주주의와 규칙 기반 세계질서를 허물어뜨리고, 대신에 안보와 국익 우선의 대외정책을 선언했다. 신고립주의와 제국주의적 시각을 기반으로 세계질서를 재구조해 동맹의 해체 및 힘에 의한 국익 보호를 우선한다.

대외통상정책도 이런 시각의 연장선상에서 자유무역주의의 퇴조와 보호주의 강화, 국익 중심의 경제안보, WTO 및 무역통상협정의 약화, 미중 갈등 및 양자적 통상 분쟁, 녹색회의주의를 내세운다. 트럼프는 비통상 의제와 통상 의제 모두 양자적 관점에서 상대국에 대한 압박을 전제로 한 고율 관세 부과로 해결하려 한다. 이는 2008년 금융위기 이후 본격화된 반세계화 움직임의 연장선상에서 중상주의적 통상질서로의 전환을 가속화한다.

국제통상질서는 미중 무역전쟁, 공급망 분절화, 지역협정의 약화로 변화 중이며, 서비스·디지털 무역과 녹색장벽이 중요해지고 있다. 한국은 대미 무역 흑자 8위의 국가로서 트럼프 관세전쟁의 대상이며, 반도체·자동차·철강 산업이 타격을 받을 수 있다. 반면 방산, 조선, 태양광 및 2차전지 분야에서는 불확실성에서도 기회의 창을 더 넓힐 가능성이 있다.

이에 한국의 통상정책은 새로운 시대에 걸맞은 신통상정책으로 진화할 필요가 있다. 이제 우리나라의 통상정책은 포용적 통상정책의 일환으로, 중산층과 서민을 위한 통상정책을 명시적인 정책 목표로 삼아야 하며, 통상정책이 국내 이민정책과 긴밀하게 조율하여 집행될 필요도 있다. 통상정책은 한국의 경제안보와 전략적 자율성을 강화하는 방향으로 설계되어야 한다. 중소기업 및 지역 산업을 포용하며, 첨단기술과 친환경 협력을 확대해야 한다.

산업정책은 수평적 산업정책뿐만 아니라 수직적 산업정책도 보다 면밀하게 구사할 필요가 있다. 산업정책은 통상정책과 통합적으로 운용되어, 양자 간 긴밀한 연계 속에서 수립되고 추진되어야 한다. 한국 기업의 공급망 참여를 볼 때 대선진국 기술 공급망 참여 정도, 그리고 대개도국 생산 공급망 참여 수준에 대한 면밀한 검토를 바탕으로, 다양한 형태와 수준의 통상협정의안(template)을 마련해야 한다. 한편, 한국의 통상 당국은 거시금융 상황의 긴밀한 모니터링과 관계 당국과의 협의를 통해 통상정책을 구사할 필요가 있다. 통상 당국은 지역과 국가별로도 대책을 마련하여 국별·지역별 맞춤형 통상전략을 집행해야 한다. 미중 경쟁 상황에서 국익을 극대화하기 위한 전략적 균형에 주력해야 한다.

트럼프 시대 통상정책이 대외경제정책의 중심으로 올라섰기 때문에 우리의 통상조직도 이러한 대외적 도전에 기민하게 대응할 수 있는 조직개혁이 필요하다. 통상조직은 기민(agile)하고 범부처를 아우르는 조직으로 거듭나야 한다. 통상조직이 안정적으로 운용되고 통상전문가들이 경험과 노하우를 축적할 수 있는 유인을 갖춘 조직의 구성이 필요하다. 이를 위해 통상교섭본부를 독립시켜 장관급 부처로 격상하는 것을 신중히 고려할 필요가 있다.

제3장에서는 혁신주도형 경제의 핵심이라고 할 수 있는 과학기술 분야의 혁신 과제에 관하여 살펴봤다. 과학기술과 혁신은 현대 사회 발전의 핵심 동력으로, 국가 경쟁력과 경제성장을 좌우하는 중요한 요소다. 반도체, 인공지능, 바이오, 우주, 양자컴퓨팅 등 첨단기술을 둘러싼 글로벌 경쟁이 치열해지는 가운데, 각국은 연구개발 투자 확대, 인재 유치, 기술 주권 확보에 집중하고 있다. 특히 미국과 중국은 대규모 연구개발 투자와 산업 지원 정책을 통해 기술패권을 강화하고 있으며, 유럽과 일본도 다양한 혁신 전략을 추진 중이다. 우리나라는 GDP 대비 연구개발 투자 비율이 세계 최고 수준이지만, 절대 규모에서는 미국과 중국에 비해 부족하다. 연구개발 성과를 극대화하기 위해 정부와 민간이 협력하여 튼튼한 혁신 생태계를 조성하고, 연구개발 투자에 대한 예측 가능성을 높여야 한다.

과학기술 혁신의 핵심은 우수 인재 확보다. 그러나 우리나라는 의대 쏠림현상, 해외 우수 인력의 유출, 연구 환경의 불확실성 등으로 인해 인재 양성에 어려움을 겪고 있다. 미국과 중국은 첨단기술 분야의 인재를 적극 유치하며 연구 환경을 개선하고 있는 반면, 한국은 이공계 연구자의 처우와 연구 지속성 보장이 미흡한 상황이다. 이를 해결하기 위해 연구자의 직업 안정성을 높이고, 해외 인재 유치 정책을 강화해야 한다. 특히 해외에 유출된 한국인 과학기술 인재들이 국내로 돌아와 연구를 지속할 수 있도록 연구 환경을 개선해야 한다.

에너지 안보와 탄소중립을 위해 차세대 원자력 기술 개발이 가속화되고 있다. 소형모듈원자로(SMR)는 기존 원자로보다 경제성과 안전성이 뛰어나며, 유연한 발전이 가능해 차세대 에너지원으로 주목받았다. 하지만 우리나라는 SMR의 초기 개발을 주도했음에도 불구하고 실증 기회를 확보하지 못해 상용화에 어려움을 겪고 있다. 정부는 SMR 상용화를 위한 실증 사업을 추진하고, 국제 협력을 확대해야 한다. 또한, 국내 전력수급 계획에 SMR 도입을 검토해 실질적인 시장 창출이 가능하도록 정책적 지원이 필요하다.

핵융합 발전은 궁극적인 청정에너지원으로 주목받고 있으며, 우리나라는 세계적 수준의 연구 역량을 보유하고 있다. K-STAR 실험을 통해 2023년 48초 연속 플라즈마 운전에 성공했으며, 2026년까지 300초 연속 운전을 목표로 연구가 진행 중이다. 핵융합 발전의 상용화를 위해서는 실증로 개발과 함께 글로벌 연구 네트워크를 적극 활용하여 핵심기술을 개발할 필요가 있다. 핵융합은 장기적인 연구개발과 대규모 투자가 필요한 기술이므로, 안정적인 예산 지원과 연구 지속성이 보장되어야 한다.

우주산업은 새로운 성장 동력으로 떠오르고 있다. 우리나라는 누리호 발사 성공, 달 탐사 프로젝트를 통해 우주 강국으로 도약하고 있으며, 우주항공청 신설을 통해 체계적인 정책 추진이 기대된다. 하지만 발사체 기술력 확보, 부품 국산화, 민간기업의 참여 확대 등 해결해야 할 과제가 많다. 정부는 민간기업이 우주산업에 적극 참여할 수 있도록 지원하고, 스타트업이 성장할 수 있는 환경을 조성해야 한다. 우주산업은 장기적인 투자가 필요한 분야이므로, 안정적인 연구개발 지원과 국제 협력 확대가 필수적이다.

과학기술과 혁신은 단순한 연구개발을 넘어 국가 경제, 안보, 사회적 가치 창출과 직결된다. 세계적으로 기술패권 경쟁이 심화되는 상황에서 기술 주권을 확보하고 글로벌 기술 경쟁에서 앞서 나가려면 우리의 과학기술 혁신 생태계가 건강하고 역동적으로 작동할 수 있는 제반 환경을 조성해 나가야 한다. 연구개발 투자 확대, 인재 양성, 신기술 개발, 산업화 전략이 종합적으로 추진되어야 하며, 기업, 대학, 정부연구소 등 혁신 주체들이 긴밀히 협력해야 한다.

제4장에서는 혁신경제를 뒷받침할 규제개혁 과제들을 정리해 보았다. 2025년 이후 정부의 책무를 경제 분야로 국한하면, 무엇보다 AI·디지털·로봇·바이오 등 신산업 창출을 견인하고 바람직한 생태계를 구축하는 것이 중요하다. 이를 위해 가장 필요한 것이 관련 규제를 제대로 개혁하는 것임은 대다수가 동의할 것이다. 다른 분야 개혁도 그렇겠지만, 규제 분야 개혁의 성공에는 대통령의 의지, 그리고 행정부와 국회의 협력이 관건이 된다.

혁신경제 성공을 위한 규제개혁 과제로 다음을 제안한다. 첫째, 규제샌드박스를 제대로, 적극적으로 운영하자. 2019년에 도입한 규제샌드박스는 신기술을 활용한 제품·서비스의 시장 진출을 위한 규제개혁의 핵심 장치다. 그동안의 성과는 절반의 성공으로 평가할 수 있는데, 이를 완전한 성공으로 이끌기 위한 적극적인 운영이 필요하다. 둘째, 규제개혁에는 국회의 협조가 절실하다. 신산업 진출에 핵심이 되는 걸림돌 규제 중에는 국회가 풀어야 하는 것들이 많다. 법률 개정은 국회의 고유 권한이며, 이해관계집단 간 갈등 해결은 정치의 영역에서 풀어야 하기 때문이다. 그래서 제대로 된 규제개혁을 위해서는 국회의 협조가 필수적이다. 국회의 협조를 얻는 구체적인 방안으로 다음 두 가지가 필요하다. ① 국회에 (신산업 발전을 위한) 규제개혁 특별위원회를 설치하는 것, ② 규제 입법 영향평가제를 도입하는 것이다.

셋째, 한시적이라도 강력한 규제개혁 조직이 필요하다. 미국의 트럼프 정부가 일론 머스크를 수장으로 하는 '정부효율부'(DOGE)라는 임시 기구를 설립해 적극적인 정부 효율화에 나섰듯이, 우리도 한시적인 기구를 설치해 강력한 규제개혁을 추진해야 한다. 대통령 산하 위원회가 성공하려면 대통령이 얼마나 관심을 기울이는지가 중요하다. 대통령이 관심을 기울이고, 한시적이지만 강력한 힘을 실어준다면 규제개혁 조직은 성공할 수 있다. 이런 규제개혁 조직은 다음 네 가지 과제를 수행해야 한다. ① 국회와 공조해 큰 규제개혁 과제를 달성하는 것, ② 포지티브에서 네거티브로의 전환을 적극 검토하는 것, ③ 법률-명령-규칙의 일관성 있는 체계를 정립하는 것, ④ 원칙 중심 규제 도입을 적극 추진하는 것이다.

제5장에서는 혁신형 중소기업과 창업 생태계를 위한 과제를 정리해 보았다. 먼저, 헌법 제123조 3항에 있는 "국가는 중소기업을 보호·육성해야 한다"라는 조항의 개정이다. 1980년의 헌법 개정 당시에는 '보호'라는 단어가 시의적절했을지 몰라도, 개방과 국제화가 진전되어 국내 시장을 대상으로 하는 중소기업조차도 글로벌 경쟁에 노출된 2025년 현재 시점에서 '보호'라는 단어는 시효가

다했다. '중소기업의 보호·육성'이 아니라 '중소기업의 창업과 성장 기반의 조성'으로 바꾸는 것이 어떨까?

보호와 육성이 아니라 성장 기반의 조성에 초점이 맞춰져야 하는 것처럼, 중소기업의 정책 목표도 자생력과 글로벌 경쟁력을 갖춘 혁신형 중소기업의 육성에 초점이 맞춰져야 한다. 창업 생태계는 정부가 주도하는 공급자 중심의 생태계라는 지적이 여전하다. 혁신형 중소기업과 수요자 중심의 창업 생태계, 투자 중심의 창업 생태계, 글로벌 시장 진출을 지원하는 창업 생태계로의 전환이 지속되어야 한다.

우리나라의 중소기업정책은 가짓수가 너무 많다. 금융, 기술, 인력, 수출, 내수, 창업, 경영, 기타 등 8개 분야에 1,730여 개의 프로그램이 가동되고 있다. 중기부를 비롯한 중앙부처에서 330여 개, 서울시 등 광역지자체에서 1,400여 개의 프로그램이 중소기업 지원을 위해 운영된다. 기존 정책의 내실을 다지고, 정책의 효과성을 높이고, 고객만족도를 높이는 등 수요자(기업) 중심으로 정책을 재설계하는 '리모델링'이 시급하다. 어떤 방식으로 전환하고 리모델링을 해야 하는가? 우리나라의 '월드클래스 300' 프로그램과 영국 이노베이트UK의 '스케일업 프로그램'의 성과 분석 사례에 따르면, 보조금이나 대출금을 직접 선별적으로 지원하기보다는 간접적으로 경영 역량과 경쟁 우위를 길러주는 식으로 지원 방식을 전환할 필요가 있다.

중소벤처기업부는 2017년 장관급 부서로 승격해 국무회의에 정식 멤버로 참여하고 있다. 하지만 고유의 정책 수단은 많지 않고, 많은 업무 영역에서 다른 부처와 중복되고 충돌한다. 대통령 직속의 독립기구로, 미국의 SBA(중소기업처) 비슷한 조직으로 개편할 때가 되었다.

베이비붐 세대가 해마다 50만 명 안팎으로 은퇴하고 있다. 우수한 인재들이 버려지는 셈이다. 미국은 1964년 SCORE(Service Corps Of Retired Executives)라는 자원봉사 조직이 출범했으며, 해마다 1만여 명의 베테랑 컨설턴트들이 중소기업과 스타트업을 대상으로 30만 건의 컨설팅을 자원봉사 형식으로 수행하고 있다.

생활 서비스 수요자와 전문가(숨은 고수, 공급자)를 연결하는 플랫폼 서비스 사업자 '숨고'의 성공 사례를 참고해, 중소벤처기업진흥공단에서 미국 SCORE 같은 서비스를 제공하면 어떨까? 중진공 내에 K-SCORE본부를 신설해, 은퇴하는 베테랑 자원봉사자들과 각 지역의 중소기업과 스타트업을 연결하는 플랫폼을 구축하고, 경영 자문 서비스를 제공하는 것이다.

제6장에서는 금융혁신을 위한 규제와 감독에 대해 살펴보았다. 한국 금융산업은 그간 양적으로 실물경제의 성장보다 훨씬 더 빠르게 증가해 민간 금융부채의 축적 정도가 이미 미국, 유럽 및 일본 등 주요국 수준을 능가했다. 그러나 한국의 금융산업 성장은 부동산담보대출과 정부기관 보증을 기반으로 한 정책자금대출에 크게 의존하는 등 효율적 자원배분을 위한 실질적인 자금중개 기능의 제고는 달성하지 못한 것으로 평가된다. 과잉 금융으로 가계부채 문제와 주택 가격 불안이 야기되었고, 무분별하게 재연된 부동산PF 대출 집중은 아직도 금융시장의 심각한 불안 요인이다. 그간의 정책적 금융지원 노력에도 불구하고 많은 자영업자와 중소기업은 과도한 빚에 시달리며 재기하기 어려운 상황에 놓였다. 금융의 신뢰도 크게 위협받고 있다. DLF, 라임, 옵티머스 등 사모펀드와 ELS 판매 과정에서 심각한 고객 손실 사태가 발생한 데다 금융권의 횡령 및 부당대출 사태가 빈발하기 때문이다.

금융은 규제산업이다. 금융혁신을 진작하기 위해서는 규제 및 감독이 혁신 친화적으로 정비되는 것이 필수적이다. 모든 금융혁신이 바람직한 것은 아니다. 금융과잉과 불안을 초래하는 탐욕적인 금융혁신이 아니라, 자금 배분 기능을 제고해 경제주체의 편의와 후생을 제고하며 실물경제의 발전을 뒷받침하는 책임 있는 금융혁신을 이끌어야 한다.

바람직한 금융혁신을 위해서는 디지털 전환을 뒷받침하는 간결하고 유연한 규제 체계를 확립하는 동시에 금융회사 스스로 규제 취지에 맞추어 소비자 보호를 위한 내부통제 체계를 실효성 있게 구축할 수 있어야 한다. 이를 위해서는 규제 및 감독을 지금의 규정 중심에서 원칙 중심으로 전환해 나가는 것이 필수적이다. 원칙 중심의 규제 및 감독은 법규를 고치는 것만으로 정착될 것을 기대하기 어렵다. 감독 당국의 공정성이 중요하며 이를 바탕으로 감독 당국의 판단에 대한 금융회사의 신뢰 형성과 사법 당국의 전향적인 수용이 요구된다.

감독 당국이 공정성을 확립하기 위해서는 지배구조가 독립성과 책임성을 갖도록 개편되어야 한다. 금융산업정책과는 분리되어 감독 책임을 온전히 갖는 금융감독기구가 독립적이고 공정한 최고의사결정기구를 갖도록 하는 것이 중요하다. 감독 당국이 바람직한 지배구조를 갖는다면, 감독을 통해 금융회사도 사외이사가 제 역할을 하는 지배구조 개선이 유도되고, 일반기업도 금융회사와의 거래를 통해 지배구조 개선이 이루어지는 '지배구조 연계'가 기대된다. 책임 있는 금융혁신은 결국 금융회사의 조직문화에서 비롯되므로 지배구조 개선이 더욱 의미를 갖는다.

지금 우리는 가계부채, 부동산PF, 중소기업과 자영업자의 어려움 등의 금융불안 요인을 안고 있으며 기후변화, 저출산, AI와 디지털 전환, 지정학적 리스크 등 거대한 구조적 변화에 직면해 있다. 그간 부동산담보와 보증을 통해 양적으로 빠르게 성장한 한국 금융산업은 이제 본연의 자금중개 기능 발전을 통한 혁신적인 대응이 필요하다. 이는 감독 당국의 지시 및 통제로 추진되기는 어려우며 기업가 정신을 가진 금융회사가 경영의 자율성과 창의적인 노력을 통해 대응함으로써 구현될 수 있다. 개선된 지배구조와 조직문화를 통해 본연의 자금중개 기능을 제고함으로써 신뢰를 회복하는 금융회사 스스로의 금융혁신을 이끌기 위해서는 그에 걸맞은 간접적인 규제 수단과 유인 체계를 마련하는 것이 필요하다.

제7장에서는 자본시장의 선진화를 통한 혁신경제의 구현 방안을 논의했다. 2024년 고려아연과 영풍 간의 경영권 분쟁은 한국 자본시장의 구조적 문제를 드러내며, 자본시장의 신뢰도와 법제도 개선의 필요성이 대두되었다. 한국 자본시장은 과거 금융위기를 겪으며 양적·질적 성장을 이루었지만, 여전히 선진

자본시장 단계에 진입하지 못하고 있다. 이는 주로 기업가치 저평가와 미흡한 기업 지배구조에서 비롯된다. 혁신적인 기업들이 자본시장에서 제대로 평가받지 못하면, 국내 자본시장에서 자금 조달에 어려움을 겪게 되며, 해외 시장으로의 자본 유출을 촉진한다.

국내 정책 개선의 필요성이 대두되면서 상법 개정을 통한 기업 지배구조 개선과 투자자 보호 강화가 중요한 논의 주제가 되었다. 한국 자본시장의 저평가 문제를 해결하기 위해 대주주 중심의 부적절한 기업 지배구조를 개선할 필요가 있다. 현재 국회에서는 소수 주주 및 일반 투자자 보호를 강화하기 위해 상법 개정 논의가 활발하게 진행 중이며, 이 개정안은 이사의 충실의무를 회사뿐만 아니라 주주에게도 확대 적용하려는 내용을 포함한다. 이 변경이 이루어질 경우, 이사회의 권한이 강화되어 주요 주주의 사적 이익을 우선하는 경영 결정이 법적 제재를 받게 되어, 경영의 투명성과 기업가치가 향상될 것으로 기대된다. 이 개정안은 주주 자본주의의 원칙을 기반으로 하며, 기업이 주주의 이익을 최우선으로 고려하도록 권장한다. 이는 주주가치 극대화를 목표로 하지만, 단기적 성과에 치중하는 경향으로 인해 장기적인 기업 성장과 지속가능성을 해칠 수 있다는 우려도 있다. 미국은 주주 자본주의에서 이해관계자 자본주의로의 전환을 모색하고 있으며, 이는 기업이 주주뿐만 아니라 직원, 고객, 지역사회 등 다양한 이해관계자의 이익을 고려하도록 장려하는 경향을 강화하는 방향으로 나아가고 있다. 따라서 이러한 국제적인 경향을 참고해 한국도 지속가능한 성장을 위해 기업 지배구조를 개선하고, 장기적이고 균형 잡힌 접근 방식을 모색해야 할 것으로 보인다. 또한 이사에게 주주에 대한 충실의무를 강화할 경우, 이사의 경영 활동이 위축될 수 있는 문제도 고려되어야 한다. 배임죄를 민사소송으로 다룰 수 있도록 제도를 개선하고, 주주 피해 시 신속하고 전문적인 구제를 가능하게 하는 상사전문법원의 설립도 검토할 필요가 있다.

트럼프 대통령이 미국 최초의 연방 국부펀드를 언급하면서 산업정책의 중요성이 재조명되고 있다. 국부펀드의 목적은 첨단기술과 인프라 투자를 통해 미국의 경쟁력을 강화하는 것이며, 이는 바이든 행정부의 인플레이션 감축법과 CHIPS법을 통한 산업정책 활용을 확장하는 아이디어로 볼 수 있다. 민주당과 공화당 모두 미국을 위한 적극적인 산업정책을 추진하고 있는 것이다. 바이든 정부 시기에 국가투자청(NIA)의 설립이 논의되었는데, 이는 뉴딜 시대의 재건금융공사를 모델로 하여 공공 및 민간 자본을 대규모 프로젝트에 투자하려는 목적을 가진다. 이 조직은 국가인프라은행 및 국부펀드, 그리고 벤처캐피털과 유사한 기능을 수행할 것으로 보인다. NIA의 목적은 국가 주도로 금융정책과 산업정책을 재구성하여 대규모 인프라 및 기술혁신 프로젝트에 필요한 자본을 국가가 주도적으로 자본시장을 활용해 효율적인 방식으로 배분하는 것이다. 산업정책의 일환으로 자본시장을 활용하는 국가 투자기관의 설립 논의는 한국에도 중요한 시사점을 제공한다. 한국 정부도 자본시장에서 직접 투자하고 기업의 지분을 소유 및 운영하는 전략을 고려해야 할 필요가 있다. 이는 국가의 경제 안정성과 자주성을 확보하고, 중요 산업에서의 기술 이전을 촉진하며, 장기적인 국가 발전 목표에 집중할 수 있는 기반을 마련할 수 있다. 따라서 미국의 국가투자청과 유사한 기관을 설립하는 것이 한국의 산업정책을 강화하고 혁신을 추진할 방안으로 고려될 수 있다. 이를 위해서는 국가전략을 확립하고, 정부 예산에 의존하지 않는 독립적인 자금 조달 방안을 개발하는 것이 중요하다. 또한, 경영과 투자 의사결정의 독립성과 자율성을 보장할 수 있는 지배구조를 설계하는 것이 핵심적이다.

제8장에서는 인구위기와 축소사회에의 대응 전략을 다뤘다. 한국은 저출생과 고령화가 동시에 진행되면서 인구 감소에 따른 '축소사회'로 빠르게 진입하고 있다. 과거 인구 증가를 전제로 한 경제성장 모델은 이제 한계에 봉착하여 노동력 부족, 소비 위축, 지방 소멸 등 복합 문제가 심화되는 중이다. 이를 해결하기 위해서는 초저출생을 완화하고, AI 등 첨단기술을 활용한 국가 차원의 전면적 혁신 전략이 요구된다.

50년 전 3,500만 명이었던 인구가 2020년 5,184만 명으로 증가했다. 이후 다시 감소하기 시작해 향후 50년 후이면 1세기 전 인구와 비슷하게 된다. 인구 감소로 인한 축소사회가 본격화되고 있다. 인구구조는 고령화의 진전으로 세계에서 가장 높은 고령화율을 기록할 전망이다. 인구 감소로 인한 축소사회 대응을 위해 전면적 대응이 필요한 시점이다.

축소사회에서도 지속적인 경제성장 유지를 위해 근본적인 패러다임 전환이 필요하다. 인구 감소는 일본 등 선진국 사례에서 볼 수 있듯이 경제성장이 정체되거나 후퇴하는 결과를 초래할 수 있다. 이를 극복하기 위해 먼저 전면적 사회 시스템 혁신 체제의 구축이 필요하다. 전면적인 혁신을 통해 새로운 성장 동력을 마련하는 것이다. 미국의 정부효율부(DOGE)와 유사한 혁신 조직 모델을 도입해 국가 전반의 혁신 역량을 강화하고, AI 기술혁신을 촉진하여 급변하는 글로벌 경쟁 환경 속에서 지속가능한 발전 전략을 구축해야 한다.

다음으로 인구 감소로 인한 과잉 인프라 해소와 국가 인력 재배치를 준비하고 추진해야 한다. 인구가 감소하게 되면 상하수도, 교통망, 전기 가스 공급, 주택 유지, 쓰레기 수거, 의료복지 시설 등 생활 필수 인프라의 유지 관리가 어려워진다. 이러한 과잉 인프라를 해소해야 한다. 또한, 지속적인 국가 발전을 위해서는 국가 인력 재배치가 필요하다. 줄어든 인구를 효율적으로 활용하기 위해 공공 부문과 민간 부문 인력 재배치, 세대 간 인력 재배치, 내외국인 인력 재배치를 적절히 이뤄야 한다. 특히 젊은 인력이 크게 줄어듦에도 불구하고, 공공 부문이 우수 인력을 대부분 흡수한다면 문제가 된다. 인구 감소에 맞춰 공공 부문 인력을 줄이는 개혁이 필요한 시기다.

한편, 축소사회에서 기회 발굴을 위해 새로운 성장 동력으로서 인구 감소와 AI혁명의 조화, 실버이코노미를 구축해야 한다. 생산연령인구의 감소와 고령화로 인한 사회적 부담이 커지는 가운데, AI 발달은 이러한 위기를 해결할 희망을 주고 있다. 더 지속가능하고 풍요로운 사회를 설계할 수 있다. 인구위기와 AI 혁명의 시대를 맞이해, 능동적이고 전략적인 대응으로 미래를 설계해야 할 때다. 또한, 노인인구의 급격한 증가는 실버이코노미를 통해 미래 성장산업으로 육성할 기회이자 도전 과제다. 한국은 이러한 세계시장을 선점하기 위한 전략을 수립해야 한다. 고령층의 소비 패턴에 맞춘 맞춤형 제품과 서비스를 개발해야 한다. 인구 감소는 반드시 경제적·사회적 침체를 의미하지 않는다. 희망을 갖고 근본적인 패러다임 전환을 통해 지속적인 경제발전을 이뤄나갈 수 있다고 본다.

제9장은 노후소득보장의 혁신, 연금을 연금답게 만들기에 포커스를 맞춘다. 연금은 복지정책의 핵심이다. 다른 나라는 연금이 노후소득의 2/3를 차지하는데 우리는 1/3에도 못 미친다. 연금 덕분에 다른 나라는 노인과 비노인의 소득 격차가 별로 없지만, 우리는 매우 크다. 우리의 연금은 노후소득보장 기능이 약할 뿐 아니라, 지속가능성이 결여된 탓에 많은 청년들이 노후에 연금을 받지 못할 것을 걱정한다.

연금의 노후소득보장 기능을 강화하면서 완전한 지속가능성을 확보하는 것, 이것이 2025년 이후 정부에서 해내야 할 과제다. 이를 위해서 다음과 같은 세 가지 정책의 실행을 주장한다.

① **국민연금 급여액 증가를 위해, 국민연금 평균 가입 기간 35년을 확보**해야 한다. ② **퇴직연금 수익률을 높이기 위해, 국민연금공단의 퇴직연금 운용을 허용**해야 한다. ③ **국민연금 지속가능성 확보를 위해, '세대 간 화합 기금'을 조성**해야 한다.

누구나 근로 시기 동안 꾸준히 보험료를 냈다면 은퇴 후에는 연금만으로 그럭저럭 생활할 수 있어야 한다. 이게 안 된다면 제도가 잘못된 것이고, 정부가 책무를 방기한 것이다.

제10장에서는 혁신경제를 뒷받침하기 위한 부동산정책의 과제를 살펴봤다. 한국은 일본과 마찬가지로 고령화가 빠르게 진행되면서 경제 활력이 둔화하고 있다. 인구구조와 경제 상황을 비교하면, 한국은 일본이 경험했던 변화를 10년에서 20년 시차를 두고 따라가는 형국이다. 가계부채 증가, 기업경쟁력 약화, 부동산에 저당 잡힌 금융 시스템 등 여러 측면에서 일본의 전례를 답습하

는 듯한 흐름이 나타나고 있다. 이러한 장기침체의 길을 피하고, 혁신주도형 성장 경로로 나아가기 위해서는 부동산 시장의 개혁이 필수적이다.

최근 한국의 주택시장에서는 심각한 양극화 현상이 나타났다. 30~40대의 부동산 매수 열풍과 가계부채 급증, 전세사기와 역전세 문제, 부동산세 감세 등의 이슈가 맞물리면서 시장 불균형이 심화했다. 윤석열 정부는 공급 확대와 감세 정책을 통해 부동산 시장을 부양하고 있으며, 정책대출이 밀알로 작용해 서울 강남 지역을 중심으로 주택 가격이 전고점을 돌파하기도 했다. 이러한 정책은 고소득층에게 더 큰 혜택을 주지만, 저소득층 주거 약자는 역전세난과 전세사기 등으로 인해 더욱 큰 어려움을 겪고 있다.

일본처럼 장기 불황의 길을 그대로 따라가는 것도, 중국처럼 인위적으로 부동산 중심의 성장과 단절하는 것도 정답은 아니다. 보다 시장 친화적인 접근을 통해 부동산 시장의 양극화와 불평등을 완화하고 혁신주도형 성장 경로로 나아가기 위해서, 앞서 언급한 문제들을 중심으로, 한국 경제의 지속가능한 발전을 위한 부동산정책 방향을 몇 가지 제시했다.

이는 단기뿐만 아니라 장기를 고려한 종합적인 안목의 순차적인 단계의 공급 대책, 고가 주택에 대한 과세 강화와 같은 양극화 심화에 따른 차별적인 정책 대응, 소득 증가 범위 내 대출 증가가 용인되는 소득 기반 대출 관리, 보증부월세를 포함한 전세 계약의 금융화에 따른 금융시장과 연계된 전세시장 구조에 대한 면밀한 모니터링과 임차인 대항력 강화, 그리고 자의적 기준 적용을 배제한 공시가격의 산정·평가 및 활용 능을 포함한다.

이러한 정책 방향 중에서 특히 부동산 가격 안정화를 위해서는 무엇보다 소득 기반 대출 관리 기조 정착이 가장 중요하며, 또한 주거 안정을 위한 임차인 대항력 강화와 전세시장에 대한 사전 모니터링 강화 및 자의적 기준을 배제한 공시가격의 산정·평가를 통한 세 부담의 공평성 제고가 중요하다.

지은이 (가나다순)

김동열

서울대학교 경제연구소 객원연구원.
대통령 직속 국민경제자문회의 위원, 동반성장위원회 위원, 글로벌강소기업지원센터 대표 등을 역임했다. 저서로는 『물고기 던져주기: 창업벤처 40년 톺아보기』(2024), 『어떤 경제를 만들 것인가』(2017), 『기술혁신과 기업조직』(역서, 1992) 등이 있다.

김태일

고려대학교 행정학과 교수.
고령사회연구원 원장을 역임했으며, 한국사회보장학회 회장을 맡고 있다. 대표 저서로는 『불편한 연금책』(2023), 『한국경제 경로를 재탐색합니다』(2017), 『재정은 내 삶을 어떻게 바꾸는가』(2015), 『국가는 내 돈을 어떻게 쓰는가』(2013) 등이 있다.

김흥종

고려대학교 국제대학원 특임교수 / 전 대외경제정책연구원 원장.
대외경제정책연구원(KIEP) 원장, 한국태평양경제협력위원회(KOPEC) 의장, 한국APEC학회 회장, 아시아태평양EU연구학회 회장을 역임했으며, 산업통상자원부, 외교통상부 등 정부 부처에서 정책자문했다. 대표 저서로 『EU 혁신성장의 주요내용과 시사점』(공저, 2018), 『브렉시트의 경제적 영향분석과 한국의 대응방안』(공저, 2016), 『한국의 국별지역별 통상전략』(공저, 2007) 등이 있다.

오태석

서강대학교 기술경영전문대학원 교수.
OECD/DSTI 정책분석가, 주인도대사관 총영사, 우주 원자력 등 거대과학과 기초과학을 육성하는 과학기술정보통신부 과학기술혁신조정관, 제1차관을 역임했다. 서강대학교에서 혁신과 정책, 경제안보와 국가전략기술 등을 연구하고 있다.

이강호

KAIST 문술미래전략대학원 교수 / 미래전략연구센터 공동센터장.
대통령 직속 지방시대위원회 평가자문단 위원(분과장). KAIST에서 인구와 미래전략에 관한 강의와 연구를 하고 있다. 이전에 기획재정부와 보건복지부에서 28년간 공무원으로 근무하여 인구정책 등 정책적 경험을 했다. 저작으로는 『인구위기, 축소사회의 도래인가?』(2024), 『인구위기의 시대, 2024년 10대 도전과제와 미래대응전략』(2024) 등이 있다.

정준호

강원대학교 부동산학과 교수.
산업연구원 동향분석실장을 역임한 바 있으며, 부동산경제, 지역산업정책, 발전론을 연구하고 있으며, 대표 저서로 *Agile Against Lean: An Inquiry into the Production System of Hyundai Motor* (공저, 2023), 대표 논문으로 「글로벌 가치사슬에서의 위치가 임금에 미치는 영향」(공저, 2024) 등이 있다.

최성일

보험연구원 연구위원.
한국은행에서 직장생활을 시작했고 금융감독원에서 부원장으로 퇴임했다. 한국개발연구원(KDI) 초빙연구위원을 역임했다. 금융규제와 감독, 플랫폼 관련 연구를 했으며, 저서로 『디지털 전환에 따른 금융의 혁신과 개혁방안』(공저, 2022), 『한국의 은행과 보험회사의 PBR과 실질지급능력』(공저, 2024) 등이 있다.

한상범

경기대학교 경제학부 교수.
금융감독원에서 발간하는 등재지인 "금융감독연구"의 편집위원장이다. 한국경제발전학회 회장과 한국금융학회 부회장으로 활동했고 자본시장연구원 연구위원으로 재직했다. 주요 저서로 *Global Economic and Social Trends in OECD & G20 Countries: NRCS Indicators*(공저, 2010), 『글로벌 ESG 동향 및 국가의 전략적 역할』(공저, 2021)이 있고, 주요 논문으로 "Foreigners Short Selling in the Korean Stock Market around the Financial Crisis"(공저, 2023), 「기후변화와 한국은행의 역할: 중앙은행의 책무 및 정책수단 검토를 중심으로」(2024) 등이 있다.

한울아카데미 2575

혁신경제 4.0
파이를 키우는 패러다임

ⓒ 김동열·김태일·김흥종·오태석·이강호·정준호·최성일·한상범, 2025

지은이 | 김동열·김태일·김흥종·오태석·이강호·정준호·최성일·한상범
펴낸이 | 김종수
펴낸곳 | 한울엠플러스(주)
편집책임 | 최진희
편집 | 이동규

초판 1쇄 인쇄 | 2025년 3월 31일
초판 1쇄 발행 | 2025년 4월 15일

주소 | 10881 경기도 파주시 광인사길 153 한울시소빌딩 3층
전화 | 031-955-0655
팩스 | 031-955-0656
홈페이지 | www.hanulmplus.kr
등록 | 제406-2015-000143호

Printed in Korea.
ISBN 978-89-460-7575-7 93320

* 책값은 겉표지에 표시되어 있습니다.